HANS-JÜRGEN MORITZ
Staatsversagen

HANS-JÜRGEN MORITZ

+++STAATS+++ VERSAGEN

Wie unsere Politik Deutschland
vor die Wand fährt

QUADRIGA

Die Bastei Lübbe AG verfolgt eine nachhaltige Buchproduktion. Wir verwenden Papiere aus nachhaltiger Forstwirtschaft und verzichten darauf, Bücher einzeln in Folie zu verpacken. Wir stellen unsere Bücher in Deutschland und Europa (EU) her und arbeiten mit den Druckereien kontinuierlich an einer positiven Ökobilanz.

Originalausgabe

Copyright © 2023 by
Bastei Lübbe AG, Schanzenstraße 6–20, 51063 Köln

Textredaktion: Ulrike Strerath-Bolz
Umschlaggestaltung: © Andrea Barth | Guter Punkt, München
Umschlagmotiv: © apugach /iStock/Getty Images Plus
Satz: hanseatenSatz-bremen, Bremen
Gesetzt aus der Minion Pro
Druck und Verarbeitung: GGP Media GmbH, Pößneck

Printed in Germany
ISBN 978-3-86995-134-8

5   4   3   2   1

Sie finden uns im Internet unter quadriga-verlag.de
Bitte beachten Sie auch: lesejury.de

INHALT

EINLEITUNG 7

TEIL 1
Wie wir wurden, was wir (nicht mehr) sind 15

KAPITEL 1 Made in Germany – mit stumpfen Messern zur schneidigen Weltgeltung 17
KAPITEL 2 Wir sind wieder wer – auferstanden aus Ruinen 24
KAPITEL 3 Vorbild für die Welt, Melkkuh Europas 32

TEIL 2
»Die da oben« sind an allem schuld – was machen die da eigentlich so? Und warum sind sie dort? 39

KAPITEL 4 Allround-Genies mit Pharaonen-Syndrom 41
KAPITEL 5 Schuld sind immer die anderen – bis zum Pfusch-Rücktritt 48
KAPITEL 6 Politik als Beruf: Hochkommen heißt Hochstapeln 53
KAPITEL 7 Postenschwemme: Wann kommt der Beauftragte für die Bundesbeauftragten? 57
KAPITEL 8 XXL-Bundestag mit Überdrussmandaten 64
KAPITEL 9 Tiefpunkte im »Hohen Haus« 70
KAPITEL 10 Staatsvertrauen auf der schiefen Bahn 77
KAPITEL 11 »Mutti« flieht vor dem Morgen – und alle trotten hinterdrein 83

TEIL 3 — 91

KAPITEL 12 Deutsche Verwaltungskultur – der Bürger als Kunde ohne Dienst — 95

KAPITEL 13 Berlin, Hauptstadt des Verwaltungsversagens — 112

KAPITEL 14 Sanfte Ruhe auf dem Stempelkissen statt Digitalisierung — 127

KAPITEL 15 Föderalismus – der große Hemmschuh, den sich jeder Länderfürst gern anzieht — 141

KAPITEL 16 Hilfe, die Bildungsreformer kommen – schon wieder! — 157

TEIL 4 — 173

KAPITEL 17 Im Stellungskrieg mit einer tief eingegrabenen Bürokratie: die Bundeswehr — 177

KAPITEL 18 Rechtsträge Räume: überforderte Polizei und Justiz — 194

KAPITEL 19 Flutkatastrophe durch »Hochwasser-Demenz«? — 210

KAPITEL 20 Im Blindflug durch die Pandemie — 217

KAPITEL 21 Infrastrukturpolitik – volle Züge, leere Versprechungen — 227

KAPITEL 22 Unbehaust im eigenen Land — 239

AUSBLICK: Was nun, Deutschland? Was tun, Deutschland? — 250

Quellen und Hinweise zum Weiterlesen — 264

EINLEITUNG

»Wir leben nur noch von unserem Ruf«

Die Idee für dieses Buch entstand im Sommer 2022. Mein Schwager und ich saßen in unserem Ferienhaus in Siebenbürgen bei einem Schnaps beisammen. Es wurden dann mehrere, weil wir uns ein bisschen echauffierten. Wir redeten darüber, wie die Mobilfunk- und Internetabdeckung an unserem Rückzugsort, wo Ziegen- und Schafherden vorbeiziehen, die in Deutschland um Längen schlägt – in Rumänien, einem Land, das zu den ärmsten Europas zählt, von Korruption geschüttelt ist und bei der EU-Ost-Erweiterung 2007 eigentlich nicht beitrittsfähig war.

Unser Sommerdomizil befindet sich rund 15 Kilometer entfernt von Hermannstadt (Sibiu). Die 155 000-Einwohner-Ansiedlung in Transsilvanien, Gründung und früheres kulturelles sowie politisches Zentrum der deutschen Minderheit der Siebenbürger Sachsen in Rumänien, zählt heute nicht einmal mehr als zweitausend einheimische deutsche Muttersprachler. Schon unter dem Neostalinisten Ceaușescu hatte Bonn etliche ihrer Angehörigen mit Kopfgeld aus dessen Steinzeit-Kommunismus herausgekauft, darunter meine Frau. Nach dem Fall des Eisernen Vorhangs setzte der Exodus dann mit unaufhaltsamer Macht ein.

Dennoch bestimmen die wenigen verbliebenen Deutschen die Verwaltung Hermannstadts, unterhalten dort und anderswo im Land deutschsprachige Schulen, bei den Rumänen wegen ihrer Qualität beliebt. Der frühere Bürgermeister Hermannstadts, der deutschstämmige Klaus Johannis, wurde sogar Staatspräsident. Die Rumänen empfehlen die Geschicke Hermannstadts mehr oder weniger vollständig, die ihres Landes teilweise mit unerschütterlichem Vertrauen einer verschwindend kleinen deutschen ethnischen Minderheit an. Warum? Weil sie auf »deutsche« Tugenden setzen: Verlässlichkeit. Planungsgeschick. Korruptionsfreiheit. Deutsche Gründlichkeit eben.

Dieser Eindruck hat sich auch anderswo gehalten. Als ich 2020 meine möblierte Zweitwohnung in Brüssel aufgab, gingen meine belgischen Vermieter bei der Wohnungsabnahme mit anerkennendem Nicken durch die Räume. Sie versicherten einander, dass es eine gute Idee gewesen sei, die bei meinem Einzug gerade runderneuerte Wohnung in die Obhut eines Deutschen gegeben zu haben: Die halten den Laden eben in Ordnung.

Die schwäbische Kehrwoche hat den Status eines international bekannten Nimbus. Deutsche Gründlichkeit und Verlässlichkeit waren und sind ein im Ausland oft bewundernd, manchmal besorgt beobachtetes Alleinstellungsmerkmal. Doch wenn man genauer hinsieht, stellt man fest: In Hermannstadt und Brüssel mag sich das Klischee von den unverrückbaren deutschen Qualitäten noch gehalten haben. Doch in ihrem Ursprungsland sind sie verschüttet.

Von diesem Phänomen handelt dieses Buch. »Warum die Deutschen es besser machen« nannte der britische Autor John Kampfner eine Analyse, mit der er seiner lemminggleich in den Brexit-Abgrund taumelnden Nation vor Augen führen wollte, wie man ein Land viel besser organisieren könnte als den Exzentriker-Staat auf der Britischen Insel. Man muss

Kampfner leider widersprechen: Wir Deutsche scheinen nur noch wenig auf die Reihe zu kriegen.

Wir haben unser eigenes Haus, im Urteil der Welt früher ein Bollwerk der Effizienz und Effektivität, nicht in Ordnung gehalten. Viele Kehrwochen, -monate und -jahre wären nötig, daran etwas zu ändern. »Wir leben nur noch von unserem Ruf«, sagte beim zweiten Glas Schnaps mein Schwager.

Die frühere Nation der Planer und Macher scheiterte zum Beispiel an Großprojekten wie dem berlin-brandenburgischen Hauptstadtflughafen BER und dem Bahnhofsdesaster Stuttgart 21, offenbarte erschreckende Mängel bei der Bekämpfung der Flutkatastrophe in Nordrhein-Westfalen und Rheinland-Pfalz 2021 sowie der Abwehr der Corona-Pandemie.

Unsere Autobauer, Aushängeschild des Landes und immer noch dessen industrielle Stütze, verschliefen zunächst den Einstieg ins Elektro- und Wasserstoffzeitalter. Lieber setzten sie ihre Ingenieure, von denen wir inzwischen viel zu wenige haben, darauf an, neben Kinkerlitzchen wie beheizbaren Lenkrädern betrügerische Umgehungsmechanismen für Abgasnormen auszutüfteln.

Dieses Thema, obwohl symptomatisch für den Verlust früherer deutscher Alleinstellungsmerkmale, behandle ich hier nicht – wir haben trotz einiger Anzeichen dafür keine allgemein verstaatlichte Autoindustrie, und mein Thema ist nun mal das Staatsversagen.

Unsere »Energiewende« aber ist staatlich verordnet – und ein Witz. Im Internet kursierte er in folgender Fassung: »Was ist der Unterschied zwischen Deutschland und der Titanic? Auf der Titanic brannte noch Licht, als sie unterging.« Das *Wall Street Journal* machte sich über die »dümmste Energie-Politik der Welt« lustig.

Kopflos und rein umfragegesteuert übers Knie gebrochen, drehte sich das Energiewende-Manöver von Angela im Wunderland nur um sich selbst und ließ Bürger- und Wirtschaftsinteressen sträflich außer Acht. Bundeskanzlerin Angela Merkel leitete es unter dem Eindruck des japanischen Fukushima-Desasters in dem verfehlten Glauben ein, dass wir ungefährdet jede Menge Energie aus Russland beziehen könnten. Als dieses wenig verlässliche Russland sich als handfeste militärische Bedrohung herausstellte, stand unsere Bundeswehr dann »blank« da – kaputtgespart und bis zur Unkenntlichkeit entkernt.

Verlässliche, schnelle Mobilfunk- und Internetabdeckung bleibt in der Bundesrepublik ein verzweifelter Wunsch frustrierter User. Was gegen die Covid-Krise nach Ansicht von Fachleuten geholfen hätte – die elektronische Patientenakte – steckte zwei Jahrzehnte im Planungsstadium fest, ein BER der Gesundheitspolitik, und liegt bis heute nicht praktikabel vor. Wenn deutsche Lehrer tatsächlich mal ein Smart Board – eine interaktive High-Tech-Tafel – in ihrem Klassenraum stehen haben, können sie es entweder nicht bedienen oder stellen fest, dass es nicht funktioniert. Weshalb sie dann eine Folie darüber ziehen, auf der man wie früher mit Kreide schreiben kann.

Aus der alten Gütemarke »Made in Germany« ist »Blöd in Germany« geworden. Wellen von Bildungsreformen haben das Land überzogen. Das Ergebnis war der PISA-Schock. Selbst deutsche Abiturienten sind heute oft nicht in der Lage, die Weltozeane und Kontinente zu benennen oder Zagreb zutreffend dem EU-Mitgliedsland Kroatien als Hauptstadt zuzuordnen. Es könnte sich bei »Zagreb« ja auch um den Namen eines allmächtigen Magiers in einem interaktiven Rollenspiel handeln.

Eine ungehemmt wuchernde Bürokratie verhindert ein halbwegs transparentes Steuersystem, innovative Unternehmensgründungen und andere Eigeninitiative. Gedeihen konnte hingegen ein windiges Geschäftsmodell wie »Wirecard«. Gleichzeitig wuseln Heerscharen teurer Berater durch unsere Gesetzgebungsinstanzen, die offenbar aus eigener Kraft nicht zum Umsteuern fähig sind.

Überlastete und nicht im 21. Jahrhundert angekommene deutsche Polizei und Justiz kommen mit der Ergreifung und Aburteilung dreister Gewohnheitskrimineller nicht hinterher. Aus dem Berliner Brennpunkt-Bezirk Neukölln berichtete der dortige CDU-Kommunalpolitiker Falko Liecke 2022 über das ermittlungstechnische Vorgehen gegen Clan-Kriminalität: »Während die Verbrecher Kryptohandys benutzen, überwachen Polizisten Festnetztelefone und wundern sich, dass keiner anruft.«

Wir haben uns wohl zu lange darauf verlassen, dass schon auf ewig stimmen würde, was die anderen und auch wir selbst gern von uns dachten: Die Deutschen, nach denen kannst du die Uhr stellen. Doch nicht nur der beklagenswerte Zustand der Deutschen Bahn beweist, dass davon keine Rede mehr sein kann und dass die Zeiger für uns vielmehr auf fünf vor zwölf stehen. Unser einst allenthalben bewundertes, gut funktionierendes Staatswesen produziert Staatsversagen, zerbröselt wie unsere vernachlässigte Infrastruktur, während wir nur allzu oft schulterzuckend zusehen und uns Diskussionen darüber aufzwingen lassen, wie viele tatsächliche oder vermeintliche Geschlechter unsere behäbige staatliche Verwaltung bei der Feststellung des Personenstands wohl anerkennen sollte.

Statt uns auf wesentliche Zukunftsaufgaben wie etwa die Digitalisierung zu konzentrieren, verzetteln wir uns auf Nebenkriegsschauplätzen. Wahre Glaubenskämpfe toben um die Frage, wie viele Doppelpunkte und Sternchen die deutsche Sprache wohl braucht, um zu einem herrschaftsfreien Kommunikationsmittel zu werden. Es regiert das kleine Karo. Eine strategische Vorausschau ist für die meisten wirklich zukunftsentscheidenden Handlungsfelder nicht erkennbar. Das nenne nicht nur ich Staatsversagen.

Warum sind wir so kaputt, einer politischen Führungsschicht ausgeliefert, die Attentismus statt Zupacken als Nicht-Handlungsprämisse hat? In einem Staat, der nach der »Stunde Null« als Phönix aus der Asche stieg, Paradebeispiel für die Wiedergeburt einer Nation, die aus der größten Finsternis der Nazi-Barbarei demokratisch gefestigt, wirtschaftlich robust und, ja, auch »der Zukunft zugewandt« neu erstand? Sie geriet zum Staunen der Welt – »Stupor Mundi« (einst der Beiname des von seinen Zeitgenossen bewunderten Stauferkaisers Friedrich II.) Warum ist davon nur noch der pathologische »Stupor« übrig geblieben, den die medizinische Fachlektüre als vollständigen Aktivitätsverlust bei ansonsten wachem Bewusstseinszustand beschreibt?

Schon bevor der mörderische Putin-Imperialismus 2022 schlagartig härtere Zeiten am Horizont aufziehen ließ, hatte ein klammheimlicher Abschied von einer der Grundkonstanten unserer früher so erfolgreichen sozialen Marktwirtschaft stattgefunden, nämlich vom Glauben daran, dass es unseren Kindern einmal besser gehen würde als uns – und dass sie auf hohem Niveau aufbauen könnten. Heute spricht das Centrum für Europäische Politik (CEP) von einer deutschen »Generation Abstieg«. In der Trendstudie *Jugend in Deutschland – Winter 2022/23* von Simon Schnetzer und Klaus Hurrelmann hieß es, in dieser Generation entstehe die »unbequeme Gewissheit, dass die Wohlstandsjahre in Deutschland vorbei sind«.

Nicht nur Krieg, Inflation und Klimakrise haben einst unerschütterliche Hoffnungen ins Wanken gebracht. Wir haben sie teils selbst verantwortungslos verspielt, auch tatenlos dem Treiben von gewissenlosen Zockern zugesehen, die die Schere zwischen Arm und Reich hartherzig immer weiter öffneten, ihre Börsen-Kasinos skrupellos vom tatsächlichen Wirtschaftsgeschehen abkoppelten und als Internet- und High-Tech-Zaren die Marktkräfte frech aushebelten, um sie mit persönlichen Allmachtsansprüchen zu ersetzen.

Dies ist auch globalen Entwicklungen geschuldet, in die wir uns ungern einmischen, was der Bedeutung Deutschlands eigentlich nicht angemessen ist. Unsere historische Erfahrung mit Irrwegen und Verfehlungen bei der Standortbestimmung unseres Landes in der Welt hat uns andererseits zu Recht demütig gemacht, beschämt und geläutert. Anders als andere große Mächte, die den Zweiten Weltkrieg im Gegensatz zu uns und völlig zu Recht gewannen, haben wir die Lektion der Abrechnung mit Hegemonismus und Militarismus gelernt. Das war gut.

Schlecht ist, dass wir uns dadurch in ein Schneckenhäuschen zurückgezogen haben, von dem wir annahmen, dass wir uns auf ewig darin einrichten könnten, fern der Fährnisse der Welt dem Zug der Zeit hinterherzuckelnd. Irgendwie haben wir uns einem Trugschluss hingegeben: dass wir einen quasi genetisch verankerten Anspruch darauf hätten, unser Land als Erfolgsmodell betrachten zu können.

Wie konnte es dazu kommen? Wie entstand eigentlich der Ruf, von dem wir heute noch leben? Und können wir uns wirklich noch an ihm messen, diesem verstummenden Nachklang von Wirtschaftswunder und Turniermannschaft?

+++ **TEIL EINS:** +++

WIE WIR WURDEN, WAS WIR (NICHT MEHR) SIND

These: Die Überzeugung vom Hang der Deutschen zur Perfektion ist zur mythisch überhöhten Lebenslüge geworden.

Heinrich August Winkler setzt sich in seinem Werk *Wie wir wurden, was wir sind* mit historischen Fakten auseinander. Hier geht es um deutsche Mythen. Man muss sie kennen, weil man sie meist ganz unausgesprochen in sich trägt, wenn man sich mal wieder über dies und das aufregt, was nicht unserem »Ruf« entspricht, von »Rumpelfußball« der Männernationalmannschaft bis hin zu deutschen Panzerhaubitzen, die nach einem Monat Dauerbetrieb in der Ukraine schon reparaturbedürftig sind.

Zu wissen, warum wir inzwischen regelmäßig an unseren Selbstansprüchen scheitern, bedeutet, sich kritisch mit deutschen Mythen zu befassen. Sie sind keine Märchen, haben einen wahren Kern, aber sie wurden überhöht. Genau deshalb sind sie Mythen. Weshalb also denken wir, dass bei uns sowieso immer alles klappt? Und warum ist das zu einer Lebenslüge geworden?

KAPITEL 1

Made in Germany – mit stumpfen Messern zur schneidigen Weltgeltung

»Made in Germany« war ursprünglich kein Qualitätsmerkmal, sondern ein Warnhinweis. Wenn wir nicht aufpassen, sind wir bald wieder so weit. Deutschland gerät in Gefahr, so etwas wie das Blackberry unter den Industrienationen zu werden: einst als Nonplusultra bewundert und begehrt, dann vom Zug der Zeit abgehängt.

1887 wehrte sich Großbritannien, damals die führende Wirtschaftsmacht der Welt, mit einer Kennzeichnungspflicht gegen importierten deutschen Ramsch. »Made in Germany« war also eigentlich als Kainsmal gedacht. Clevere Markenpiraten in der neuen Industrienation Deutschland hatten den britischen Markt mit Nachbildungen der hochwertigen Messer aus Sheffield überschwemmt, die den Originalen zwar an Qualität in keiner Weise gleichkamen, aber täuschend echt aussahen. Nur eben leider nicht lange schnitten.

Die Folge war ein von London verordneter Warn-Schriftzug für einheimische Käufer auf den ausländischen Produkten: Achtung! »Made in Germany« – billig, aber schnell stumpf. Die britische Regierung schnitt sich damit ins eigene Fleisch. Denn die massenhaft anlandenden deutschen Erzeugnisse, und das waren beileibe nicht nur Messer, legten schnell an Qualität zu. »Made in Germany« avancierte in den Augen der Konsumenten irgendwann zur Kaufempfehlung.

Davon zehren wir noch heute. Es entstand ein Mythos: Die Deutschen können alles, dies meistens schnell und zuverlässig, obwohl sie ein bisschen merkwürdig sind – und sehr humorlos.

Das Erstaunen der Welt über Ausmaß und Qualität der Leistungen des gerade erst unter preußischer Vorherrschaft zu staatlicher Einheit gelangten Deutschlands bildete sich Ende des 19. Jahrhunderts vor dem scharfen Kontrast ab, in dem die rapide Modernisierung in Wissenschaft und Industrie des Kaiserreichs zum archaischen Regierungssystem des Landes stand. Das Deutsche Reich verband unter Wilhelm II. rückwärtsgewandte, fast zaristische gesellschaftliche Zustände mit Progressivität in Forschung und Technik, während ein dünkelhafter deutscher Adel, vor allem das ostelbische Junkertum, den gesellschaftlichen, stark nationalistischen Ton auch für das aufstrebende Bürgertum vorgab.

In der Gründerzeit paarten sich also wirtschaftlicher Aufbruch und politische Beharrung. Der Gründerboom versprach wirtschaftliche Freiheit für die, die sie sich leisten konnten – etliche vom Spekulationsfieber Erfasste hätten freilich die Finger davon lassen sollen. Deshalb folgte dem Gründerboom auch schnell ein Gründerkrach. Ab 1890 aber begann ein rasanter, nachhaltiger wirtschaftlicher Aufstieg Deutschlands, in dem Dresdner, Deutsche und Commerzbank ebenso zu Geltung gelangten wie Eisenhütten und Maschinenfabriken, später Elektrotechnik und Großchemie.

Siemens, Borsig, AEG, Bayer, BASF und Krupp schwangen sich zu internationalen Markenzeichen auf. Deutsche erfanden die Schallplatte und die Grundlagen der Telefonie, den ersten elektrischen Generator, das Haber-Bosch-Verfahren zur synthetischen Herstellung von Ammoniak, Basis für die großindustrielle Herstellung von Düngemitteln, Sprengstoff (von dem machten sie dann reichlich Gebrauch) und – später – Plastik. Und dann war da natürlich noch dieser verrückte Tüftler Carl Benz aus dem Badischen, der 1886 ein automobiles Gefährt zum Patent anmeldete, das die Welt eroberte.

Wohin man damals sah, hinter vielen Errungenschaften steckten Deutsche. Diese Beobachtung nahm im Urteil des Auslands geradezu unheimliche Züge an und gebar dort Erschauern über den automatenhaft präzisen, effizienten und effektiven Germanen. 1896 veröffentlichte Ernest Edwin Williams in London eine als Warnung für seine britischen Landsleute gedachte Schrift mit dem Titel: *Made in Germany*. Eingangs des Buches ließ er den Premierminister der Jahre 1894 und 1895 zu Wort kommen, Archibald Primrose, Fünfter Earl of Rosebery: »Ich fürchte mich vor Deutschland. Warum fürchte ich die Deutschen? Weil ich sie so sehr bewundere und schätze. Sie sind eine fleißige Nation, sie sind vor allem eine systematische Nation; sie sind eine wissenschaftliche Nation, und was immer sie anpacken, seien es Friedens- oder Kriegswerke, sie treiben sie zu größtmöglicher Perfektion voran, mit dieser Strebsamkeit, dieser Systematik, dieser Wissenschaftlichkeit, die Teil ihres Charakters sind.«

Im Inland führte dieser Ruf wie Donnerhall zu nationaler Selbstüberhöhung einer in Untertanengeist und Militarismus gepressten Gesellschaft, die als Ventil für ihren Geltungsdrang nach Überflüglung anderer Nationen gierte. Dies war die Zeit, in der die Nation der »Dichter und Denker« zusätzlich zu ihrem Ansehen in Literatur und Philosophie noch jede Menge naturwissenschaftliche Nobelpreise einheimste.

Unter den Nationalsozialisten, als die »Richter und Henker« übernahmen, folgten andere gespenstische Hochleistungen, unter anderem der »Blitzkrieg« mit einer hochmobilen Panzerwaffe. Gleichzeitig tüftelte man in deutschen Labors am nächsten High-Tech-Level der Kriegsführung: Grundlagenforschung in Atomphysik und Raketentechnik, Anfänge der Computerentwicklung.

Im von der Nazi-Propaganda befeuerten kindlichen Glauben an eine neue »Wunderwaffe«, die den längst verlorenen Krieg noch drehen würde, spiegelte sich neben Vertrauen zu deutschen Ingenieursleistungen wider, was die Deutschen über sich selbst gelernt zu haben glaubten: Egal, wie ungünstig die Ausgangsbedingungen auch sein mögen – wir schaffen das.

Dieses geflügelte Wort, das Bundeskanzlerin Angela Merkel in aller Unschuld für die zivile Herausforderung der Flüchtlingsintegration in die Welt setzte, hat auch militärische historische Entsprechungen. Der implizierte Wunderglaube speiste sich unter anderem aus dem von den Nazis weidlich ausgeschlachteten »Mirakel des Hauses Brandenburg« im Siebenjährigen Krieg gegen europäische Großmächte und dem trotzigen Anspruch des Kaiserreichs, im Ersten Weltkrieg auch »einer Welt von Feinden« die Stirn bieten zu können.

Solche Großmannssucht ist vorbei. Doch irgendwie hielt sich im kollektiven Gedächtnis die Überzeugung: Wir Deutsche, wir sind schon was ganz Besonderes, das macht uns keiner nach. Das fanden nicht nur wir selbst. »In Deutschland, so sieht man es im Ausland, werden eben nicht nur zuverlässige Produkte hergestellt, sondern auch Verwaltungsprozesse und Politik so gestaltet, dass sie funktionieren. Deutschlands Systeme und seine Institutionen gelten als solide«, bilanzierte die Deutsche Gesellschaft für Internationale Zusammenarbeit (GIZ) in ihrer *Deutschlandstudie 2017/18*, einer Befragung von Menschen rund um die Welt über ihr Deutschlandbild.

Ins gleiche Horn stieß der belgische Deutschlandkenner Dirk Rochtus, als er 2013 in seiner Analyse *Dominantes Deutschland – ökonomischer Riese, politischer Zwerg?* schrieb: »Die Bewunderung für Deutschland gilt nicht nur bestimmten Tugenden wie Fleiß und Disziplin, sondern auch sehr konkreten Maßnahmen und Amtsführung.« Im Ansehen der Deutschen in der Welt hatte offenbar eine Übertragung von technologischer und wirtschaftlicher Leistungsfähigkeit auf Verlässlichkeit des Regierungs- und Verwaltungshandelns in ihrem Land stattgefunden: alles Knüller, oder was?

In der GIZ-Studie hieß es freilich auch: »Geläufig ist dem Ausland zudem das Bild von einer leistungsorientierten Wirtschaft mit starken Marken, die man bewundert und schätzt. Qualität wird großgeschrieben. Der Wirtschaftsstandort gilt weiterhin als top, auch wegen des dualen Bildungssystems und der anwendungsorientierten Forschung. Doch fragt man sich andernorts, ob Deutschland nicht zu sehr und zu ausschließlich von seinen Leistungen der Vergangenheit zehrt. Ob es in Zeiten der Digitalisierung nicht den Anschluss verliert.«

Man fragt sich als Deutscher selbst: Was haben wir in den vergangenen dreißig Jahren eigentlich wirklich gepackt, das das Gütesiegel »Made in Germany« noch verdienen würde? Die Wiedervereinigung vielleicht, aber auch über deren Ergebnisse darf man im Detail geteilter Meinung sein. Die Energiewende? Die quasi-religiöse Mülltrennung bis hin zu Debatten darüber, in welche Tonne nun eigentlich das Backpapier gehört? Das Gender-Sternchen? Alles andernorts eher belächelt. Die Entwicklung eines Corona-Impfstoffs – ja, das war mehr als nur »okay« und nutzte der ganzen Welt. Aber sonst?

Der besorgte Brite Williams warnte seine Landsleute angesichts des rasanten Aufstiegs Deutschlands zur Weltgeltung einst davor, ihrerseits den Anschluss zu verlieren. Hauptursache des deutschen Erfolgs, so befand er, sei eine alerte Aufgeschlossenheit für Neuerungen. Die Briten verharrten seinem Urteil zufolge hingegen träge im Bewährten, statt mit der Zeit zu gehen.

Dieses Manko weisen heute, rund 125 Jahre später, in erschreckendem Maße die Deutschen auf. Die Stiftung Familienunternehmen urteilte Anfang 2023: »Deutschland kann mit Spitzenstandorten in Nordamerika, Westeuropa und Skandinavien kaum noch mithalten. Während andere Staaten in Infrastruktur investieren oder ihr Steuersystem reformieren, kommt Deutschland nicht voran. Der einzige klare Aktivposten ist die vergleichsweise geringe Verschuldung des Staates und der privaten Haushalte: Deutschland als relativ solides Land kann es sich leisten, auf Krisen zu reagieren.«

Es kann sie sich allerdings auch ganz gut selbst basteln.

Die Staatsverschuldung steigt unter der Sprachregelung eines Neusprechs, das sie als »Sondervermögen« tarnt. Die privaten Haushalte ächzen unter lange nicht mehr gekannten Preisanstiegen, hundert Jahre nach der Hyperinflation des Jahres 1923 (80 Milliarden Mark für ein Brot), die bei den Deutschen eine Urangst hinterließ. 2022 waren für sie steigende Lebenshaltungskosten laut einer Umfrage im Auftrag der R+V Versicherung die größte Sorge. Das Übel Inflation – ein altes, gebannt gewähntes Gespenst – war wieder da.

Galoppierende Geldentwertung ist eine der sichersten Methoden, den Bürgern das Vertrauen zu ihrem Staat zu nehmen. Der britische Autor Simon Winder weist in seiner »Spritztour« durch die deutsche Geschichte namens *Germany, oh Germany* auf das historische Trauma hin: »Viele hatten einfach nicht mehr das Gefühl, dass ihr Staat überhaupt noch funktionierte. Es gibt in ganz Deutschland kein einziges noch so kleines städtisches Museum, das keine Exponate über die furchtbaren Folgen der Inflation für den Ort zeigt. Wie die Iridiumschicht, die den Übergang von der Kreide- zur Tertiärzeit markiert, markiert die Hyperinflation einen Wandel, der vielleicht noch tiefgreifender ist als der durch den Krieg.«

KAPITEL 2

Wir sind wieder wer – auferstanden aus Ruinen

Nachdem der Glaube an militärische deutsche Superkräfte 1945 final gescheitert war und in deutschen Stadtruinen Trümmerfrauen als Heldinnen des Wiederaufbaus schufteten, entstand eine deutsche Sage, die die Ausstellung *Deutsche Mythen seit 1945* im Haus der Geschichte der Bundesrepublik Deutschland 2016 näher untersuchte: Deutschland erfand die »Stunde Null«, die das »Wirtschaftswunder« einläutete. »Remade in Germany« war die neue Selbsterklärung.

Auch daran erinnerte – diesmal gewollt – Angela Merkel, als sie ihre Flüchtlingspolitik 2015 damit rechtfertigte, dass es »zur Identität unseres Landes gehört, Größtes zu leisten, aus Trümmern ein Land des Wirtschaftswunders zu machen, nach der Teilung ein in der Welt hochgeachtetes Land«.

Die Wiederaufbauleistung nach der »Stunde Null« hatte schon einmal als historisches Vermächtnis Pate gestanden, als Bundeskanzler Helmut Kohl nach der Wiedervereinigung »blühende Landschaften« in Ostdeutschland vorhersagte. »Ich führe euch herrlichen Zeiten entgegen«, sagte er nicht, aber die Parallele zu Kaiser Wilhelms haltlosen Versprechungen an sein Volk drängt sich auf.

Der wesentliche Unterschied zwischen Merkels und Kohls Appellen an vermeintliche urdeutsche Tugenden wie Aufbauwille, Gemeinsinn sowie Opferbereitschaft und der haltlosen

Großmäuligkeit früherer deutscher Staatsführer (»Gebt mir vier Jahre Zeit«, Adolf Hitler) bestand darin, dass die deutschen Nachkriegskanzler zu keinem Zeitpunkt auch nur im Entferntesten daran dachten, ihr Volk erneut für Kriegsabenteuer moralisch aufzurüsten. Vielmehr luden sie eine friedliche Ersatzidentität auf, die die Deutschen sich nach ihren militärischen Bauchlandungen als wiedererstandene Wirtschafts-Musterknaben zurechtlegten: Wir sind wieder wer.

Das Wirtschaftswunder war »ein an jeden Einzelnen adressiertes Wohlstandsversprechen, das an die Stelle eines kollektiven Versprechens der Aussicht auf Macht und Größe getreten ist«, schrieb Herfried Münkler im Katalog zur Ausstellung des Hauses der Geschichte.

»Was ist eigentlich aus unserem Wirtschaftswunder geworden?«, fragte mich während der Arbeit am Manuskript dieses Buches eine Gesprächspartnerin, mit der ich mich über den Niedergang von Wesensmerkmalen unseres Heimatlandes unterhielt, die wir beide mal für Selbstverständlichkeiten gehalten hatten. Man kann allerdings auch ketzerisch die Frage stellen, wie wundervoll dieses Wirtschaftswunder eigentlich wirklich war, jener Sammelbegriff für vieles, woraus wir Selbstachtung und Prestige ziehen zu können glaubten.

Eine scharfzüngige und kundige Zertrümmer-Frau dieses nationalen Mythos der Bundesrepublik ist die Journalistin Ulrike Herrmann. In ihrem Buch *Deutschland, ein Wirtschaftsmärchen* knöpft sich die erfolgreiche Sachbuchautorin den ihrer Meinung nach nur vermeintlichen Urheber des ebenso zweifelhaften »Wunders« vor. Sie arbeitet sich mit fehdetauglicher Unerbittlichkeit an Ludwig Erhard ab, der als Bundeswirtschaftsminister zur Legende wurde, als Kanzler aber schnell scheiterte. Die langjährige Mitarbeiterin der linksalternativen *Tageszeitung* fällt über ihn das vernichtende

Urteil: »Erhard war ein naiver Ökonom, ein Opportunist und NS-Profiteur, der sich hinterher eine Widerstandslegende zusammengedichtet hat.«

Erhard – Vater der D-Mark? Laut Herrmann ist das ein von ihm selbst in die Welt gesetztes Märchen. »Obwohl Erhard keinerlei Verantwortung für die Währungsreform trug, heimste er später ungeniert das Lob ein, indem er sich als Schöpfer der D-Mark inszenierte.« Diese sei aber keine westdeutsche Erfindung gewesen, sondern »wurde von den Amerikanern durchgesetzt«. Dennoch habe Erhard stets den Eindruck erweckt, »als habe ›seine‹ Währungsreform ein einzigartiges Wirtschaftswunder ausgelöst. Auch das war falsch«.

Nach dieser Reform habe es durch statistische Verzerrungen nur so ausgesehen, als hätte sie phänomenale Wachstumssprünge ausgelöst, argumentiert Herrmann. »Vor der Währungsreform war das offizielle Wachstum scheinbar ein gebrochen, weil Fabriken und Bauern ihre Waren lieber horteten, statt die Geschäfte zu beliefern.« Zudem sei ein Großteil des wirtschaftlichen Geschehens statistisch nicht erfassbar gewesen, weil es auf Tauschhandel und Kompensationsgeschäften beruht habe.

Herrmann vertritt hier zwar eine Minderheitsmeinung, aber ganz allein steht sie damit nicht. Auch der britische Germanist James Hawes bietet in seiner viel gelesenen *Kürzesten Geschichte Deutschlands* die Deutung an: »Nie hatte es irgendein geheimnisvolles westdeutsches Rezept für ein *Wirtschaftswunder* gegeben, sondern nur die brutale Medizin des freien Markts, die Erhard den Deutschen unter den einmalig günstigen Voraussetzungen des Jahres 1948 verordnet hatte.«

Das Wirtschaftswunder, so befindet Herrmann barsch, sei wie die angeblich so vorteilhafte soziale Marktwirtschaft ein irreführender nationaler Mythos: »Stets wird der Eindruck erzeugt, als wäre es allein der deutschen Raffinesse zu verdanken, dass die Bundesrepublik reich wurde.« Die Deutschen hätten sich aber mitnichten alles selbst zu verdanken, sondern heftige Hilfe von außen bekommen.

Nach Meinung seiner Bewunderer setzte Erhard sich aber sehr wohl gegen erhebliche deutsche und alliierte Widerstände durch, schaffte damit Preisdiktate ab und verhalf dem freien Spiel von Angebot und Nachfrage zur Geltung.

Für die Wirkmächtigkeit eines Mythos ist es im Übrigen ohnehin bedeutungslos, auf wie vielen oder wenigen Fakten er beruht. Er muss nicht »wahr« sein. Entscheidend ist, dass möglichst viele Leute möglichst inbrünstig an ihn glauben. Es gab ja auch keine wirkliche »Stunde Null« (Wirtschaftsgrößen der NS-Zeit blieben auf Chefsesseln, ehemalige Funktionsträger des Dritten Reichs im Verwaltungsapparat), und die berühmten Trümmerfrauen hätten das ganze in Schutt und Asche liegende Land niemals händisch freiräumen können (dafür brauchte man schon auch schweres Gerät). Beide Begriffe haben aber bis heute ihren festen Platz im Fundus der deutschen Nachkriegsmythen. Es ist insofern egal, ob Erhard wirklich ein unfähiger Hochstapler war, wie Herrmann behauptet. Auf ewig wird mit ihm neben der dicken Zigarre mit Mundstück das Versprechen seines 1957 erschienenen Buchs *Wohlstand für alle* verbunden bleiben.

Selbst die DDR, von der Sowjetunion zunächst weitgehend kaputtdemontiert und dann vom ineffizienten Zwangssystem der Kollektivwirtschaft gefesselt, pflegte ihren eigenen Wohlstandsmythos. Im aussichtslosen Systemwettbewerb mit ihrem größeren, kapitalistischen deutschen Gegenstück tröstete ihre Bevölkerung sich über Versorgungsengpässe damit hinweg, dass es den sozialistischen »Brudervölkern« noch schlechter ging – deutsche Tüchtigkeit zahlte sich in dieser

Selbstdefinition unter verschärften Bedingungen und ganz ohne Marshall-Plan aus. Für die Westdeutschen hingegen hob sich ihr materieller Wiederaufstieg vor der Nachkriegsmangelwirtschaft des naheliegenden Vergleichsmodells DDR umso verheißungsvoller ab.

Nach dem Zweiten Weltkrieg hatten die Deutschen hüben wie drüben so gut wie nichts mehr gehabt, worauf sie stolz sein konnten. Nicht nur lag ihr Land geschlagen und zertrümmert am Boden, auch hatten sie sich mit einer langen Reihe von Gräueltaten aus dem Kreis zivilisierter Völker an den Pranger der Verfemten gebombt, gefoltert und gegast. Mit ihrer neu gewonnenen wirtschaftlichen Stärke gelang der jungen Bundesrepublik Deutschland – als selbsterklärte Rechtsnachfolgerin des Deutschen Reichs ein Rumpfstaat, der um Selbstanerkennung rang – dann die Entsorgung früherer militaristisch aufgeladener Nationalsymbole zugunsten von neuen Identifikationsangeboten: VW-Käfer statt KdF-Wagen und Panzern.

Wiederaufbau und Konsum hatten dabei einen größeren Stellenwert als die selbstquälerische Auseinandersetzung mit der Vergangenheit. Diese »Unfähigkeit zu trauern« (Alexander und Margarete Mitscherlich) zu überwinden, forderte erst die Studentenbewegung ein. Ihr Aufkommen ging nicht nur mit dem Vietnam-Krieg einher, sondern auch mit den Frankfurter Auschwitz-Prozessen sowie der ersten Rezession in der Bundesrepublik. Neue Begriffe gelangten in den westdeutschen Sprachschatz: »Erinnerungskultur« und »Vergangenheitsbewältigung«.

Als Ende des Wirtschaftwunders gilt allgemein die Ölkrise des Jahres 1973. Mit ihr griff Verunsicherung um sich, wurden die »Grenzen des Wachstums« (Club of Rome 1972) ein neues Thema. Eine Allensbach-Umfrage für den *Spiegel* sondierte wachsendes Unbehagen: »Überall in der westdeutschen Gesellschaft breitet sich Furcht aus, dass es bald schlechter gehe, und es wächst das Mißtrauen an der Fähigkeit dieser Regierung, Unheil abzuwenden.«

Der Historiker Frank Biess setzt bei solchen Befunden in seinem Buch *Republik der Angst* an und zieht eine Linie bis zur »bleiernen Zeit« der Gewaltexzesse der »Roten Armee Fraktion« sowie der Staatsreaktion darauf: »Sowohl die Angst um als auch die Angst vor dem Staat erreichte im deutschen Herbst 1977 ihren vorläufigen Höhepunkt.«

Doch noch bis 1978 rollte in der Bundesrepublik das unverwüstliche Buckel-Auto aus Wolfsburg (einer NS-Stadtgründung) vom Band, ein Sinnbild der Verlässlichkeit, das lief und lief und lief. Es ist das Symbol der frühen guten, fetten Jahre der jungen Republik, die sich als Erfolgsmodell präsentierte. Sie sind bis heute prägend für das Selbstverständnis der Westdeutschen, selbst derer, die viel zu jung sind, diese Periode selbst erlebt zu haben.

Und während die Zahl der gebauten Käfer sich der Eine-Million-Marke näherte, geschah 1954 auch noch das »Wunder von Bern«. Das deutsche Wunderauto und die deutschen Wunder-Fußballer standen für dieselben Werte: Fleiß. Verlässlichkeit. Ausdauer. Bescheidenheit – gepaart mit der stillen und manchmal auch lauten Genugtuung: Wir sind wieder wer.

Auf dieser vermeintlichen Gewissheit haben wir uns auf vielen Feldern etwas zu lange ausgeruht. VW und andere deutsche Autobauer haben mit einem selbst verschuldeten Abgasskandal internationale Reputation eingebüßt und erst nach langem Schlummer den Anschluss an die E-Mobility erreicht. Zum Zeitpunkt der Abfassung dieses Manuskripts war der vierfache Fußball-Weltmeister Deutschland in der FIFA-

Weltrangliste der Männer auf Platz 14 abgerutscht, hinter die USA, wo American Football viel bedeutet, »soccer« hingegen wenig, zumal bei den Jungs.

Der Vergleich der Leistungsfähigkeit der Männer-Nationalelf mit der des ganzen Landes ist in der deutschen Publizistik beliebt. Nachdem die Bundeskicker 2022 zum zweiten Mal in Folge bei einer Weltmeisterschaft nicht in der Lage gewesen waren, wenigstens das Achtelfinale zu erreichen – früher eine pure Selbstverständlichkeit –, ätzte der *Welt*-Kolumnist Hans Zippert: »Deutsche Waffen sind in ähnlich schlechter Verfassung wie die deutsche Nationalmannschaft … In einem Weltkrieg kämen wir über die Gruppenphase nicht hinaus.«

Ein geschmackloser Vergleich? Durchaus. Das hat jemand schon mal besser formuliert. Der Soziologe Norbert Seitz veröffentlichte 1987 ein Buch unter dem Titel *Bananenrepublik und Gurkentruppe*. Die arme Gurke muss in der deutschen Sprache für vieles herhalten, weil sie die einzige Gartenfrucht ist, die unreif gegessen wird. Unausgegorenes gilt deshalb als »vergurkt«. Die Bezeichnung »Gurkentruppe« kam für die deutsche Nationalelf bei der Männer-WM 1986 auf, erweiterte dann aber den politischen Wortschatz. CSU-Generalsekretär Alexander Dobrindt bezeichnete den Koalitionspartner FDP 2010 als »gesundheitspolitische Gurkentruppe«. *Welt*-Chefredakteur Ulf Poschardt kam wesentlich später zu der Einschätzung: »Deutscher Fußball und deutsche Politik haben ein zentrales Problem gemeinsam: Es werden Zeichen gesetzt, die Ansprüche sind hoch, aber wenn es darauf ankommt, sind wir nur mittelmäßig.«

Im Sommer 2022, das gefühlte Ewigkeits-Fußball-Idol Uwe Seeler, der Mann mit dem legendären Hinterkopf-Tor, war gerade gestorben, bemühte Neu-Kanzler Olaf Scholz, der

Mann aus der HSV-Stadt Hamburg, die politische Adaption eines Wohlfühl-Stadion-Gesangs: »You'll never walk alone!« Statt »Uns Uwe« nun »Uns Olaf« (Spott der *Neuen Zürcher Zeitung*): Der Klassenunterschied war unverkennbar.

KAPITEL 3

Vorbild für die Welt, Melkkuh Europas

2016 erhob sich ein großes Rauschen im deutschen Blätterwald: Deutschland, das beste Land der Welt! Das legte eine Erhebung der Zeitschrift *US News and World Report* nahe, die sechzig Länder in Kategorien wie Lebensqualität, Macht, Unternehmertum und Zukunftsfähigkeit verglich. Zuvor schon hatte die BBC die Bundesrepublik ebenfalls umfragebasiert zum »Land mit dem größten positiven Einfluss auf die Weltgemeinschaft« ausgerufen.

Na, das war doch mal was! Anfang des 21. Jahrhunderts hatte Deutschland schließlich auch mal als »kranker Mann Europas« gegolten. Vorbei, erledigt, die Deutschen waren zurück, und diesmal ganz, ganz vorne! Und wir wurden sogar gemocht. Daran musste man sich zwar gewöhnen, aber irgendwie berechtigt fanden wir es schon.

Die BBC befragte 25 000 Teilnehmer in aller Welt, *US News and World Report* 16 000. Es handelte sich in beiden Fällen also nicht um harte Fakten, sondern um persönliche Meinungen. Und nur allzu gern wollen wir uns in solchen Urteilen aus dem Ausland wiedererkennen, denn wir haben in puncto Anerkennung Nachholbedarf. Vor allem die Partnerländer in der Europäischen Union könnten von uns lernen, finden wir insgeheim oder fordern es auch schon mal lauthals, in der Euro-Krise etwa – und machen uns schon wieder unbeliebt.

Das verstehen wir nicht, fühlen uns gründlich missverstanden. War Leitgedanke unserer neuerlichen Staatsgründung nicht geradezu der Slogan: »Europa über alles?«

In der Präambel des Grundgesetzes heißt es, das »Deutsche Volk« sei »von dem Willen beseelt, als gleichberechtigtes Glied in einem vereinten Europa dem Frieden der Welt zu dienen«. Artikel 23 führt in Absatz 1 das Nähere aus: »Zur Verwirklichung eines vereinten Europas wirkt die Bundesrepublik Deutschland bei der Entwicklung der Europäischen Union mit, die demokratischen, rechtsstaatlichen, sozialen und föderativen Grundsätzen und dem Grundsatz der Subsidiarität verpflichtet ist und einen diesem Grundgesetz im wesentlichen vergleichbaren Grundrechtsschutz gewährleistet.« Dieser sogenannte »Europa-Artikel« ersetzte nach der Wiedervereinigung den Beitritts-Passus, mit dem die DDR sich nach dem überwältigenden Votum ihrer ersten und einzigen frei gewählten Volkskammer dem Geltungsbereich der bundesrepublikanischen Verfassung anschloss.

Wie tragisch: Wir wollten den Nationalismus überwinden und in Europa aufgehen, es nahezu zu unserem neuen Ersatz-Vaterland machen – doch insbesondere nach der Euro-Krise vermuteten etliche unserer EU-Verbündeten einen deutschen Trick, um diesmal mit anderen als kriegerischen Mitteln in Europa zu Vorherrschaft zu gelangen.

Ungerecht fanden wir das, waren gleichwohl innerlich irgendwie schon davon überzeugt: Ohne uns, die viel beschworene leistungsfähigste Volkswirtschaft Europas, könnte die EU doch zumachen, oder? Größter Nettozahler, »Melkkuh« für alle, die uns dann auch noch beschimpfen! Dies ist die Erzählung, aus der ursprünglich die AfD entstand: Der »Club Med«, angeführt von Paris, Rom und Athen, frisst uns die Haare vom Kopf; deutschlandfeindliche Demokratie-Verächter in Warschau und Budapest langen am tiefsten in die Brüsseler Fördertöpfe, in die wir bußfertigen Deutschen am meisten hineinkippen.

Diese Einschätzung ließ gerne außer Acht, wie sehr Deutschland als Exportnation vom europäischen Binnenmarkt und ja, auch vom Euro profitiert. Die EU-Kommission stellt explizite Nettoempfänger- und -bezahlerstatistiken lieber nicht mehr offiziell auf – offenbar aus Furcht vor zu viel bösem Blut in der stets zankbereiten europäischen Familie. Die *Deutsche Presseagentur* (dpa) machte für den EU-Haushalt 2022 die Rechnung auf, Deutschland habe netto, also nach Abzug aller Wohltaten, die ihm selbst aus Brüssel zufallen, 25 Milliarden Euro in das gemeinsame Budget eingezahlt, Frankreich nur etwa die Hälfte dieser Summe.

Wie gerecht oder ungerecht das ist, darüber lässt sich trefflich streiten. Es könnte gar der Verdacht aufkommen, aufgrund unserer historischen Untaten seien wir Deutschen auf ewig zu Ablasszahlungen verurteilt. Wer dann auch noch wie Altbundeskanzlerin Angela Merkel die eigene Politik als »alternativlos« deklariert (»Unwort« des Jahres 2010), braucht sich nicht zu wundern, dass eine Gegenbewegung entsteht, die sich selbst zur »Alternative für Deutschland« erklärt.

Vor dem Einzug der AfD in den Bundestag bescheinigte der *Spiegel* ihr eine DNS, die sich aus einer »speziellen Melange aus Verschwörungstheorie, Minderwertigkeitskomplex und Bürgerlichkeit« speise. In ihrem Erfolg drücke sich ein Unbehagen an und in der repräsentativen Demokratie aus, eine Zukunftsfurcht und ein rasendes Bedürfnis, gehört zu werden. Diese Entwicklung sehenden Auges hingenommen und keine überzeugenden Strategien dagegen entwickelt zu haben, ist nicht nur das geradezu historische Versagen Merkels, sondern der gesamten politischen Führungsschicht dieses Landes. Merkel völlig allein anzukreiden ist jedoch, dass sie die nach der Eurokrise eigentlich schon erledigte AfD mit neuem Argumentationsmaterial anfütterte: durch einen völlig ungesteuerten Zustrom von Flüchtlingen, der in anfälligen Bevölkerungskreisen Überfremdungsängste auslösen und den Eindruck erwecken musste, der Staat habe jedwede Schleusenwärterfunktion an seinen Grenzen aufgegeben und einen kompletten Kontrollverlust erlitten. So konnte sich die AfD zu zuvor ungeahnten Höhen aufschwingen, durchlief Häutungen und Wandlungen, die schließlich einen extrem harten und hart extremen Kern zutage treten ließen.

Man könnte argumentieren, Deutschland sei damit in die europäische Normalität seiner Nachbarstaaten eingetreten, wo rechtspopulistische, fremdenfeindliche Parteien schon viel länger eine Rolle spielen. Doch in Deutschland ist so etwas besonders bedenklich, ein geradezu historisches Versagen. Denn hier wecken solche Phänomene vor dem Hintergrund unserer dunklen Vergangenheit die allererschreckendsten Erinnerungen. Sie kratzen heftig an dem Mythos, der da lautet: Wir haben grundgültig aus der Geschichte gelernt. Wir sind geläutert, nie wieder. Auch deshalb sind wir so gut. Da könnten sich andere ruhig mal eine Scheibe von abschneiden, auch wenn sie den Zweiten Weltkrieg gewonnen haben. Denn ohne Schuld sind sie in der erweiterten historischen Gesamtsicht ja auch nicht, haben aber nie einen echten Schnitt gemacht.

Im Vorwort zum Katalog der 2014 international viel beachteten Ausstellung des British Museum, *Germany – Memories of a Nation* machte sich der damalige Museumsleiter Neil MacGregor, später Chef des Humboldt-Forums in Berlin, in diesem Sinne Gedanken über europäische Vergangenheitsbewältigung: »Die Deutschen errichten Monumente, die sie an ihre eigene Schande erinnern. Das unterscheidet sie von allen anderen Ländern.«

Doch setzte Ostdeutschland damals schon einen Sonderweg fort. Unter der SED-Herrschaft war die NS-Vergangenheit kurzerhand für bewältigt befunden worden, weil die progressiven Kräfte der deutschen Geschichte auf dem Boden des ersten deutschen Arbeiter- und Bauernstaats sie ja nun vermeintlich ein für alle Mal getilgt hätten. Doch aus dem Schoß dieses Wiedergeburtsmythos Ost kroch nach der Wiedervereinigung dann eine tief im alten braunen Sumpf watende Gestalt wie Björn Höcke. Der im AfD-Wohlfühlgebiet Thüringen tonangebende Verführer deutete MacGregors Anerkennung für den deutschen Mumm zur monumentalen Selbstanklage zynisch um und verhöhnte das Holocaust-Mahnmal in Berlin mit denselben Worten, aber ganz anderen Absichten als »Denkmal der Schande«.

Die Hitlerei: ein »Vogelschiss« der deutschen Geschichte? Auch diese Interpretation hielt die AfD bereit. Solche Verirrungen finden vor allem in »Dunkeldeutschland« Anklang – kein klassisch geografischer oder Energiespar-Begriff, sondern ein Ort voller finsterer Bewusstseinsnischen auf dem Gebiet der ehemaligen DDR.

Mehr als drei Jahrzehnte nach der Wiedervereinigung haben wir immer noch einen Ostbeauftragten der Bundesregierung, der 2022 einen Bericht mit der Erkenntnis vorlegen musste: Nur 39 Prozent der Ostdeutschen seien mit der deutschen Demokratie zufrieden. In den alten Bundesländern lag dieser Wert noch bei 59 Prozent, auch dies bedenklich.

Was ist in diesem Land eigentlich schiefgegangen? Weshalb beschleicht selbst Bürger, die es nie für besonders notwendig gehalten haben, Stolz auf ihre Heimat in die Welt hinauszuposaunen, das Gefühl, ihre Republik sei nicht mehr vorzeigbar, im moralischen, gesellschaftlichen, politischen, verwaltungstechnischen, wirtschaftlichen Abstieg begriffen?

Folgen Sie mir auf einer Spurensuche nach Anzeichen und Gründen dafür, dass wir in einem Land der Deutschen leben, das schon Heinrich Heine nächtens um den Schlaf brachte, wir aber inzwischen aber auch bei hellem Tageslicht nicht mehr wiedererkennen. Die Reise gerät bisweilen unkommod, an unserem Auge ziehen Landschaften mit mehr Tiefen als Höhen vorbei. Stellen wir uns diesen Jammertälern, ohne in Trübsal zu verfallen. »Es ist der Charakter der Deutschen, dass sie über allem schwer werden, dass alles über ihnen schwer wird«, beobachtete Goethe. Also fangen wir mit ihm an.

+++ TEIL ZWEI: +++

»Die da oben« sind an allem schuld – was machen die da eigentlich so? Und warum sind sie dort?

Thesen: Unsere Politiker tun an den falschen Stellen zu viel, an den richtigen zu wenig. Sie leisten sich Berater-Heerscharen, halten sich aber für schlauer als alle anderen und trauen sich grundsätzlich alles zu. Sie suchen die Macht, aber scheuen die Verantwortung. Ihre Lebenswirklichkeit ist zu weit von unserer entfernt. Sie sind zu oft im Tagesgeschäft gefangen, ihnen fehlt die Voraussicht. Außerdem kleben sie zu lange an ihren zu vielen Sesseln, vor allem unsere Bundeskanzler.

Johann Wolfgang von Goethe war ja sowieso der größte Deutsche. Neben dem Dichten beherrschte er allerhand, sogar das Regieren. Das unterscheidet ihn von vielen, die heutzutage politisch am Start sind.

Man muss allerdings auch zugeben, dass der Geheimrat und Staatsminister es im Zwergstaat des Herzogtums Sachsen-Weimar-Eisenach im ausgehenden 18. Jahrhundert erheblich einfacher hatte als unsere heutigen Politiker. Wenn er abends als Vorhaben für morgen »Regieren!« in sein Tagebuch schrieb, konnte er ziemlich sicher sein, dass ihm am nächsten Tag keiner reinquatschen würde, weder bei seinen Ideen für Bergbau und Militär noch bei der Verwaltung des Wegebaus und der Staatsfinanzen.

In Goethes Welt gab es keine freie Presse, kein Twitter und vor allem noch Untertanen, die sich als solche verstanden und kaum aufbegehrten. Ihm war noch unbekannt, was der Redakteur der *Neuen Zürcher Zeitung* in Berlin, Alexander Kissler, die »Daumen-rauf-Daumen-runter-Kultur in den heutigen sozialen Medien« nennt.

Auch das sowie seine damalige Popularität bei den Regierten hebt das historische Allround-Genie Goethe grundsätzlich von unseren jetzigen Verantwortungsträgern in Landes- wie Bundesregierungen ab, die sich im Gegensatz zu ihm unzutreffend für eine große Bandbreite von Aufgaben geeignet halten. Schnell und gerne machen wir »die Politiker-Kaste« zumeist als den Grund allen Übels aus, wenn in unserem Staat etwas schiefläuft. Inzwischen dürfen wir das und haben jedes Recht dazu. Leider auch jeden Anlass.

»Erbarmen mit den Politikern« ist fehl am Platze. Der gleichnamige berühmte Essay von Hans Magnus Enzensberger schilderte sie 1992 in ironischem Ton als Zombies in einer Parallelwelt: »Der Eintritt in die Politik ist der Abschied vom Leben, der Kuss des Todes.« In seinem Glückwunschschreiben zum siebzigsten Geburtstag Enzensbergers widersprach der damalige Bundespräsident Johannes Rau (SPD) dem Schriftsteller 1999 nur bedingt: »Ihr ›Erbarmen mit den Politikern‹ ist über weite Strecken sehr genau beobachtet – aber auf alle in meinem Metier trifft es wirklich nicht zu!«

KAPITEL 4

Allround-Genies mit Pharaonen-Syndrom

Zu oft halten unsere Politiker sich für schlauer als alle anderen. Sind sie in Führungspositionen angelangt, umgeben sie sich zwar gerne mit kostspieligen Beratern, bleiben im Kern aber erstaunlich beratungsresistent. Zugleich greifen sie gewohnheitsmäßig in Dinge ein, von denen sie eigentlich keine Ahnung haben. So hielt ein Untersuchungsausschuss des Berliner Abgeordnetenhauses zum Desaster bei der Aufsicht über den schier endlos erscheinenden Bau des Großflughafens Berlin-Brandenburg (BER) fest: »Das Auswechseln politischer Funktionsträger gegen Fachleute mit Bau- und Projektsachverstand erwies sich im Nachhinein als richtig.«

Da hatten sich Politiker bar jeder Sachkenntnis also zu viel eingemischt, was sich in einer Bauzeit von sage und schreibe vierzehn Jahren niederschlug sowie in Mehrkosten von mindestens sechs Milliarden Euro im Vergleich mit den ursprünglich veranschlagten zwei Milliarden. Die Peinlichkeiten der immer wieder verschobenen Eröffnungstermine, die kostspielige künstliche Beatmung einer gebrechlichen Flughafen-Infrastruktur im Planungskoma machten den BER zum Menetekel der Unfähigkeit des größten Industrielands Europas, seiner Hauptstadt ein vorzeigbares Portal zu verpassen und große Infrastrukturvorhaben überhaupt noch bewältigen zu können.

Abgehoben waren lange Zeit nur die politisch Verantwortlichen, keinesfalls Flugzeuge. Der Airport hätte eigentlich 2011 eröffnen sollen. Erst Ende Oktober 2020 war es dann so weit. Dem Untersuchungsausschuss muteten einige der Gründe dafür fast schon bizarr an. Fassungslos stellte er fest, »dass es bis weit in das Jahr 2014 keinen echten Baufortschritt gab« sowie, »dass die Planung mit dem tatsächlichen Zustand auf der Baustelle häufig nicht übereinstimmte«.

Ständige Umplanungen, blinder Aktionismus, haltlose Versprechungen, fehlender Überblick über das Gesamtprojekt – es klingt nicht gerade nach preußischem Ordnungssinn, wie beim BER-Bau Milliarden in den märkischen Sand gesetzt wurden. Nicht nur die Brandschutztechnik bekam man jahrelang nicht unter Kontrolle, auch beim Schallschutz haperte es. Vor allem half er nicht gegen die großen Töne, die während des Projekts gespuckt wurden.

Das Deutsche Institut für Effizienzprüfung ging dem Wunschdenken auf den Grund. Über die Arbeit des Aufsichtsrates der Flughafengesellschaft Berlin-Brandenburg fand es laut Ausschussbericht heraus, dass »die wirtschaftlichen Angelegenheiten einem theoretischen Businessplan aus politischer Notwendigkeit untergeordnet« wurden, »der den Realitäten nicht standhalten würde«. Auch nachdem der Flughafen endlich in Betrieb gegangen war, gab es weitere Gründe zur Sorge. Der Ausschuss urteilte: »Im Zuge der Coronapandemie hat sich die ohnehin schon katastrophale finanzielle Situation durch den Rückgang der Passagierzahlen und damit verbundenen Erlösausfälle nochmals massiv verschlechtert.«

Beim Ikarus-Projekt mit Bruchlandung war die Besserwisserei überforderter Politiker nur teuer, was ärgerlich genug ist. Im Fall der Love-Parade in Duisburg im Jahr 2010 war sie tödlich. Die Autoren Wolfgang Seibel und Timo Wenzel erheben in der Fallsammlung *Verwaltungsdesaster – Von der Love Parade zu den NSU-Ermittlungen* den Vorwurf, an der Spitze der damaligen Versagens-Kette, die letztlich einundzwanzig Menschen das Leben kostete, habe Oberbürgermeister Adolf Sauerland (CDU) gestanden. Kern gravierender Fehlentscheidungen in Duisburg sei »die Missachtung der mehrfach artikulierten Sicherheitsbedenken der zuständigen Ämter und Dienststellen der Stadtverwaltung Duisburg durch die politische Leitung, namentlich durch den Oberbürgermeister und die von ihm instruierten Dezernats- und Amtsleiter« gewesen. Es handle sich »um einen exemplarischen Fall von Behördenversagen, durch das auf mutwillige Weise Risiken für Leib und Leben von Menschen heraufbeschworen wurden, die angesichts der geltenden Sicherheitsbestimmungen gar nicht hätten auftreten dürfen«.

Doch Sauerland sah sich als allzu schnell ausgemachten Sündenbock, dem durch Rufmord übel mitgespielt wurde. Zehn Jahre nach dem Desaster bezeichnete er es in einem Video-Interview der *Frankfurter Allgemeinen Zeitung* als »absoluten Unsinn«, dass er die Rolle des »großen Organisators und Heranholers« der Love-Parade gespielt habe. Vielmehr habe er von Anfang an gesagt: »Wir übernehmen nicht Veranstaltungen, die irgendwoanders nicht mehr gewollt sind.« Der Rat der Stadt Duisburg habe dann aber entschieden: »Wir wollen in Duisburg die Love-Parade.«

Man reibt sich die Augen: Ein ausgewachsener Oberbürgermeister will nichts damit zu tun gehabt haben, dass in seine Stadt, deren Schmuddel-Image ein wenig Aufpolierung gutgetan hätte, ein prestigeträchtiges Mega-Event mit internationaler Ausstrahlung geholt wurde? Die Love-Parade, von der Spree an die Ruhr verpflanzt; Duisburg, das neue Berlin:

auch arm, aber endlich mal sexy! Dies seien aber nie seine Überlegungen gewesen, beteuert Sauerland: »Diese Veranstaltung war eine Veranstaltung, die keiner brauchte, aber die man unbedingt wollte.«

Und wer war »man«? Seibel und Wenzel entwerfen das Bild von Handelnden in der Stadtverwaltung unter Druck von oben. Druck, der dazu führte, dass Warnungen vor unzureichenden Fluchtwegen im Fall einer Panik auf einem eigentlich für eine Massenveranstaltung nicht geeigneten Gelände verhallten.

Als Sauerland im Prozess um die Katastrophe als Zeuge aussagte, machte er geltend, von Einzelheiten der Planung keine Kenntnis gehabt zu haben. Er hatte nach seiner eigenen Darstellung als Oberbürgermeister also weder mit der Entscheidung für die Love-Parade etwas zu tun noch mit ihrer Vorbereitung. Die Stadt Duisburg habe die Planungen des privaten Veranstalters überprüfen lassen. Das entsprechende Gutachten habe ausgesagt: »Das funktioniert.«

Bei Feuerwehr und Polizei war man laut Seibel und Wenzel aber anderer Meinung. Das drang nicht zu Sauerland durch? Er war doch der erste Mann im Rathaus, nicht der letzte Hiwi!

Zu einer Anklage gegen ihn kam es nie, die Staatsanwaltschaft sah keine Möglichkeit, ihm individuelle Schuld zuzuweisen. Vor Gericht standen ehemalige Mitarbeiter der Stadt und vier Angestellte des Veranstalters. Schuldsprüche ergingen nicht, der Prozess wurde 2020 ohne Urteil eingestellt. Das einst als Techno-Metropole imaginierte Duisburg bleibt mit dem Massengrab-Makel einer Stadt behaftet, in der Menschen zu Tode kamen, die heute noch leben könnten, wenn Großmannssucht nicht zahlreiche Sicherheitsbedenken hinweggefegt hätte. Ein Geltungsdrang, für den nie jemand die Verantwortung übernahm.

Der frühere Hamburger Bürgermeister Ole von Beust (CDU) hingegen hielt nicht hinter dem Berg damit, dass er mit einem vielbeklatschten Meisterstück brillieren wollte: »Ich glaube, das ist eine Sache, die vielen Hamburgern am Herzen liegt, und ich möchte diese Philharmonie auf jeden Fall«, zeigte er sich wild entschlossen, den Prestigebau Elbphilharmonie durchzuziehen. Was machte es da schon, dass die ursprünglich veranschlagten Baukosten außer Kontrolle gerieten? Nach einer Studie der Hertie School of Governance stiegen sie vom Vertragsschluss 2006 bis 2013 von 352 Millionen Euro auf 865 Millionen; in Presseberichten war sogar von ursprünglich mal veranschlagten 77 Millionen die Rede.

Eine große Rolle hätten »Selbstüberschätzung sowie fehlende Erfahrung und die Unterschätzung der Projektrisiken« gespielt, hieß es in der Hertie-Analyse. Und: »Zu Vertragsabschluss und Baubeginn waren die Planungen längst nicht abgeschlossen.« Selbstverständlich, man muss es kaum erwähnen, verzögerte sich die Fertigstellung der »Elphi«, um sieben Jahre. Auf dem Stadtportal »hamburg.de« konnte man 2023 erstaunt lesen: »Von der Bauzeit bis zur Länge der Rolltreppe – die Elbphilharmonie kann in jeglicher Hinsicht mit beeindruckenden Zahlen aufwarten.«

Immer wieder müssen Steuerzahler den Kopf beziehungsweise die Brieftasche dafür hinhalten, dass Kosten-Nutzen-Rechnungen und Expertenwarnungen in den Hintergrund treten, wenn sich Verantwortungsträger glänzende Aushängeschilder ihrer Gestaltungskraft wünschen. Wer wie unsere Politiker zwanghaft immer von »den Menschen« redet, für die es tätig zu werden gelte, der legt den Verdacht nahe, dass er sich selbst womöglich gar nicht mehr zu diesen »Menschen« zählt, sondern vielleicht für eine Art allwissendes höheres Wesen hält. Politiker besitzen laut dem Publizisten Roger Willemsen »häufig die Eitelkeit jener, die sich nicht gewählt, sondern auserwählt fühlen und mit der großen Geste des ›Wir gestalten das Land‹ auftreten«.

Trat ein neuer Pharao im Alten Ägypten seine Herrschaft an, gingen meist sofort die Arbeiten an einem ambitionierten Bauprojekt los: Sein künftiges Grabmal hatte beeindruckender als die der Vorgänger auszufallen. Dafür wurden weder Mühen noch Kosten gescheut, schließlich ging es um die Verewigung des Andenkens an einen »göttlichen« Herrscher. Je nach Lebensdauer des Pharaos entstanden dabei mal Jahrtausende überdauernde Kulturdenkmäler, mal auch nur Provisorien.

Heutzutage begraben wir Politiker nicht in ihren Mega-Baustellen, höchstens ihre Karrieren – und auch das nur selten. Der Journalist Thomas Rietzschel geißelt in seiner bitteren Analyse *Geplünderte Demokratie* das »Selbstverständnis einer politischen Klasse, die sich vormundschaftlich erhoben fühlt«, und fügt hinzu: »Die Pläne, die einer schmiedet, die Projekte, die sich mit seinem Namen verbinden sollen, müssen seiner Position entsprechen, besser gesagt der Vorstellung, die er sich davon macht«. Für den BER habe das bedeutet: »Mit einem Flughafen, dessen Ausmaße sich am Bedarf orientiert hätten, wäre Klaus Wowereit als Regierender Bürgermeister unter dem Niveau der bekleideten Stellung geblieben. Die Dimensionen des Airports hatten seiner Phantasie entsprechen sollen, und das möglichst schnell, glanzvoll hergerichtet für die große Sause zur Eröffnung.«

Den Sauseschritt schätzte auch Andreas »Andi« Scheuer. Bei ihm handelt es sich um einen Ex-Bundesverkehrsminister der CSU, dessen fachliche Befähigung fürs Amt mutmaßlich kaum darüber hinausreichte, dass er vielleicht gerade mal einen Führerschein vorweisen konnte. Unter Scheuers Ägide sollte die auf ewig mit seinem Namen verbundene große Maut-Pyramide entstehen. Dies ist nur insofern gelungen, als deren Trümmer und Kosten aus dem Weg geräumt werden müssen, hoffentlich nicht ganz so lange, wie das Grabmal-Ensemble von Gizeh schon majestätisch steht und nur hier und da diskret bröckelt.

Warnungen davor, dass das Konstrukt einer nur für Aus-, nicht aber für Inländer gültigen Wegeabgabe nicht mit EU-Recht zu vereinbaren wäre, gab es genug. Der Chaos-Cheops aus Passau überhörte sie alle und wusste alles besser. Die schon 1919 entstandene Analyse des Soziologen Max Weber (ich komme unweigerlich auf ihn zurück) zu solchen Phänomenen lautete: »Wer Politik betreibt, erstrebt Macht: Macht entweder als Mittel im Dienst anderer Ziele (idealer oder egoistischer), – oder Macht ›um ihrer selbst willen‹, um das Prestigegefühl, das sie gibt, zu genießen.«

»Andi« Scheuer wählte Genuss ohne Reue. Als er aus dem Amt schied, hinterließ er neben Prozesskosten in Millionenhöhe durch das Maut-Abenteuer im Bundesverkehrsministerium den trotzigen Abschiedsgruß: »Ich gehe hier erhobenen Hauptes raus.« Er habe sich mit dem Amt des Verkehrsministers einen Traum erfüllen dürfen – für das böse Erwachen sollten die Steuerzahler aufkommen.

KAPITEL 5

Schuld sind immer die anderen – bis zum Pfusch-Rücktritt

Nachdem Scheuer Geld verspielt hatte, das ihm gar nicht gehörte, stahl er sich erst dann selbst davon, als eine neue Bundesregierung gewählt war. Ein Rücktritt kam ihm offenbar nie in den Sinn. Nachdem bei der Duisburger Love-Parade fehlende Fluchtwege zum Desaster führten, hielt OB Sauerland an seinem Amt und damit an seinen Ansprüchen auf Übergangsgeld und Ruhegehalt fest. Seine Position nahm ihm erst ein empörter Bürgerentscheid, seine Pension blieb ihm.

Berlins Regierender Bürgermeister Klaus Wowereit, dessen Name laut *Tagesspiegel* untrennbar mit dem Großfluchhafen BER verbunden war, fungierte mehr als ein Jahrzehnt lang als Vorsitzender des Aufsichtsrats der Flughafengesellschaft.

Als er 2014 das Rote Rathaus aufgab, nannte er das Peinlich-Projekt BER zwar »eine der größten Niederlagen in seiner politischen Karriere«, betonte aber zugleich: »Ich gehe freiwillig.« Da hinterließ noch einer ein Desaster, ging aber dennoch stolz erhobenen Hauptes. Als Dreingabe lieferte Wowereit polit-philosophische Überlegungen darüber, dass es nicht so einfach sei, den richtigen Zeitpunkt für den Rückzug zu finden. Die Pannen-Serie beim BER hätte ihm bei näherem Hinsehen eine ganze Fülle dieser Ereignismomente geboten.

Der formvollendete, Respekt abnötigende, rechtzeitige

und angemessene Rücktritt, da hatte Wowereit allerdings recht, ist eine Kunst. Allzu viele Kunstsinnige scheint es in dieser Hinsicht unter Leuten, die auf der Entscheidungspyramide ganz oben stehen, nicht zu geben. Pharaonen denken halt nie ans Abdanken.

Werden sie dann doch einmal dazu gezwungen, sprechen Politologen von »Push-Rücktritten«. Dieser Schubs über die Klippe entsteht meist durch das, was die Betroffenen gern eine »Hexenjagd« nennen: ein einhellig negatives Medienecho, ausgelöst von Pannen und Skandalen. Eigentlich also Pfusch-Rücktritte, könnte man sagen.

Zum Krakeelen der Wühlerpresse über Verfehlungen muss sich aber auch ein interner Vertrauenszusammenbruch gesellen. Die eigenen Leute in Partei und Fraktion (manche stehen als potenzielle Nachfolger vielleicht schon lange in den Startlöchern) geben dann eine bisherige Galionsfigur zur Demontage frei. Ist die Situation so weit gediehen, ergibt Weitermachen auch für hartgesottene Sesselkleber keinen Sinn mehr.

So etwas ereilt deutsche Regierungschefs selten. Nennenswerteste Ausnahme war Willy Brandt, der nach der Enttarnung des DDR-Kanzleramtspions Günter Guillaume 1974 mitteilte: »Am Abend des 6. Mai habe ich dem Bundespräsidenten meinen Rücktritt erklärt und damit die politische und persönliche Verantwortung für Fahrlässigkeiten im Zusammenhang mit der Agentenaffäre übernommen. Diese Entscheidung konnte mir niemand abnehmen.«

Häufiger als Kanzler-Rücktritte kommt der Amtsverzicht von Ministern vor. Thomas de Maizière (CDU), mehrfach als Minister im Staats-Geschirr, empfahl Verantwortungsträgern am Rande des Vertrauenszusammenbruchs in seinen Regierungserinnerungen: »Als Minister gilt es, persönliche Verantwortung, politische Verantwortung und Verfahrensverantwortung zu übernehmen. Ein Rücktritt muss wohlüberlegt sein. Er muss das letzte Mittel sein. Wenn es wahrhaft Anlass zu einem Rücktritt gibt, darf ein Minister nicht zögern und nicht auf eine Entlassung durch den Regierungschef warten.«

Jörn Fischer, der 2011 an der Universität Köln über deutsche Bundesminister und ihre *Wege ins Amt und wieder hinaus* promovierte, machte in seiner Dissertation darauf aufmerksam, dass auch ausbleibende Rücktritte aufschlussreich seien: »Ministerrücktritte – auch die, die nie erfolgten – sind aber noch mehr: Gradmesser für gesellschaftliche Normen und Wandlungsprozesse. Was sanktioniert eine Gesellschaft? Was lässt sie durchgehen?«

Zum eklatanten Beispiel dafür wurde nach dem Berliner Wahldesaster vom September 2021 der Sozialdemokrat Andreas Geisel. Die Vorbereitung der Wahl fiel in seine Zuständigkeit, als er noch Innensenator war. Nach der neuen Regierungsbildung wechselte er geschmeidig ins Bauressort und gab von diesem Amtssessel aus kund: »Es ist nicht so, dass ich nicht Verantwortung spüre.« Aber was würde es schon besser machen, wenn er zurückträte? Er habe sich nun mal »entschlossen zu arbeiten«.

Nun muss man sicherlich jeden beglückwünschen, der, wenn vielleicht auch spät in seinem Leben, den Entschluss fasst, mal ordentlich zu arbeiten. Nur musste Geisel im neuen Tätigkeitsfeld schnell eingestehen, seine Entscheidung für die Leidenschaft, »Wohnungen zu bauen«, lasse sich leider nicht im gewünschten Umfang verwirklichen. Geisels persönliche Interpretation von Arbeitsethos verlangte den leidgeprüften Berlinern das Maximum an Duldsamkeit ab.

Wir lassen uns als Bürger allerhand bieten. Vielleicht entschuldigt sich deshalb auch kaum jemand mal bei uns. Im

März 2021 jedoch geschah in der Bundesrepublik Deutschland Ungeheures, in Medienberichten war gar von einer historischen Begebenheit die Rede: Eine Politikerin gab einen Fehler zu. Es war Angela Merkel, deren politischer Aufstieg stark davon abgehangen hatte, die Fehler anderer in ihrer Partei, der CDU, zu benennen und für den eigenen Aufstieg auszunutzen.

Politiker legen im Allgemeinen keine Schuldeingeständnisse nieder. Lieber geben sie Ehrenworte und wiederholen die auch noch (Uwe Barschel endete mit dieser Strategie in der Badewanne eines Zimmers des Genfer Nobelhotels »Beau Rivage«). Helmut Kohl gelang es mit dem ständigen Rezitieren eines angeblichen Ehrenworts ebenfalls, den Status des Ehrenmanns zu verlassen. Roland Koch, einst hessischer Ministerpräsident, verpflichtete sich im Sumpf der CDU-Spendenaffäre nur quasi-ehrenhaft zu »brutalstmöglicher Aufklärung«.

So gut wie nie gibt jemand etwas zu oder bittet um Verzeihung. Angela Merkel, der Frau, die von der CDU-Spendenaffäre nach oben gespült wurde, kam in dieser Hinsicht ein Alleinstellungsmerkmal zu. Als Kanzlerin entschuldigte sie sich vor dem Volk für die in der dritten Welle der Corona-Pandemie entstandene Idee einer erweiterten »Osterruhe« und ließ sie fallen. Wesentlich üblicher als solch ein »Mea culpa« ist das politische Normalprogramm: An mir lag es nicht.

Unverschämter ist eigentlich nur noch die Methode »Gedächtnisverlust«. Sie zieht eine Verbindungslinie zwischen dem einstigen »Blackout« von Helmut Kohl im Untersuchungsausschuss zur Flick-Affäre und den Erinnerungslücken von Bundeskanzler Olaf Scholz in der Aufarbeitung des Steuerskandals, der sich mit den sogenannten »Cum-Ex-Geschäften« verband.

Der NZZ-Redakteur Kissler setzt sich in seinem Buch *Die*

infantile Gesellschaft mit der Märchenfigur Peter Pan auseinander, die kein Zeitgefühl hat und immer wieder sofort vergisst, was sie soeben tat. »Das fehlende Gedächtnis sorgt für ein abgründiges Wesen«, legt er dar. »Mit Menschen, die sich vorsätzlich nicht erinnern, lassen sich keine Beziehungen führen, keine Freundschaften, lassen sich keine Verträge schließen, keine Gesellschaften aufbauen, keine Konflikte befrieden. Erinnerungslosigkeit ist entweder ein schlimmes Schicksal und therapiebedürftig oder schlicht asozial.«

KAPITEL 6

Politik als Beruf:
Hochkommen heißt Hochstapeln

Politiker können sich nicht nur zu viel einmischen und das Falsche tun, sie richten auch durch Unterlassen Schaden an. Bei der Definition der Antriebsfeder für ihren aufreibenden Beruf bemühen sie gerne eine Leidenschaft für das Bohren »dicker Bretter«. Laut dem CDU-Vizevorsitzenden Carsten Linnemann ist es aber vielmehr so, dass diese Bretter »häufig nur bemalt werden, weil der Mut zum Bohren fehlt«. Manchmal natürlich hat man die Bretter auch einfach nur vorm Kopf. Aber es sind nun mal Bretter, die das Geld bedeuten.

Der Soziologe Max Weber sprach in seinem berühmten Vortrag über »Politik als Beruf« übrigens vom »starken langsamen Bohren von *harten* Brettern *mit Leidenschaft und Augenmaß zugleich*«. Er hielt außerdem fest, dass Politik als Beruf wenig mit Berufung zu tun haben kann: »Es gibt zwei Arten, aus der Politik seinen Beruf zu machen. Entweder: Man lebt ›für‹ die Politik – oder aber ›von‹ der Politik.«

Karrieren als Berufspolitiker nach letzterem Muster – aus dem Hörsaal direkt in den Plenarsaal – sind immer weiter verbreitet. Ein Studium der Politikwissenschaft mündet im Engagement in der Jugendorganisation einer Partei, Mandate folgen. Eine politische Karriere plant man heute deutlich zielgerichteter, als das früher der Fall war. Es war durchaus einmal üblich, eher zufällig in der Politik zu landen, über ein Engagement für ein bestimmtes Anliegen.

Ein Cousin von mir hatte allerdings schon als Kind den felsenfesten Berufswunsch, Bundeskanzler zu werden. Er rüttelte mit diesem Vorhaben zum Glück nur an den Nerven der Familie, nicht am Zaun des Bundeskanzleramts, wie es Gerhard Schröder als Juso-Chef mal nach einer Zechtour in Bonn tat und verlangte: »Ich will hier rein!« Wie früh dieses sehr dringliche und anhaltende Bedürfnis in Schröder entstand, ist nicht bekannt.

Frühzeitige Karriereplanung, ein fester Wille und Zielstrebigkeit sind für den Politiker gutes Rüstzeug. Hinzu tritt oft die Autobegeisterung über die eigene Bedeutung und Eignung für so gut wie alles sowie die Fähigkeit, Gefolgsleute mit dieser Überzeugung anzustecken. Grundsätzlich gilt im Parteien-Betrieb das Prinzip des Hochgelobtwerdens durch Hochstapeln, ergänzt mit selbstgewissem Auftreten, politischem Instinkt und dem Knüpfen von Seilschaften. Die helfen dabei, Rivalen wegzubeißen, um an die Spitze der politischen Nahrungskette zu gelangen. Der frühere Bundespräsident Richard von Weizsäcker bemerkte einmal: »Bei uns ist ein Berufspolitiker im Allgemeinen weder ein Fachmann noch ein Dilettant, sondern ein Generalist mit dem Spezialwissen, wie man politische Gegner bekämpft.« Etwas vornehmer drückt das Thomas de Maizière aus. In seinem Buch *Regieren* heißt es, es komme bei der Amtsvergabe »allein auf die Prognose an, ob jemand in Zukunft ein guter Minister werden kann, und nicht darauf, ob er es gleich zu Beginn schon ist«.

Helmut Schmidt wird im Zusammenhang mit der fachlichen Qualifikation von Bundesministern der Ausspruch zugeschrieben: »Mit etwas überdurchschnittlicher Intelligenz kann man das.« Es braucht laut de Maizière aber noch ein wenig mehr: Durchsetzungsfähigkeit. Für die helfe »eine gute Vernetzung in der Fraktion wie auch ein gutes Ansehen in einem Bundesland«. Ob man Minister werde, hänge also »neben der persönlichen Eignung auch davon ab, ob man gerade aus dem richtigen Landesverband kommt und ob das geeignete Ressort nach Ende der Koalitionsverhandlungen der eigenen Partei zugesprochen wird«.

Nach diesem Muster bekommen wir höchste und allerhöchste Entscheidungsträger, die immer so tun müssen, als wären sie unfehlbar und würden sich mit allem auskennen.

Nehmen wir Ursula von der Leyen: Sie wurde sowohl Bundesfamilien-, als auch Bundesarbeits-, als auch Bundesverteidigungsministerin sowie letztendlich Kommissionspräsidentin der Europäischen Union. Die Frau kann einfach alles, so scheint es.

Weil Landesverteidigung nach dem Fall des Eisernen Vorhangs als überholte Nebensache galt, wurde die Bundeswehr zum Tummelfeld für Verteidigungsminister, die mit allen möglichen Reformideen glänzten, nur nicht mit Sachkenntnis und vorausschauendem Denken. So setzte mit Theodor zu Guttenberg (CSU) eine Kette von Fehlbesetzungen des Wehrminister-Postens ein, die ihren vorläufigen Tiefpunkt 2022 in der Amtsübernahme und dem rasanten Scheitern von Christine Lambrecht erreichte. Nach dem Überfall Russlands auf die Ukraine hielt die SPD-Politikerin die Lieferung von 5 000 Kampfhelmen an das um sein Überleben ringende Land allen Ernstes für ein deutliches Signal der Solidarität mit Kiew.

Natürlich gibt es Fachpolitiker, die in ihr Kompetenzfeld eingearbeitet sind. Sie schaffen es aber nur selten bis ganz nach oben. SPD-Bundesgesundheitsminister Karl Lauterbach (laut *Neuer Zürcher Zeitung* eine »merkwürdige Mischung aus Daniel Düsentrieb, Nostradamus und Nervensäge«) war insofern eine Ausnahme, als ihn sein akademischer und beruflicher Werdegang als Gesundheits-Fachmann kennzeichnen. Ins Amt katapultierte ihn allerdings eher seine mediale Penetranz als ständig aufheulende Corona-Warnsirene.

Oft erlangen Politiker schon mit viel kürzerem Anlauf Koryphäen-Status. »Wer als Berufspolitiker mehr als zwei Mal zum gleichen Thema etwas sagt, gilt als Experte«, beobachtete der Grüne Oswald Metzger, einst in seiner Bundestagsfraktion für Finanz- und Haushaltspolitik zuständig, während der acht Jahre, die er im Bundestag saß. Er sprach in seinem Rückblick auf diese Zeit auch von »gelebter Kompetenzabstinenz« im politischen Geschäft.

Entscheidend ist natürlich auch, dass man den richtigen Leuten die Stange hält, damit diese sich irgendwann erkenntlich zeigen. »Aspiranten auf bezahlte Ämter müssen sich systematisch an die Spitzenleute heranrobben, deren Aufmerksamkeit auf sich lenken und Loyalität demonstrieren oder zumindest heucheln«, beschrieb Metzger die Gesetzmäßigkeiten.

Wer Politik als ausschließlichen Beruf wählt, hat ein sehr persönliches Interesse: Arbeitsplatzsicherung sowie beruflichen Aufstieg. Dies ist ein legitimes Anliegen, man sollte es aber vielleicht nicht so weit treiben wie einst Dirk Niebel. Als FDP-Generalsekretär vertrat er erst die Parteilinie, das Entwicklungshilfeministerium abzuschaffen – um dann selbst dessen Chef zu werden und es für unentbehrlich zu halten.

KAPITEL 7

Postenschwemme: Wann kommt der Beauftragte für die Bundesbeauftragten?

Aus dem Kreise der Mitglieder des Bundestags (MdB), er wurde durch die Eigenheiten des umstrittenen deutschen Wahlrechts zum zweitgrößten Parlament der Welt, sind zahlreiche Job-Hoffnungen zu erfüllen. Die daraus folgende Aufblähung des deutschen Regierungsapparats ist auf den ersten Blick nicht offensichtlich, findet aber in der zweiten bis dritten Reihe statt.

Adenauer startete 1949 mit dreizehn Ministern, legte dann in seinem zweiten Kabinett gleich mit zwanzig los, einem seitdem kaum wieder überschrittenen Wert. Die Kabinette Merkel I bis IV kamen sehr stabil mit fünfzehn Mitgliedern aus, unter ihrem Nachfolger Olaf Scholz wurden es sechzehn. Nur: Die Zahl der Parlamentarischen Staatssekretäre, meistens Jobs im Regierungsapparat für »verdiente« und möglicherweise künftig ministrable Bundestagsabgeordnete, wuchs exponentiell an. Von der Einführung dieser Posten im Jahr 1967 bis 1994 waren insgesamt 127 solcher Staatssekretäre erstmals ernannt worden. 2021 lag diese Gesamtzahl schon bei 307. Die Ampelregierung trat mit 37 Parlamentarischen Staatssekretären an – so viele hatte seit der Wiedervereinigung keine Vorgängerregierung gebraucht.

Die Zahl aller Regierungsbeamten durchbrach im Jahr

2023 erstmals die 30 000-Grenze, nachdem die Ampelkoalition laut Bund der Steuerzahler auffällig viele neue Stellen für gut bezahlte Top-Beamte geschaffen hatte.

Hinzu kommen mehr als vierzig Bundes- und Regierungsbeauftragte für dieses und jenes. Ihre Aufgaben umfassten im Frühjahr 2023 unter anderem:
- »Umsetzung der internationalen Initiative für mehr Transparenz im rohstoffgewinnenden Sektor«
- »Strategische Auslandsprojekte im Interesse der Bundesrepublik Deutschland«
- »Behandlung von Zahlungen an die Konversionskasse (gemäß dem ›Gesetz zur Ausführung des Abkommens vom 27. Februar 1953 über deutsche Auslandsschulden vom 24. August 1953‹)«
- »Neustrukturierung der Verwaltung und Dezentralisierung in der Ukraine«
- »Berlin-Umzug und Bonn-Ausgleich«

Letzterer Posten sollte nach Ansicht des Bunds der Steuerzahler mitsamt den inzwischen reichlich unsinnig erscheinenden Ausgaben durch das Berlin/Bonn-Gesetz so schnell wie möglich verschwinden. Es ist schon ein besonders dreistes Stück, wie das schlaue kleine Bonn am Rhein sich vom Staat auch zwanzig Jahre nach dem Umzug von Parlament und Regierung an die Spree weiterhin alimentieren lässt. Die Kosten der Bonn-Zulage betragen nach Regierungsangaben mindestens acht bis neun Millionen Euro jährlich, der Steuerzahlerbund hält sogar das Doppelte für möglich.

Da viele Bundesministerien sich weiterhin zwei Dienstsitze leisten, müssen Beamte hin und her reisen, müssen »Pendlerräume« für sie in beiden Städten vorgehalten werden. Die Zahl der Videokonferenzen zwischen den verschiedenen

Standorten geht pro Jahr in die Zehntausende. Spätestens seit Corona wissen wir aber alle, dass diese Form der Kommunikation ihre Beschränkungen hat und das persönliche Gespräch vorzuziehen ist.

Die Bundesrepublik leistet sich da eine Widersinnigkeit, die nur das Europaparlament mit seinem monatlichen Reisezirkus zwischen Brüssel und Straßburg noch in den Schatten stellt. Die Botschaft an die Steuerzahler ist in beiden Fällen die gleiche: Die Vernunft hat zu schweigen, wenn starke Partikularinteressen (beim deutschen Irrsinn die Bonns und Nordrhein-Westfalens, bei der europäischen Idiotie die Straßburgs und Frankreichs) im Spiel sind. Das Nachsehen hat in beiden Fällen die Allgemeinheit.

Der Zirkus wurde 2023 in das immaterielle Kulturerbe Deutschlands aufgenommen. Das ist schön, ich wünsche allen Artisten und Akrobaten Hals- und Beinbruch. Der politische Reisezirkus jedoch sollte nicht weiter unter Schutz gestellt werden, weder hierzulande noch anderswo.

Besonders ausgeprägt ist das Beauftragten-Geflecht im Dienste des Kampfes gegen Diskriminierung verschiedenster Bevölkerungsgruppen. Deren Schutz- und Gleichberechtigungsinteressen stehen schon aus historischen Gründen in Deutschland außer Frage – mit Recht. Neben den Beauftragten für den Kampf gegen Antisemitismus und Antiziganismus, denen für die Akzeptanz sexueller und geschlechtlicher Vielfalt, für die Belange von Menschen mit Behinderungen sowie denen für Migration, Flüchtlinge, Integration und Antirassismus und Religions- und Weltanschauungsfreiheit gibt es zusätzlich eine weitere unabhängige Antidiskriminierungsbeauftragte.

Die von ihr geleitete und im Bundesministerium für Familie, Senioren, Frauen und Jugend angesiedelte Antidiskriminierungsstelle versteht das 2006 in Kraft getretene Allgemeine

Gleichbehandlungsgesetz als ihre Arbeitsgrundlage. Es regelt den Schutz vor Diskriminierung aus rassistischen Gründen oder wegen der ethnischen Herkunft, des Geschlechts, der Religion oder Weltanschauung, einer Behinderung, des Alters oder der sexuellen Identität. Überschneidungen mit dem Arbeitsgebiet der zuvor genannten Beauftragten sind unverkennbar. Unnötig vielleicht auch.

Das aber anzusprechen, wie es CDU-Vizechef Linnemann tut, hat hohes Shitstorm-Potenzial: »Ich sehe die Schlagzeile schon vor mir, wenn ich eine Zusammenlegung der Posten vorschlagen würde: ›Linnemann will beim Kampf gegen Diskriminierung sparen.‹«

Mehr als ein Jahrzehnt nach der Euro-Krise müssen ebenfalls Fragezeichen hinter der weiteren Sinnhaftigkeit eines »Beauftragten für die Deutsch-Griechische Versammlung« erlaubt sein. Auf dem Höhepunkt der antideutschen Ressentiments auf dem Peleponnes, als große Teile der griechischen Bevölkerung sich von Spardiktaten aus Berlin drangsaliert fühlten, war der damalige Beauftragte Hans-Joachim Fuchtel noch ein notwendiger Klimafaktor. Heute erscheinen die Posten der Beauftragten für deutsch-französische, deutsch-polnische und transatlantische Zusammenarbeit wieder als durchaus bedeutsamer.

Häufig sind Beauftragte in anderen Funktionen, sei es als Staatssekretär oder leitender Beamter, bereits ins Regierungshandeln eingebunden. In den wenigsten Fällen werden sie ausdrücklich als »unabhängig« bezeichnet. Wer einmal in einen Regierungsposten gelangt ist, stellt ja auch oft fest, dass er dort keineswegs nach eigenem Belieben schalten und walten kann, sondern zahlreiche Sachzwänge zu beachten hat: die Wahrung des Koalitionsfriedens zum Beispiel, die in Mehrparteienregierungen oft (faule) Kompromisse verlangt.

Zudem ist auf die Binnenkultur der jeweiligen Ministerialbürokratien Rücksicht zu nehmen. In ihnen sitzen Funktionsträger ohne politisches Mandat, die schon viele Minister kommen und wieder gehen sahen und wissen: Bestand hat immer nur der Apparat. Und an dem kann man scheitern, wenn man dessen ganz eigene Gesetzmäßigkeiten außer Acht lässt.

Als eklatantes Beispiel dafür galt einmal die Grünen-Politikerin Andrea Fischer, erste Gesundheitsministerin der rot-grünen Schröder-Regierung. Sie stürzte über die BSE-Krise. Unter dieser Abkürzung beunruhigte im Jahr 2000 eine Rinderseuche nicht nur die deutsche Öffentlichkeit. Der Krankheitserreger konnte auch beim Menschen bis zur Demenz führende Gehirnveränderungen auslösen.

Fischer wurde nicht nur zum Opfer ihres ungeschickten Krisenmanagements, sondern offenbar auch von Widerständen gegen ihre Amtsführung im Apparat ihres eigenen Hauses, den sie wohl nie richtig in den Griff bekam. Jahre später gestand sie dem *Deutschlandfunk Kultur*: »Es braucht ein gewisses Interesse an Macht, und da hatte ich nicht genug.«

Hausmacht ist wichtig, aber Handlungsstärke nicht unbedingt. Kommt einem keine große Krise in die Quere, erweist sich vielfach die Verwaltung des Status quo als am risikoärmsten. Man tritt so am wenigsten Leuten auf die Füße, intern wie extern. In einer alternden Gesellschaft, deren Wählerschaft zunehmend aus Rentnern besteht, ist das eine plausible Form der Karrieresicherung: Alte Menschen stehen Veränderungen misstrauisch gegenüber, ihr Denken und Sehnen ist mehr auf das Heute gerichtet als auf das Morgen. Stillstand erscheint dann als Verlässlichkeit. Den geistigen Nährboden für Staatsversagen bereiten so auch die Bürger selbst.

Zuwarten statt Zupacken lautet deshalb immer öfter die Devise. Man klammert sich an überholte Konzepte genauso verbissen wie an die eigene Position. Dafür war nicht nur der Niedergang von Angela Merkels Kanzlerschaft ein schlagendes Beispiel, sondern auch die viel zu langen Regierungszeiten Helmut Kohls und Konrad Adenauers. Alle drei erstarrten in ihrem Amt, in dem man in Deutschland leider viel zu lange verharren darf, solange die Wahlergebnisse es hergeben.

Gerhard Schröder setzte in seiner zweiten Amtszeit einen Kontrapunkt: die »Agenda 2010«. Sie machte die Bundesrepublik, den damaligen »kranken Mann Europas«, international wieder wettbewerbsfähig – Scholz und die Seinen drehten das dann wieder zurück. Die vorherige Wachstums- und Beschäftigungserholung fiel in der Zwischenzeit Merkel als Beutestück zu, während Schröder den Kanzler-Job verlor, seine Partei, die SPD, in tiefe Gewissensnöte stürzte und persönlich am Ende als querulantischer Putin-Vasall auf dem politischen Altenteil landete.

Überlange Regierungsperioden blieben in der Geschichte der Bundesrepublik bislang ein Wesensmerkmal dreier christdemokratischer Regierungschefs, die es zusammen auf 46 Jahre im Kanzleramt brachten: Konrad Adenauer, Helmut Kohl und Angela Merkel. Alle drei wurden mit dem höchsten Orden der Bundesrepublik Deutschland ausgezeichnet, dem »Großkreuz in besonderer Ausführung«. Nicht für ihr Sitzfleisch, obwohl auch dieses historisch durchaus Anlass höchster Verehrung und Anbetung war. Antike Säulenheilige verbrachten schließlich lange Jahre ihres gottgefälligen Lebens mit nichts anderem, als auf einem erhöhten Standort zu verharren, ehrfürchtig von der Gläubigenschar für ihr Nichtstun bewundert. Probleme aussitzen, das hatte Merkel ganz gut von Mitgroßkreuzträger Kohl gelernt.

Die SPD-Kanzler Willy Brandt, Helmut Schmidt und Gerhard Schröder waren jeweils nicht länger als fünf, acht und sieben Jahre am Drücker. Vielleicht, weil sie sich zu viel trauten: Brandt die Ostpolitik, Schmidt die Nato-Nachrüstung, Basta-Schröder seine Agenda. Die Dauer ihrer Gastspiele im Kanzleramt ist eine ganz gute Leitlinie dafür, wann es an der Regierungsspitze generell genug sein sollte, damit sich kein Mehltau übers Land senkt: nach zwei Amtsperioden.

KAPITEL 8

XXL-Bundestag mit Überdrussmandaten

Nicht nur die Führungsetage des Kanzleramts ist bei uns zu lange besetzt, auch so mancher Sitz im Bundestag. Das frühere Rotationsprinzip der Grünen war keine schlechte Idee für frischen Wind im Parlament – aber der Festigung persönlicher Karrieren hinderlich.

Im Bundestag sitzen jede Menge und immer mehr Leute, die auf Pöstchen schielen. Um die 70 Prozent der Mitglieder von Bundeskabinetten, so Jörn Fischer und André Kaiser in einem Aufsatz für die *Zeitschrift für Parlamentsfragen*, kamen zwischen 1949 und 2009 mit Bundestagserfahrung ins Ministeramt. Schieden sie aus der Regierungsverantwortung aus, war nach dieser Untersuchung für etwa denselben Prozentsatz der Bundestag dann wieder ein sicheres Auffangbecken. Sehr praktisch.

Unsere Parteien tun sich außerordentlich schwer damit, unser seit Langem zu Übergröße angeschwollenes XXL-Parlament – dessen Kosten sich laut Bund der Steuerzahler im Jahr 2023 auf über eine Milliarde Euro beliefen – auf ein verträgliches Maß zu verkleinern.

Bei der letzten Bundestagswahl vor der Wiedervereinigung waren knapp 500 Mandate im »Hohen Haus« zu vergeben. Dass es 1990 im ersten gesamtdeutschen Bundestag dann zum »Engen Haus« mit 662 Mandatsträgern kam, war einer historischen Einmaligkeit geschuldet, die das neue, gesamte Land abbilden sollte. Doch was geschah 2017? Die Zahl der Volksvertreter machte fast zwei Jahrzehnte nach der Erweiterung des Staatsgebiets der Bundesrepublik um die vormalige DDR den bislang größten Sprung – von 631 auf 709. 2021 wurden es dann 736.

Eigentlich sollen es aber nur 598 Volksvertreter sein, doppelt so viele wie Wahlkreise. Dass diese Zahl so deutlich verfehlt wurde, liegt an unserem Wahlrecht. Erhält eine Partei besonders viele Erststimmen und erobert so eine große Zahl von Wahlkreisen direkt, könnte sie im Parlament im Verhältnis zum Zweitstimmenergebnis überrepräsentiert sein. Für diese Überhangmandate wurden sogenannte Ausgleichsmandate für die anderen Parteien geschaffen.

Die Bemühungen darum, den Weg zurück zu einem kleineren Bundestag zu finden, scheiterten stets daran, dass sich mal die kleineren, mal die größeren Parteien in Alternativmodellen für die Mandatsverteilung benachteiligt sahen. Lieber nahmen sie den heutigen Zustand mit all seinen Nachteilen hin und nährten damit den Verdacht, dass im politischen Geschäft keinesfalls gilt, was gerne als Grundsatz behauptet wird: erst das Land, dann die Partei.

So hob auch wieder Heulen- und Zähneklappern an, als die Ampelkoalition unter Olaf Scholz einen radikalen Schnitt machte, auf den jahrzehntelang nicht herstellbaren überparteilichen Konsens pfiff und im März 2023 eine Reform verabschiedete, die Überhang- und Ausgleichsmandaten den Garaus machen sollte. Künftig sollten nur noch so viele direkt gewählte Abgeordnete ins Parlament einziehen dürfen, wie das Zweitstimmenergebnis hergibt. Damit wäre es möglich, dass ein Direktkandidat in seinem Wahlkreis zwar die meisten Stimmen erhält, aber trotzdem nicht in den Bundestag einziehen darf.

Ein Verrat an der Demokratie, befand hocherregt die CSU, Direktmandat-Schwergewicht in Bayern, aber eben nur dort: Im restlichen Bundesgebiet ist sie nicht vertreten und deshalb potenziell von der bundesweiten Fünf-Prozent-Hürde bedroht. Ihr zur Seite sprang in einer ungewöhnlichen Schicksalsgemeinschaft Die Linke. Sie war bei der vorangegangenen Bundestagswahl zwar knapp an dieser Hürde gescheitert, die Kleinstparteien aus dem deutschen Parlament hält. Aber sie errang eben drei Direktmandate, die ihr auf diesem Weg dann doch noch den Weg in den Bundestag in Fraktionsstärke ebneten.

Dieser Rettungsmechanismus basiert auf der »Grundmandatsklausel«. Die strich die Ampelkoalition kurzerhand – für die Linke wie die CSU eine Existenzbedrohung, die ihren wahren Charakter nur allzu deutlich machte: den von Regionalparteien. Beide kündigten deshalb sofort an, das Bundesverfassungsgericht gegen die Reform anzurufen.

Es war eben dieses Gericht gewesen, das den Gesetzgeber aufgerufen hatte, etwas mehr Übersichtlichkeit in ein Wahlrecht zu bringen, in dem Grundmandate zu Rettungsringen werden, Ausgleichsmandate zum Blähimpuls, Überhang- zu Überdrussmandaten für Wähler, die verzweifelt verstehen möchten, was eigentlich mit ihren Stimmen passiert, nachdem sie sie abgegeben haben.

Das Wissen um den Unterschied zwischen Erst- und Zweitstimme ist im Wahlvolk weniger weit verbreitet als das ungute Gefühl, undurchsichtige Berechnungstricks machten den Staat zur Parteienbeute: Angeblich wollen sie unserer Wählerstimme zu deren vollem Gewicht verhelfen – tatsächlich setzen sie sich dem Verdacht aus, es gehe ihnen vorwiegend darum, sich ungestört weiterhin gewichtig und in möglichst großer Zahl auf den »reichtagsblau« bezogenen Sesseln im Bundestag niederlassen zu können. Dieses schon vor hundert Jahren weit verbreitete Ressentiment, von den Nazis mit der Schmähung der »Systemparteien« verstärkt, diskreditierte einmal einen deutschen Staat in den Augen seiner Bürger bis hin zu seinem Fall: die Weimarer Republik.

Versuche einer Wahlrechtsreform landeten immer wieder vor den Karlsruher Richtern. 2021, damals hatte ein Oppositionsbündnis aus Grünen, FDP und der Linken sie gegen Reformbeschlüsse der Großen Koalition angerufen, ließen sie die bevorstehende Bundestagswahl nach neuen Regeln zwar zu. Sie bemängelten aber gleichwohl, der Gesetzgeber habe »gegen das Bestimmtheitsgebot und das Gebot der Normenklarheit verstoßen«. Mit anderen Worten: Er hatte zu mehr Verständlichkeit und Nachvollziehbarkeit der geheimnisvollen Wählerstimmen-Metamorphosen in keiner Weise beigetragen. Wie das Wahlergebnis dann bewies, war es ihm auch keinesfalls gelungen, der Aufblähung des Bundestags Einhalt zu gebieten.

Betrachtet man sich dessen Personal genauer, überkommt einen ganz unabhängig von den Bemühungen um eine Bremse für die wundersame Mandatsvermehrung die Vermutung, er könnte auch in verkleinertem Zustand noch von zu vielen Leuten bevölkert sein, deren Präsenz und Leistung als verzichtbar gelten dürfen.

Das politische Geschäft mit seiner hohen Terminvertaktung – die Arbeitsbelastung eines Bundestagsabgeordneten liegt häufig beim Doppelten der 40-Stunden-Woche – ist der persönlichen Teilnahme an anderen Lebenswirklichkeiten, abgesehen vom ritualhaften Auftauchen bei unverzichtbaren Terminen im eigenen Wahlkreis, grundsätzlich abhold, weshalb der spöttelnde Essayist Enzensberger Politikern die »vollständige gesellschaftliche Isolation« bescheinigte.

»Ist unsere Politik noch zu retten?«, fragte sich der österreichische Journalist Robert Misik, nachdem er in den 1990er-Jahren für das heimische Nachrichtenmagazin *Profil* über das Treiben deutscher Volksvertreter berichtet hatte. Er kam zu dem Schluss: »Es setzt sich durch: eine Tendenz zur Selbstabkoppelung der politischen Akteure. Die Entstehung eines Felds der Berufspolitik. Ein Spezialistentum mit seinem Jargon. Rivalität bei gleichzeitiger Komplizenschaft der Akteure. Ein Druck zur Durchschnittlichkeit.«

Berlin wurde nach der Entscheidung für den Hauptstadtumzug angeblich zum »Laboratorium der Einheit«. Unseren Regierungsapparat, die ganzen viel zu zahlreichen Bundestagsabgeordneten nebst ihrer Entourage, wollten wir nicht nur am Spree-Knick mit seinen Repräsentationsbauten ansiedeln, sondern der harten Lebenswirklichkeit des ganzen Experimentierfelds zwischen West-Staaken und Buch sowie weit darüber hinaus aussetzen.

Tatsächlich benutzen viele von ihnen Fußgängertunnel, die das Reichstagsgebäude unterirdisch mit den umliegenden Gebäuden für Abgeordnetenbüros verbinden. Auch trifft man sie oft in Restaurants im Einzugsbereich des Regierungsviertels an, deren Preisgestaltung wenige Normalbürger für erschwinglich halten dürften.

Diese Einschätzung trifft auch auf manche Parlaments- und Regierungsgebäude zu. Trotz Bedenken von Bundesfinanzminister Christian Lindner hielt Regierungschef Olaf Scholz 2023 an den Ausbauplänen für sein Kanzleramt einschließlich einer 250 Quadratmeter großen Kanzlerwohnung fest. Der Bundesrechnungshof hatte schon 2020 opponiert und vor »hohen Kostenrisiken« gewarnt. Die Aufwendungen für den Anbau, der mehr Raum für die gewachsene Zahl der Amtsmitarbeiter schaffen sollte, wurden im Herbst 2022 auf 777 Millionen Euro geschätzt. Grundsätzlich rät der Bundesrechnungshof der Bundesregierung zu einer Verkleinerung ihrer Bürofläche, weil zum Beispiel Telearbeit und Desk-Sharing dafür Möglichkeiten böten. Er musste aber feststellen, der Bund plane »weiterhin seinen Flächenbedarf nach überholten Standards«.

Das für den Kanzleramtsneubau veranschlagte Maß sind knapp 25 000 Quadratmeter Nutzfläche, etwa eine Verdopplung der jetzigen. Häufig ist zu lesen, Deutschland leiste sich damit eine deutlich größere Regierungszentrale als etwa die USA, Großbritannien oder Frankreich. Diese Kritik verkennt allerdings, dass im Weißen Haus, 10 Downing Street und dem Élysée-Palast viel weniger Regierungsangestellte arbeiten als im Kanzleramt: Sie sind in umliegenden Gebäuden untergebracht.

Bei der Erweiterung eines Bundestagsbaus in der Nähe des Kanzleramts erschien zweifelhaft, ob er überhaupt jemals komplett fertig würde. Der Anbau für das Marie-Elisabeth-Lüders-Haus wurde 2010 begonnen. Erst sollte er – schon das verspätet – 2016 fertig sein, dann 2021. Im Mai 2022 war von frühestens 2024 die Rede, die Kosten von ursprünglich veranschlagten 190 Millionen Euro auf über 330 gestiegen. Im Februar 2023 lag der Schätzwert bei 366 Millionen Euro. Im Gespräch mit der *Süddeutschen Zeitung* war sich der Vorsitzende der Bau- und Raumkommission des Bundestags, Wolfgang Kubicki (FDP), im Jahr zuvor wegen der immer wieder auftretenden Bauprobleme nicht sicher gewesen, ob sich der ganze Aufwand überhaupt lohnen würde: »Ich gehe keine Wette mehr ein, dass wir den Bau tatsächlich in Betrieb nehmen.« Kommentar der Zeitung dazu: »Schon seit Jahren wird das Lüders-Haus in Berlin als der ›BER‹ des Bundestags verspottet. Aber der Vergleich erscheint zunehmend unfair – für den Hauptstadtflughafen.«

KAPITEL 9

Tiefpunkte im »Hohen Haus«

Die Türme des Reichstags sind zwar nicht aus Elfenbein, aber hat ein Berufspolitiker einen früher ausgeübten anderen Beruf, so ist dies oft ein akademischer. Supermarktkassiererinnen und Müllmänner wird man im Berliner Reichstagsgebäude selten antreffen – im Plenarsaal so gut wie gar nicht und auch auf der Besuchertribüne selten – sie haben anderes zu tun. Otto Graf Lambsdorff, in den 80er-Jahren Bundesfinanz- und Wirtschaftsminister, beobachtete einst mit dem für ihn typischen Mut zum Kalauer: »Der Plenarsaal ist mal voller, mal leerer, aber immer voller Lehrer.«

Die Verhaftung im öffentlichen Dienst ist nach wie vor ein Merkmal des Werdegangs unserer Volksvertreter auf Bundesebene, aber laut Statistik der Bundestagsverwaltung spielen die Angehörigen der »rechts-, wirtschafts- und steuerberatenden Berufe« eine viel größere Rolle als Lehrer. Sie sind eine der am stärksten vertretenen Berufsgruppen und tauchen auch in Bundeskabinetten oft auf.

Der Vizepräsident des Parlaments, Rechtsanwalt Wolfgang Kubicki (FDP), hat für alle, die ihren Max Weber gelesen haben, eine einleuchtende Erklärung: »Das Gute am juristischen Beruf ist, dass man lernt, wie der jeweils andere zu denken pflegt. Das ist auch für die Politik ein ganz wesentlicher Gedanke. Wie würdest du reagieren, wenn du dort sitzen würdest? Wie würdest du argumentieren? Genau das lernt man im juristischen Bereich. Juristen können im Zweifel alles begründen.« (Kubicki in: *Sagen, was Sache ist!* In diesem Werk gibt er die Zuschrift eines Bürgers wieder: »Herr Kubicki, wissen Sie was? Anwälte sind halbe Verbrecher, Politiker sind halbe Verbrecher. Sie sind beides.«)

Der Soziologe Weber beschrieb die Rolle des Juristen in der Politik vornehmer, aber ähnlich wie Kubicki: »Die heutige Politik wird nun einmal in hervorragendem Maße in der Öffentlichkeit mit den Mitteln des gesprochenen oder geschriebenen Wortes geführt. Dessen Wirkung abzuwägen, liegt im eigentlichsten Aufgabenkreis des Advokaten, gar nicht aber des Fachbeamten, der kein Demagoge ist…« Weber weiter: »Der politische Betrieb durch Parteien bedeutet eben: Interessenbetrieb … Und eine Sache für Interessenten wirkungsvoll zu führen, ist das Handwerk des geschulten Advokaten.«

Interessanterweise kritisierte 2019 der damalige Präsident des Bundesverwaltungsgerichts, Klaus Rennert, trotz der Juristenschwemme in Parlament und Regierung »handwerklich schlecht gemachte Gesetze«. In seinem Jahresbericht 2022 sekundierte der Nationale Normenkontrollrat: »Wirksame und effiziente Gesetze sind die Grundlage guten Regierens. Qualität benötigt Zeit und die Einbeziehung des Vollzugswissens von Betroffenen und Praktikern. Nur so können teure Fehler vermieden und der Vollzug möglichst einfach gestaltet werden. Dies gelingt der Bundesregierung oftmals nicht.«

In dieser Hinsicht erhellend ist auch, was der Bundesfinanzhof (BFH) dem Gesetzgeber 2006 zu dessen Regeln für die Mindestbesteuerung um die Ohren haute: so unverständlich wie widersprüchlich, eine »Meisterleistung der Verschleierungskunst«. Andere schallende Ohrfeigen des BFH veröffentlichte der Steuerberater Hubert Nowatzki 2017 in seinem

Blog: Vorschriften, deren gedankliche Durchdringung eine »gewisse Lust zum Lösen von Denksportaufgaben« erfordere; »unvollständiger, unübersichtlicher und unsystematischer Gesetzesaufbau«, sprachliche Ungetüme, die sich auch dem ausgewiesenen Fachmann »erst nach stundenlangen Überlegungen in Umrissen« erschlössen. Die langjährige Präsidentin des schleswig-holsteinischen Oberlandesgerichts, Uta Fölster, verlangt: »Ich erwarte, dass das, was den Bürgern an Pflichten auferlegt wird, juristisch korrekt ist, aber dass man auch die Chance hat, es zu verstehen, wenn man kein Experte ist.«

Sowohl der Bundestag als auch das Bundesjustizministerium halten sich Fachleute als Prüfungsinstanz für die sprachliche Güte von Gesetzen. Sie sollen darauf achten, dass die Texte möglichst verständlich und sprachlich korrekt sind. Ihnen rutscht schon mal was durch. Nicht ohne Grund spottete Bundestagspräsident Norbert Lammert 2013 im Plenarsaal über das »Gemeinnützigkeitsentbürokratisierungsgesetz«, »dass die Entbürokratisierung mit der Bezeichnung beginnen sollte«.

Manches Gesetz bekommt wohl auch gar kein Sprachexperte zu Gesicht, auf Länderebene etwa. Mecklenburg-Vorpommern schenkte uns ein Ungetüm, das mit Rekordlänge in die digitale Datenbank der Duden-Redaktion einging: »Rindfleischetikettierungsüberwachungsaufgabenübertragungsgesetz«. Auch »Grundstücksverkehrsgenehmigungszuständigkeitsübertragungsverordnung« und »Straßenentwässerungsinvestitionskostenschuldendienstumlage« finden sich im sogenannten »Dudenkorpus«.

Weil selbst Juristen gern mal schmunzeln, erfreute das Portal »Anwalt.de« seine Leser mit einer Blütenlese deutscher Gesetze, die sich durch großen Unterhaltungswert auszeichneten. Ob es sich dabei um die Strafandrohung für das Zünden einer Atombombe handelte (mindestens fünf Jahre Knast), Parkregelungen für blinde (!) Autofahrer oder das Verbot des Schwimmens in Abwasserkanälen – dies alles sind zwar amüsante Narreteien, aber für den Alltag unerheblich, auch wenn ihre schiere Existenz bedenkliche Realitätsferne aller signalisiert, die sich solchen Quatsch ausdenken oder ihn zulassen.

Dort, wo die ganzen unverständlichen Gesetze entstehen, unterzog sich 2013, drei Jahre vor seinem zu frühen Tod, der Publizist und Fernsehmoderator Roger Willemsen einem heldenhaften Selbstversuch. Von der Zuschauertribüne im Reichstag verfolgte er für seinen Erfahrungsbericht *Das Hohe Haus* ein Jahr lang das Parlamentsgeschehen. Von dem heißt es unter Abgeordneten oft, nichts bleibe der Öffentlichkeit so zuverlässig verborgen wie ihre öffentlichen Debatten. Daran hat auch das seit 1999 sendende Parlamentsfernsehen wenig geändert.

Es gibt einfach erbaulichere TV-Programme jenseits des Trash-Fernsehens. »Dschungelcamp«-Niveau allerdings ließ die Debattenkultur im Hohen Haus in Willemsens Ohren durchaus anklingen. Er wurde Zeuge »wechselseitiger Missbilligung und rhetorischer Ehrabschneidung«, »aufgewärmter Emotionen, halbkalter Überzeugungen«, »in Formeln erstarrter, von Bürokratismen überwucherter Rhetorik« sowie eines »Deklarationsstils, der die große Geste, das einprägsame Bild, die treffende Metapher, die rhetorische Überraschung, den wahrhaftigen Appell meidet«.

Abgeordnete wollen laut Selbstauskunft gestalten und bewegen. Sie sagen das über Parteigrenzen hinweg so fortgesetzt und wortgleich, dass man fast eine Sprachregelung vermuten möchte. Oft bringen die selbst ernannten »Mover and Shaker« aber nicht einmal das nötigste Handwerkszeug dafür mit, ihren Vorstellungen Gehör zu verschaffen. Die Kunst der einprägsamen, mitreißenden und überzeugenden öffentlichen Rede ist nur noch den wenigsten von ihnen gegeben. Man kann halt auch ohne dieses Attribut in höchste Staatsämter gelangen, wie Angela Merkel und Frank-Walter Steinmeier mit ihren Sedativ-Sentenzen bewiesen.

Die Bundestags-Vizepräsidentin Katrin Göring-Eckardt (Grüne) begeisterte sich im Januar 2022 für die Idee einer »Parlamentspoetin«, die »mit Poesie einen diskursiven Raum zwischen Parlament und lebendiger Sprache« öffnen sollte. Eine ziemlich zeitlose poetische Bewertung der Diskrepanz zwischen deutschen Parlamentsdebatten und Lebenswirklichkeit liegt allerdings schon seit 1848 vor. Damals dichtete Georg Herwegh über die Nationalversammlung in der Frankfurter Paulskirche: »Im Parla- Parla- Parlament das Reden nimmt kein End'! … Es steht die Welt in Flammen, sie schwatzen noch zusammen.«

Der am Rednerpult des Bundestags abgelagerte Sprachmüll weist toxische Züge auf. »Kein Argument ist zu schlicht, keine Fälschung zu dreist, um es nicht in den Bundestag zu schaffen«, beschwerte sich Willemsen über den Duktus von »alten Polterern« und »alerten Jungfunktionären«, die im »Hohen Haus« ihre Jammerspiele aufführten.

Er nahm einen »Tiefstand nicht allein des Wirklichkeitssinnes, sondern auch der Achtung für die Bevölkerung« wahr. Die unter der Reichstagskuppel entfaltete Egozentrik lasse »in manchen Debatten keinen Raum für die Welt derer auf den Tribünen«. Wo sich Politik »derartig selbstbezüglich« verwirkliche, gebe es auch für Bürger keinen Grund mehr, »an ihr teilzunehmen«. Manchmal wollte es dem kritischen Beobachter gar scheinen, als ob andere Zaungäste von den Besucherbänken dieses Parlaments, mit dem man »keine Zeit verbringen mag«, mit einem Gesichtsausdruck flüchteten, »als habe man sie beim Verlassen eines Sexshops erwischt«.

»Fluchtpunkt der Zielstrebigkeit«, eine weitere Etikettierung Willemsens für das »Hohe Haus«, ist der Bundestag für seine Mitglieder vielleicht. Dass Willemsen das Parlament auch »das Hollywood der Politik« nannte, geht aber eigentlich an seinen eigenen Beobachtungen vorbei: Großes Kino bekam er dort nämlich selten zu sehen. Richtig ist allerdings, dass das Reichstagsgebäude am Platz der Republik für viele Politiker ebenso ein Traumziel darstellt wie der Hollywood Boulevard für alle Schauspieler, die sich nach eigener Verewigung auf dem dortigen »Walk of Fame« sehnen.

Viele hoffnungsvolle Jungakteure lernen im harten Alltagsgeschäft des Filmbusiness, ihre hochfliegenden Star-Ambitionen Produktionszwängen und Regisseurlaunen unterordnen zu müssen. Bundestagsabgeordneten ergeht es ähnlich. Koalitionsverträge sind abzuarbeiten, Regierungsmehrheiten zu sichern. Dafür gibt es ein Drehbuch mit Anweisungen, denen sie zu folgen haben. Es heißt »Fraktionsdisziplin«.

Die wird bisweilen für sogenannte »Gewissensentscheidungen« aufgehoben. Bei denen kommt es dann manchmal zu den wenigen Sternstunden und Gänsehautdebatten, die unser Parlament zu bieten hat. Die Diskussion über Sterbehilfe 2015 galt als solch ein Moment, auch die leidenschaftlich geführte zwölfstündige Debatte über den Umzug von Parlament und Regierung aus Bonn nach Berlin im Jahr 1991.

Nimmt man das Grundgesetz wörtlich, sollte es eigentlich nur solche Gewissensentscheidungen geben, die offenbar zu rhetorischen Höchstleistungen anspornen. Grundgesetzartikel 38 schreibt schließlich vor, die Volksvertreter seien »an

Aufträge und Weisungen nicht gebunden und nur ihrem Gewissen unterworfen«.

Im Alltagsgeschäft des Bundestags sind sie allerdings eher Stimmvieh. Eine Sonderform der Stimmabgabe im Parlament heißt ja sogar »Hammelsprung«. »Jede Abstimmung ist auch eine Frage der Solidarität mit der Bundesregierung. Ich will nicht immer die Kuh sein, die quer im Stall steht.« So begründete der langjährige CDU-Bundestagsabgeordnete Wolfgang Bosbach, mit dem Euro-Rettungskurs von Kanzlerin Merkel zunehmend unzufrieden und der Fraktionsdisziplin müde, seine Entscheidung, 2017 nicht wieder für den Bundestag zu kandidieren. Er konnte bestimmte Regierungsentscheidungen nicht mehr mittragen, vor allem nicht mehr mit*ertragen*. Typisch ist solche Konsequenz im Bundestag nicht. Denn wer von der Linie der eigenen Regierung abweicht, verbaut sich womöglich die Aussicht darauf, ihr selbst einmal angehören zu dürfen.

Brauchen unsere Abgeordneten für die meisten ihrer Beschlüsse womöglich gar kein Gewissen, ist es im Interesse des Machterhalts hochgradig unerwünscht? Manches im »Hohen Haus« wollte Willemsen wie ein »Schwindel« vorkommen, »auf den sich alle geeinigt haben und der mitschuldig ist, wenn Bürger Glaubwürdigkeit zur obersten politischen Tugend, das Lügen zum Kardinallaster des Politikers erklären«.

KAPITEL 10

Staatsvertrauen auf der schiefen Bahn

2022 gab die Bundesregierung zum Aufpolieren des eigenen Erscheinungsbilds laut Bund der Steuerzahler für Fotografen, Friseure und Visagisten mindestens 1,5 Millionen Euro aus. Dennoch entstehen in der Fassadenpflege unserer Politiker unübersehbare Risse. In denen nistet sich Staatsverdrossenheit ein, Populismus schlägt dort Wurzeln. Das Ansehen von Politikern und Parteien ist gehörig auf der schiefen Bahn gelandet. Umfrage nach Umfrage bescheinigt ihnen eine immer weiter erodierende Kompetenzvermutung in der Wählerschaft. 2022 genossen sie in einer Erhebung des Meinungsforschungsinstituts Forsa noch bei 17 Prozent der Befragten ein hohes oder sehr hohes Ansehen. Darunter lag nur noch die Wertschätzung für Mitarbeiter von Telefongesellschaften und Werbeagenturen sowie Versicherungsvertretern.

In dieser Bürgerbefragung für den Deutschen Beamtenbund (DBB) gaben nur noch 29 Prozent an, der Staat sei handlungsfähig und könne seine Aufgabe erfüllen – ein historischer Tiefstand. Schon 2021 hatte sich DBB-Vorsitzender Ulrich Silberbach gesorgt: »Wir schlittern in eine grundsätzliche Vertrauenskrise zwischen Staat und Bevölkerung.« Damals war die Zahl jener, die auf die Handlungsfähigkeit des Staates vertrauten, von 56 auf 45 Prozent gesunken.

2023 erschreckte eine Allensbach-Umfrage mit weiteren miesen Noten für die Güte des Staatshandelns. In ihr fand die Hälfte der Befragten, dass vieles in diesem Lande nicht mehr richtig funktioniere; nur 31 Prozent äußerten die Zuversicht, dass Deutschland auf dem richtigen Weg sei, um sich in den nächsten zehn Jahren gut zu entwickeln. Der Staat, so gaben 79 Prozent an, paralysiere sich selbst durch Regelungswut und Bürokratismus.

Der Doyen der Kritik an Politiker-Fehlleistungen und Staatsversagen in Deutschland, Hans-Herbert von Arnim, schrieb schon 1993 – »Politikverdrossenheit« war 1992 zum »Wort des Jahres« – gekürt worden: »Die Politik erweckt den Eindruck, sie versage vor der Lösung dringender Sachprobleme. Viele wichtige Aufgaben der Gemeinschaft würden von der politischen Klasse nicht angepackt, sondern ausgeklammert, tabuisiert oder mangelhaft gelöst. Es bestehe eine Problemlösungsschwäche oder gar eine Art Staatsversagen.« In seinem Buch *Staat ohne Diener: Was schert die Politiker das Wohl des Volkes?* konstatiert er außerdem: »Die Ausbeutung des Staates durch die, die eigentlich seine Diener sein sollten, wird besonders deutlich in der Staatsfinanzierung der Politik und der Verschiebung von staatlichen Posten und Ämtern.« Der Verwaltungswissenschaftler von Arnim brachte mit Veröffentlichungen, Gutachten und Klagen Versuche üppiger Aufbesserungen von Abgeordnetenbezügen auf Länder- und Bundesebene zu Fall.

Ein Indiz dafür, dass es mit der Funktionstüchtigkeit unseres Regierungsapparats nicht ganz so weit her sein kann, liefern die Regierenden selbst immer wieder damit, dass sie den Fachleuten in ihren eigenen Ministerien offenbar nicht vertrauen können, sondern Heerscharen von externen Beratern hinzuziehen. Die Ampelregierung unter Olaf Scholz schloss allein im ersten halben Jahr ihres Bestehens mehr als 300 Beraterverträge mit einem Gesamtvolumen von gut 270 Millionen Euro ab. Sie reihte sich damit auf hohem Niveau in die Beraterabhängigkeit der Vorgängerregierungen ein.

Man fragt sich: Können unsere Regierungsbeamten eigentlich gar nichts mehr alleine? Kompetente und gut bezahlte Leitungsstäbe in Ministerien und Staatskanzleien müssten externe Berater doch eigentlich überflüssig machen! Wozu werden ständig irgendwelche »Taskforces« gegründet, was nichts anderes heißt als »Einsatzgruppen«? Dürfen wir von unseren Beamten im Normalbetrieb keinen Einsatz mehr erwarten?

Eine Teilantwort auf diese Fragen lieferte zwischen März 2019 und Februar 2020 der Untersuchungsausschuss zur Berateraffäre im Bundesverteidigungsministerium unter Ursula von der Leyen. Es war und bleibt überprüfenswert, dass ein Ministerium mit Tausenden Beamten Berater einkauft – die Misere bestand (und besteht) aber auch darin, dass dem Verteidigungsministerium faktisch keine andere Wahl blieb. IT-Experten, um die es in der Affäre in erster Linie ging, gehen in die Privatwirtschaft, weil sie dort viel mehr verdienen als im Regierungsapparat. Es ist leider so, dass die Bundeswehr ausbildet und die Fachleute bald nach Abschluss dieser Ausbildung in private Unternehmen wechseln, die ganz andere finanzielle Möglichkeiten haben als der Staat.

Die Arbeit des Ausschusses deutete auf Kumpaneien zwischen teils hochrangigen Beamten des Verteidigungsministeriums und ehemaligen oder aktiven Beratern. Die Affäre flog 2018 durch Prüfvorgänge des Bundesrechnungshofs auf. In ihrem Mittelpunkt standen die Konzerne McKinsey und Accenture. Im Kern ging es um die rechtswidrige Vergabe von hochdotierten Beraterverträgen. Der Vorwurf stand im Raum, dass allerbeste Kontakte in das Ministerium das entscheidende Auswahlkriterium bei der Auftragsvergabe seien. Indizien sprachen für diese These.

Die frühere McKinsey-Führungskraft Katrin Suder war von der damaligen Verteidigungsministerin in das Ressort geholt worden, um das Beschaffungswesen zu erneuern, was dringend nötig war. Von der Leyens Ansatz, jemanden einzustellen, der einen frischen Blick von außen auf das Ganze mitbrachte, war im Prinzip richtig. Es schadete nicht, dafür eine Überfliegerin wie Suder aus der Wirtschaft zu engagieren. Nach allem, was über sie bekannt war, ging sie mit sehr viel Elan ans Werk, beachtete aber offenkundig nur ungenügend, dass ein Regierungsapparat etwas komplett anderes ist als ein Großunternehmen, wo alles zack-zack gehen muss, wenn es Chefin oder Chef verlangen.

Von der Leyen ließ ihre Spitzenbeamtin machen und hielt sich erkennbar zurück, nachdem die ersten Hinweise auf dubiose Vorgänge bekannt wurden. Aber dann verschwanden leider noch SMS vom Diensthandy der Ministerin, sie erlitt also sozusagen einen technisch bedingten Gedächtnisverlust – Zufälle gibt es, da wundert man sich. So sehr sich der Ausschuss auch mühte, niemals kam so etwas wie eine »Befehlskette« zum Vorschein, die aufgedeckt hätte, wer federführend hinter dem Engagement für ein Unternehmen steckte, das mit einem Auftrag beglückt werden sollte.

Unstrittig ist, dass Aufträge rechtswidrig vergeben wurden. Sonst hätte der Bundesrechnungshof nicht eingegriffen. Es existieren in Deutschland also auch Kontrollorgane, die ihren Job ernst nehmen und richtig gut machen, obwohl sie personell hauchdünn besetzt sind. Besser wäre es, unsere Politiker würden sich mehr Selbstkontrolle angedeihen lassen.

Denken deutsche Volksvertreter darüber nach, was sie besser machen könnten, so kommen sie parteiübergreifend darauf, dass es ihrer Berufsgruppe an einer »Fehlerkultur« mangele, also der Fähigkeit, eigene Fehlleistungen zu benennen, aus ihnen zu lernen und neue Wege zu beschreiten. Diese Analyse vereint so unterschiedliche Pole wie SPD-Generalsekretär Kevin Kühnert und die stellvertretende Vorsitzende der CDU/CSU-Bundestagsfraktion, Nadine Schön. Sie verlangt außerdem: »Wir brauchen den Mut, Konzepte zu testen. Nur wer sich traut, Neues anzugehen, kann vorankommen. In Zeiten großer Veränderungsgeschwindigkeiten sind Absicherungen nach allen Seiten und der Weg des geringsten Risikos die falschen Modelle. Wir brauchen einen staatlichen ›Mutanfall‹.«

An solchen Schlagworten herrscht kein Mangel, hießen sie nun »Staat-up« oder »neue Gründerzeit«. Das alles klingt stark nach der »Ruck-Rede« des Bundespräsidenten Roman Herzog von 1997. Es lohnt sich, einige ihrer Kernsätze noch einmal Revue passieren zu lassen, denn man hat bei der Lektüre das Gefühl, dass sich in Deutschland in dem Vierteljahrhundert seither so gut wie nichts bewegt hat. Der Bundespräsident klagte über eine von Ängsten erfüllte und zu Reformen unfähige Gesellschaft. Er konstatierte einen hausgemachten Modernisierungsstau und verlangte einen neuen Aufbruch in der Bildungspolitik. »Innovationsfähigkeit fängt im Kopf an, bei unserer Einstellung etwa zu neuen Techniken, zu neuen Arbeits- und Ausbildungsformen, bei unserer Haltung zur Veränderung schlechthin.« Diese Analyse gipfelte in dem berühmten Satz: »Durch Deutschland muss ein Ruck gehen.« Herzog sagte auch: »Wenn ich versuche, mir Deutschland im Jahre 2020 vorzustellen, dann denke ich an ein Land, das sich von dem heutigen doch wesentlich unterscheidet.«

Das tut es, aber nicht zum Besseren. Seit Herzogs Rede scheint es unter den Entscheidungsträgern dieses Landes keinen wesentlichen Kulturwandel gegeben zu haben. Zu den lautstärksten Kritikern daran gehört in der CDU, der Herzog angehörte, deren Vize-Chef Carsten Linnemann. In seinem Buch *Die ticken doch nicht richtig!* bedauert er das Versickern von Herzogs Ruck-Appell und beklagt »eine Politik, die mehr verwaltet als gestaltet und Akten bloß von links nach rechts schiebt. Eine Politik, die in Bürokratie erstickt. Eine Politik, die weder für Aufbruch noch Erneuerung steht.«

Als ich Linnemann zu seinen Thesen näher befragte, forderte er: »Entweder wir kriegen jetzt die Kurve, oder viele andere Länder werden uns überholen. Dieses Land steht mit dem Rücken zur Wand. Wir brauchen eine Agenda 2030.« Wo auch immer richtig angepackt werden müsste, so argumentiert er in seinem Buch, bewege sich einfach zu wenig; die Bundesrepublik scheine in Lethargie erstarrt. Entgeistert fragt Linnemann sich: »Warum gelingt es der Politik nicht mehr, über die Tagespolitik hinaus zu denken und zu agieren?«

KAPITEL 11

»Mutti« flieht vor dem Morgen – und alle trotten hinterdrein

Die Antwort auf diese Frage bekam der CDU-Mann eigentlich schon Anfang 2016. Über eine damalige Begegnung mit Bundeskanzlerin Angela Merkel berichtet er, sie habe ihm als ihre Regierungsphilosophie dargelegt: Politik müsse sich vor allem im Heute bewegen. Kommende Herausforderungen seien etwas für nächste Politikergenerationen.

Linnemann will Merkel keineswegs am Zeug flicken. Nach meinem Eindruck leistete sie im Gespräch mit ihm aber geradezu einen Offenbarungseid, ein Eingeständnis der Arbeitsverweigerung in ihrem Hauptjob: Deutschland für das Morgen fit zu halten. Das widerspricht fundamental dem Politikverständnis, das der Wirtschaftsminister der ersten Merkel-Nachfolgeregierung, Robert Habeck (Grüne), in seinem 2022 erschienenen Buch *Von hier an anders* niederlegte: »Wir müssen aber verstehen, dass die Zukunft nichts ist, was irgendwie auf uns zukommt. Sondern etwas, was hergestellt und gewonnen werden will.« Leider ließ er dann bei seinem Regierungshandeln ziemlich bürgerfern außer Acht, wie und zu welchen Kosten für seine »Wärmewende« genug Wärmepumpen hergestellt und installiert werden könnten.

Linnemann erinnert sich: »Anstatt über Zukunft, Aufbruch und Dynamik haben wir in all den Jahren, in denen ich im Bundestag bin, eigentlich immer nur über Krisen geredet und darüber, wie man sie in den Griff kriegt: erst über die Finanz- und Eurokrise, dann über die Flüchtlingskrise und wenig später über die Coronakrise. Krisenbewältigung wurde zum Tagesgeschäft, der Krisenmodus zum politischen Normalfall. Und das Tagesgeschäft band alle Kräfte.«

Als Angela Merkel nach sechzehn Jahren das Kanzleramt verließ, war das Land dann »ausgemerkelt«: Wesentliche Aufgaben der Daseinsvorsorge waren liegen geblieben. Eine belastbare, moderne und zukunftsfähige Infrastruktur zeichnet weder unsere Verkehrswege, noch unsere Energieversorgung, unsere Verwaltung, innere wie äußere Sicherheit oder unsere Kommunikationsmittel aus. Wir haben es versäumt, sie mit vorausschauender Planung und vertretbarem Aufwand an den zukünftigen Bedarf anzupassen und auf den neuesten Stand der Technik zu bringen.

Unsere Brücken ächzen, das Schienennetz der Bahn ist stark modernisierungsbedürftig, bei der Digitalisierung tasten wir uns mühsam voran, während andere Nationen uns weit vorausgeeilt sind. Die Kanzlerin, laut Selbstbeschreibung mit »uckermärkischer Verstocktheit« ausgestattet, ließ dies alles laufen. Kurzbilanz der *WirtschaftsWoche* im Mai 2022 zum Ende der Ära Merkel: »16 Jahre lang steuerte Angela Merkel das Land stoisch durch alle Krisen. Doch der Preis der ruhigen Raute war hoch. Die Bundeswehr: marode. Die Russlandpolitik: naiv. Die Zukunft: unbearbeitet. Jetzt wird die Rechnung beglichen.«

Offenbar glaubte die Kanzlerin, genug damit zu tun zu haben, den Laden notdürftig zusammenzuhalten. Dass sie während ihrer Amtszeit zahlreiche aktuelle Krisen von Euro bis Corona-Pandemie zu bewältigen hatte, ist jedoch keine Entschuldigung. Denn der Einbruch der Wirklichkeit in die graue Theorie von Koalitionsvereinbarungen und Regierungsprogrammen ist der Normalfall. Die hohe Staatskunst besteht darin, über die Niederungen und Ad-hoc-Entscheidungen des Alltagsgeschäfts hinaus Weitsicht zu bewahren.

Überwiegend merkelte die Kanzlerin sich jedoch nur so durch. Ihr Rezept war, keine allzu großen Erwartungen aufkommen zu lassen. So konnte sie schon Minimalergebnisse als Durchbrüche darstellen. Entschloss sie sich bisweilen doch zu radikalen Kurswechseln, waren sie weder planvoll vorbereitet noch in ihren Konsequenzen wirklich durchdacht. Ihre abrupte Entscheidung für den Atomausstieg war im März 2011 nicht nur der Atomkraftwerks-Havarie im japanischen Fukushima geschuldet, sondern auch nahenden Landtagswahlen, also rein politischem Kalkül. Schon gar nicht verband sich damit eine Vision für die langfristige Sicherung der Energieversorgung in der Bundesrepublik.

Rein in die Atomkraft, raus aus der Atomkraft, doch wieder rein in die Atomkraft? Die Planlosigkeit der deutschen Jojo-Energiepolitik wurde nur noch von ihrer Blauäugigkeit übertroffen, vom Festhalten an der Chimäre einer verlässlichen Gasversorgung aus Russland. Putins Aggression gegen die Ukraine machte das Pipeline-Projekt Nordstream 2, vor dem genug deutsche Bündnispartner gewarnt hatten, zum Milliardengrab. Der Aufbruch in die Energiewende, ohnehin als weltweit einzigartiges Experiment umstritten, mutierte zur Angst vor dem Energie-Ende. Staatshandeln hatte sich als Risikofaktor entpuppt.

Das erwies sich auch bei der anderen großen einsamen Entscheidung, die die Kanzlerin übers Knie brach: Nachdem sie 2015 mehr oder weniger handstreichartig den humanitären Entschluss gefasst hatte, die deutschen Grenzen für Hunderttausende von Flüchtlingen aus deutlich anderen Kulturkreisen zu öffnen, setzte sich in der deutschen Öffentlichkeit, nachdem sie zunächst »Willkommenskultur« zelebriert hatte, langsam der Eindruck fest, es bestehe kein Mangel an Migranten, es wären sogar ziemlich massenhaft die »falschen« gekommen.

Ersteres ist eindeutig unzutreffend. Wir brauchen noch viel mehr Zuwanderer. Deutschland würde sich genau dann »abschaffen« (Thilo Sarrazin), wenn es das nicht einsähe. Unsere Bevölkerungsentwicklung schreit geradezu nach Zuzüglern, denn Millionen von Baby-Boomern werden in den nächsten Jahren aus der Erwerbstätigkeit ausscheiden, mit schweren Folgen für unsere Wirtschaft und unser Sozialversicherungssystem.

Es müssten begabte Leute ins Land kommen, die sich innerlich für Deutschland als ihre neue Heimat und die ihrer Kinder entscheiden. Die sich hier eine Existenz aufbauen wollen, die sie nicht unbedingt mit unserer »Leitkultur« verschmelzen lassen muss, aber auf der Erkenntnis fußt, dass dieser Staat ihnen genauso viel zu bieten hat wie sie ihm. Die sich hier wirklich zu Hause fühlen und nicht in einer Parallelgesellschaft absondern wollen.

Der Clan-Experte Ralph Ghadban beschreibt ein solches Paralleluniversum als »ein soziales Milieu, das sich von der Mehrheitsgesellschaft abschottet und ein alternatives Wertesystem befolgt«, zum Beispiel das islamische Rechtssystem der Scharia. Schon der Begriff »Mehrheitsgesellschaft« steht in Deutschland mittlerweile jedoch unter Rassismus-Verdacht.

Obwohl man über das Parallel-Phänomen in Deutschland seit Längerem besorgt sein muss, verfügte Merkel nicht einmal ansatzweise über eine Vorstellung darüber, wie die gesellschaftlichen Folgen der Grenzöffnung von 2015 sinnvoll abzupuffern gewesen wären. Den aufziehenden Herausforderungen hielt sie einen einzigen Satz entgegen, den sie inhaltlich nie näher definierte: »Wir schaffen das.«

Der *Welt*-Journalist Robin Alexander fällt in seinem Buch *Die Getriebenen* das Urteil, Merkels Regierung habe damals die Entwicklung »von Berlin aus bestaunt«, während schwerwiegende Umwälzungen ihren Lauf genommen hätten: »Die bedingungslose Grenzöffnung wird die soziale und ethnische Struktur der deutschen Bevölkerung nachhaltig verändern, sie wird das Parteiensystem der Bundesrepublik revolutionieren, das Land in Europa zeitweise isolieren und zu dramatischen politischen Veränderungen in den Nachbarstaaten beitragen.« Der Historiker Heinrich August Winkler konnte sich die damalige Unterschätzung der Turbulenzen in der EU nur mit einem »Mangel an strategischem Denken in der Entscheidungszentrale« in Berlin erklären.

Dies ließen die Deutschen, bis auf »Merkel muss weg«-Krakeeler im Osten, ihrer Bundes-»Mutti« durchgehen und wählten erneut die Frau, die eigentlich mal Lehrerin werden wollte.

Warum hielten die Bürger an ihr fest? Womöglich, weil sie sich in der weitgehend charismafreien Regierungschefin so gut selbst wiedererkennen konnten. Denn wie mögen die Deutschen ihr Steak? »Medium«. Wie geht es ihnen vorzugsweise laut Selbstauskunft? »Mittelprächtig.« Welcher gesellschaftlichen Gruppe zählen sie sich am liebsten zu? Der Mittelschicht.

Mittelmäßige Politiker erscheinen den Bundesbürgern folgerichtig als Garanten unaufgeregter Stabilität. Das katapultierte Olaf Scholz ins Kanzleramt, als Fortsetzung der Merkel-Raute mit Schlumpf-Faktor. Von zögerlicher deutscher

Militärhilfe enttäuschte Witzbolde erfanden in der Ukraine das angebliche neue englische Verb »scholzing«: gute Absichten verkünden, um sie dann unter Vorwänden zu verzögern oder zurückzuziehen.

»Wer Visionen hat, soll zum Arzt gehen«, empfahl Helmut Schmidt einst. Er meinte das aber nie so ernsthaft, wie Merkel und Scholz es dann vollzogen, das bewies seine eigene Leistungsbilanz als Bundeskanzler. »Was sich wie Beharrlichkeit anfühlte, brachte Erstarrung«, urteilte Gabor Steingart in einem Kommentar für *FOCUS Online* über die Merkel-Zeit.

Der Kanzlerin gelang das Kunststück, in den Köpfen vieler Deutscher den Eindruck zu verankern, sie sei »eine von uns« geblieben, unprätentiös, bescheiden, nicht scharf auf Privilegien, fleißig ihren Job erledigend, mit dem gezückten eigenen Portemonnaie in der Hand geduldig an der Supermarktkasse anstehend und selbst gebackenen Streuselkuchen als kulinarischen Hochgenuss schätzend. Was Merkel zu Beginn ihrer politischen Karriere kennzeichnete, ihre Unscheinbarkeit, entwickelte sie zum geschickt gepflegten und umgedeuteten Gütesiegel. Aus Blässe wurde so als klug interpretierte Zurückhaltung, aus rhetorischer Gebrechlichkeit die Wahrnehmung von Bodenhaftung bis in die Formulierungen hinein.

Auf die Frage, was sie mit Deutschland verbinde, antwortete Merkel im Jahr vor ihrer ersten Kanzlerschaft: »Ich denke an dichte Fenster! Kein anderes Land kann so dichte und so schöne Fenster bauen.« Angela Merkel war nicht der Politiker-Typ, der Fenster gern weit zur Zukunft öffnet. Und die Deutschen liebten sie dafür. Im eigenen Mief ist es schließlich kuschelig warm.

Brauchen wirklich nur unsere Politiker mehr Mut? Wenn es stimmt, dass alle Staatsgewalt vom Volke ausgeht, der Staat also nicht nur »die da oben« sind, sondern wir alle, dann haben auch wir alle am Versagen dieses Staates Anteil. Unser Urteil über die Politiker fällt immer harscher aus. Aber es gibt nicht nur bei den Bürgern Politikerverdrossenheit, sondern auch bei den Politikern eine gewisse Bürgerverdrossenheit.

Thomas de Maizière beschwerte sich über eine »Stimmung allgemeiner Mäkeligkeit in der Gesellschaft«, die mit einer »sehr fordernden, ja zum Teil unverschämten Sprache den Ministern gegenüber« einhergehe. Er beobachtete ein um sich greifendes Sankt-Florians-Prinzip: »Menschen sind manchmal gegen Baumaßnahmen, nicht weil sie gegen den Bau an sich sind, sondern wegen des Lärms während der Bauarbeiten. Viele wollen eine Umgehungsstraße; wenn sie aber zu nah am eigenen Garten verläuft, dann sind sie dagegen. Sie wollen keine Atomkraft, keine Kohle, keine Windkraft und keine Leitungen. Sie wollen besseren Handyempfang, aber keine Masten. Oder sie wollen für sich alles schriftlich haben aus einer Vorschrift für die Verwaltung und fordern gleichzeitig, dass die Verwaltung von ihrem Ermessen freier und individueller Gebrauch macht.« CDU-Vize Linnemann sieht die Schuld am Stillstand auf beiden Seiten: »Viele haben sich in Deutschland in Komfortzonen eingerichtet, sowohl die Politik als auch die Bürger.«

+++ TEIL DREI: +++

Beamten-Mikado – bloß keine Bewegung!

Thesen: Unsere öffentliche Verwaltung will die Aufgaben des 21. Jahrhunderts mit einem Selbstverständnis aus dem 19. und der Technik des 20. bewältigen. Neben schleuniger Digitalisierung braucht sie mehr Leistungsorientierung und Erfolgskontrolle, Transparenz und Bürgernähe. Großen Anteil daran, dass die Verwaltungsstrukturen sich als unfähig zur Abstimmung miteinander und zur Rückkopplung mit der Wirklichkeit erweisen, hat der deutsche Föderalismus. Er funktioniert zum Nachteil weniger Geberländer, bei denen viele Nehmerländer die Hand aufhalten. Föderalismus macht nicht nur faul, sondern auch dumm. Er hat unter dem Anspruch der Chancengleichheit ihr genaues Gegenteil geschaffen: einen Bildungs-Fleckenteppich, auf dem die Guten in der Schule nicht vorankommen und die Schlechten nicht aufholen.

Ich komme immer wieder gern auf Falko Liecke zurück, weil der seine Beobachtungen in Berlin-Neukölln als Menetekel für die Zukunft der gesamten Bundesrepublik an die Wand wirft. Bundespräsident Herzog war schon 1997 der Meinung: »Was im Laboratorium Berlin nicht gelingt, das wird auch in ganz Deutschland nicht gelingen.«

Neukölln mit seinen »kiezorientierten Mehrfachtätern« und gezielter Gewöhnung strafunmündiger Kinder an Kriminalität ist laut Liecke, der unter der CDU/SPD-Regierung in Berlin 2023 nach langer Tätigkeit in Neukölln zum Jugendstaatssekretär des Berliner Senats aufstieg, das Testgebiet dafür, ob unser Gemeinwesen sich noch behaupten kann – gegen Clans, Jugendkriminalität, Gewalt, Autoritätsverlust, Staatsverachtung, Desintegration und allgemeine Verwahrlosung. Es gelte »kompromissloser Gewaltbereitschaft« ebenso gegenüberzutreten wie »grenzenlosem Hass« und »Verachtung von allem, wofür unser Land steht«. Der deutsche Staat müsse »endlich wieder Stärke« zeigen, wie sie »jahrelang aus falsch verstandener Toleranz oder Angst vor Diskriminierungsvorwürfen zurückgehalten wurde«.

Liecke machte auch eine bemerkenswerte Beobachtung unter Behördenmitarbeitern in seinem Bezirk. Dort erregten nach seinen Angaben Pläne zur Videoüberwachung eines Einkaufszentrums den Widerspruch des Personalrats der im Zentrum ansässigen Außenstelle eines Jobcenters. Dieser habe geargwöhnt, die Kameras könnten dazu benutzt werden, zu dokumentieren, wie oft und lange die Mitarbeiter sich Zigarettenpausen gönnten.

In der deutschen Verwaltung lässt man sich eben eher ungern in die Karten schauen. Man handelt in einem geschlossenen System, das für Einblicke wie Anregungen von außen höchst unempfänglich ist. Es igelt sich förmlich ein, seine verschiedenen Ebenen tauschen auch untereinander ungern Informationen aus. Der Fachbegriff dafür ist »Silodenken«. Man bastelt sich eine hermetische Scheinwelt, in der alles in geordneten Bahnen verläuft, die man nicht verlassen möchte.

Amtsstuben ziehen als Mitarbeiter auch Menschen an, die noch mehr als andere Arbeitnehmer Beschäftigungssicherheit und verlässliche Strukturen suchen. Solche Menschen stehen Veränderungen zumeist misstrauisch gegenüber. Sie bewegen sich gerne in scheinbar bewährten Vorgängen und Abläufen, Prozeduren und Dienstwegen. Übermäßig viel Agilität und Innovationsbereitschaft kommt dabei nicht heraus. Eher Starrsinn und Bedenkenträgertum; Bürgernähe schon mal gar nicht.

Natürlich sind ganz viele Leute, die in unseren Behörden arbeiten (sofern sie dies tun; die Krankenstände im öffentlichen Dienst übertreffen die in der freien Wirtschaft), besser als ihr Ruf. Doch leider gibt es eben auch die anderen. Zwei Arten von Mitarbeitern sind offenbar in unserer Verwaltung anzutreffen: die, die sich redlich mühen – und jene, die sich einfach nur kommod in ihrer Amts-Wärmestube eingerichtet haben.

In welchem Zahlenverhältnis beide Gruppen zueinander stehen, lässt sich nicht erheben. Wenn ich mal mit Amtspersonen in Kontakt treten muss, scheint meist durch eine Laune des Schicksals gerade die zweite Kategorie ihren Dienst zu versehen. Behörden weisen nicht nur Wartesäle für Antragsteller auf, sondern auch Schonräume für Antragsbewilliger. Letztere sind in der Erfüllung ihrer Pflichten wenig Wettbewerbsdruck ausgesetzt. Denn für die Anschaffung eines Autos zum Beispiel kann man in Deutschland unter vielerlei Anbietern wählen – für dessen Anmeldung nicht.

Monopole aber bringen selten starke Orientierung auf Kundenzufriedenheit hervor. Die Wahrnehmung »hoheitlicher Aufgaben« ist notwendigerweise und qua Definition ein Monopol. Sie produziert zuverlässig den »Amtsschimmel« – Strukturen, die wie von pilzigem Mehltau überzogen sind. Der Amtsschimmel wiehert nicht, er müffelt.

KAPITEL 12

Deutsche Verwaltungskultur – der Bürger als Kunde ohne Dienst

»Mit unseren heutigen Verwaltungsstrukturen wäre der Wiederaufstieg nach dem Zweiten Weltkrieg nicht so gelungen, wie er sich dann vollzog«, ist sich Liecke sicher. »Unsere Bürokratie ist eigentlich immer damit beschäftigt, etwas zu verhindern.«

Auf Leute hingegen, die dagegen wie er etwas tun wollen, wartet in diesem Land viel Arbeit. Das musste auch der gebürtige Däne Claus Ruhe Madsen erfahren, als er die Stadtregierung von Rostock übernahm. Was er als Oberbürgermeister in den dortigen Amtsstuben vorfand, erinnerte ihn an eine Welt, in der die Zeit stehen geblieben war, wo die Probleme von morgen mit den Werkzeugen von gestern bewältigt werden sollten.

Madsen setzte einen »neuen Ansatz für agiles Arbeiten in der Verwaltung« dagegen, entschwand nach nicht einmal drei Jahren im Amt aber in die höheren Weihen des Wirtschaftsministers in der schleswig-holsteinischen Landesregierung, die sich dringend mit Erneuerern schmücken wollte. Seine persönliche Karriere darf somit als nachhaltig gelten. Er hinterließ in der Rostocker Stadtverwaltung immerhin den Vorschlag einer Abwrackprämie für Faxgeräte, dieses Totem des deutschen Verwaltungsversagens.

Das hoch schematische System unserer öffentlichen Verwaltung ist im Allgemeinen wenig manipulations- und korruptionsanfällig: ein unbestreitbarer Vorteil. Seine Gewohnheits-Tätigen reagieren aber extrem schwerfällig auf neue Bedingungen und Anforderungen. Mit seinen festgezurrten Zuständigkeiten und Hierarchieebenen wird dieses in seinen Ursprüngen gut zweihundert Jahre alte Verwaltungsmodell schnell aus der Bahn geworfen, wenn es in die Verlegenheit gerät, auf unvorhergesehene Entwicklungen im Hier und Jetzt reagieren zu müssen.

Im Sommer 2003 beriet die rot-grüne Bundesregierung unter Kanzler Gerhard Schröder an historischer Stätte über eine Fiskusreform. Der Kabinettstisch war für eine Klausurtagung in den Park des märkischen Schlosses Neuhardenberg umgezogen. Die Minister berieten sich unter alten Bäumen. »Beamtenbäume« waren nicht darunter, obwohl sie zum Thema gepasst hätten: Es ging um eine Optimierung der Regeln, die Finanzämter anwenden. Der »Beamtenbaum«, eigentlich Trompetenbaum oder Catalpa bignonioides, trägt seinen Spitznamen, weil er im Frühjahr als letzter seine Blätter entfaltet, sie im Herbst aber schon als erster abwirft. Im Garten- und Landschaftsbau heißt es daher über ihn: »Er kommt spät, geht früh und hinterlässt nur Arbeit.«

Die Klausurtagung unter freiem Himmel in einem der schönsten Landschaftsparks Brandenburgs fand auf dem früheren Anwesen eines wahrhaft großen deutschen Verwaltungsreformers statt: Karl August Fürst von Hardenberg schuf zusammen mit Heinrich Friedrich Karl Reichsfreiherr vom und zum Stein die historische Basis der heutigen Strukturen, auf denen das Funktionieren unseres Staates beruht. Neuhardenberg erhielt der Fürst vom preußischen König Friedrich Wilhelm III. aus Dank für sein staatsmännisches Wirken zum Lehen.

Die Leistung der beiden Staatsmänner, die Preußen zu Beginn des 19. Jahrhunderts nach dem Schock der Niederlage gegen Napoleon eine damals moderne Verwaltungsstruktur verpassten, wird unter anderem darin gesehen, den Staatsapparat an den Prinzipien von Leistungsfähigkeit, Bürgernähe und Sparsamkeit ausgerichtet zu haben. Zusammen mit den Bildungsreformen Wilhelm von Humboldts gilt dies als Grundlage für den späteren wirtschaftlichen Erfolg des deutschen Kaiserreichs in der Gründerzeit. Grundüberzeugung hinter den Stein-Hardenbergschen Reformen war, dass ein zum Wohle des Bürgers funktionierender Staat diesen loyaler an das Vaterland binde als bloßer Untertanengehorsam.

Für die damalige Zeit war das ein revolutionäres Umdenken. Über zwei Jahrhunderte danach würde Deutschland eine Auffrischung dieser Maximen für das Verwaltungshandeln guttun. Der Nationale Normenkontrollrat mahnte in seinem Jahresbericht 2022: »Bürokratieabbau ist ein Konjunkturprogramm zum Nulltarif. Wann, wenn nicht jetzt, ist es an der Zeit, Regularien und Vollzugsprozesse in Deutschland einfacher, adressatenorientierter und wirksamer zu gestalten?«

Leider produziert unser sehr spezielles Beamtenbiotop aber statt Erneuerungsvorschlägen hierarchische Undurchschaubar- und Uneinsichtigkeit, gepaart mit internem Duckmäusertum.

Das beschrieben die Verfasser des Reformappells *Neustaat – Politik und Staat müssen sich ändern*, CDU/CSU-Bundestagsabgeordnete einer Innovations-Projektgruppe ihrer Fraktion und Verwaltungsexperten, so: »Aufgaben gehen von oben nach unten, Antworten von unten nach oben. Vorschläge und Initiativen werden auf jeder Stufe ein bisschen mehr abgeschwächt. Was oben ankommt, hat schon 50 Prozent seines Innovationspotenzials eingebüßt.« Eigenständiges Denken ist nicht gefragt, es kann sich sogar als äußerst hinderlich für das berufliche Vorankommen erweisen. Für die Karriere im öffentlichen Dienst sei es »mitunter hinderlich, einen eigenen Kopf zu haben und Offenheit zu zeigen«, bedauerten die »Neustaat«-Autoren.

Eine solche Arbeitsumgebung produziert Unterlassungssünden am Fließband. In diesem System greifen wirklichkeitsfernes Individual- und Systemversagen im Einvernehmen ineinander. Es hat sich in seinen selbstgenügsamen Abläufen bis auf den heutigen Tag im Kern vielfach als lernunfähig erwiesen, seit den Zeiten des Hauptmanns von Köpenick: Schuster Voigt erhielt bekanntlich von Amts wegen nach seiner Entlassung aus dem Gefängnis ohne Meldebescheinigung keine Wohnung, ohne Wohnung keine Arbeit und ohne Arbeit keine Meldebescheinigung.

Zuckmayer schrieb sein Theaterstück über die Köpenickiade 1930. Die wahre Begebenheit um ein Behördenopfer, die ihn inspirierte, hatte sich 1906 zugetragen. Mehr als hundert Jahre später versuchte meine Frau, von den Berliner Behörden eine Teilanerkennung der Belege über das Studium an ihrem Geburtsort Hermannstadt, Siebenbürgen, nach dem Abitur am dortigen deutschsprachigen Brukenthal-Gymnasium zu erwirken.

Nachdem sie mit amtlich beglaubigten Übersetzungen aus dem Rumänischen mehrwöchig zunächst von Pontius zu Pilatus geschickt worden war, händigte man ihr eine Telefonnummer im damals berüchtigten »LAGeSo« Berlins aus, dem »Landesamt für Gesundheit und Soziales«. Der Kontaktversuch traf auf eine automatische Bandansage: »Diese Rufnummer nimmt keine öffentlichen Anrufe entgegen.«

Meine Frau gab entnervt auf. Der Rückzug fiel ihr aber immer wieder auf die Füße, wenn sie sich für einen Job bewarb. Klar, das war in Berlin, der deutschen Hauptstadt des Verwaltungsversagens. Dazu gleich mehr. Aber ein exotischer Einzelfall, anderswo in der Bundesrepublik nicht vorstellbar, war es wohl eher nicht.

Wie viel Service darf der Bürger von der deutschen Verwaltung erwarten, die er bezahlt? Die heutige Bundesagentur für Arbeit und ihre »Jobcenter« (der Normalbürger nennt sie weiterhin hartnäckig »Arbeitsämter« – er weiß schon, warum) ging im Zuge der Hartz-Reformen dazu über, die Leute, die bei ihr aufschlagen, nur noch »Kunden« zu nennen.

Ein Kunde geht üblicherweise in ein Geschäft (das ist die BA nun schon mal gar nicht, sie ist eine Behörde, im Gegensatz zu privaten Anbietern durch die Zwangsbeiträge der Versicherten unkaputtbar).

Im Geschäftsleben ist man im Allgemeinen an etwas interessiert, das »Kundenbindung« heißt – ich soll den Laden wieder aufsuchen, damit er brummt. Unseren Behörden aber ist Bürgernähe eher lästig, sie brummen nur missfällig über unsere Ansprüche. Zu häufiger Kontakt mit denen vermehrt schließlich den Arbeitsanfall, und man ist ja schon so überfordert!

Im direkten Aufeinandertreffen, womöglich gar auf Augenhöhe, könnte der Bürger sich als Individuum mit spezifischen Bedürfnissen erweisen statt als bequem ablegbares Aktenzeichen. Nur weil man mich schick und geschickt »Kunde« nennt (vielleicht werde ich vom Staat demnächst auch noch geduzt, das ist ja sehr im Schwange), bekomme ich noch lange keinen prompten Kundendienst von unseren Staatsdienern.

Schon gar nicht würden sie betreten reagieren, wenn mir ihr Service und ihre Produktqualität nicht passen. Klar, ich kann gegen ihre Entscheidungen Widerspruch einlegen. Aber wer hätte schon mal davon gehört, dass eine zerknirschte Entschuldigung von Amts wegen damit einhergegangen wäre, dass der Widerspruch Erfolg hatte?

»Sehr geehrter..., sehr geehrte..., leider ist uns bei der Bearbeitung Ihres Anliegens trotz großen Bemühens um dessen sachgerechte und bürgernahe Würdigung ein bedauerlicher Fehler unterlaufen. Wir bitten, die Ihnen dadurch entstandenen Umstände zu entschuldigen, und ersetzen Ihnen selbstverständlich die angefallenen Kosten.« Dies ist ein reiner Märchen-Text. Der hartleibige Amtspersonalkörper kennt im lästigen Kontakt mit dem Bürger kein »... und lebten sie noch lange glücklich und zufrieden miteinander«. Stattdessen heißt es: »Nach nochmaliger Überprüfung der Sach- und Rechtslage aufgrund Ihres Widerspruchs ... hebe ich den Ablehnungsbescheid ... hiermit auf. Ihrem Widerspruch wird damit auf dem Verwaltungsweg in vollem Umfang entsprochen ... Die Ihnen im Widerspruchsverfahren entstandenen Kosten können nicht erstattet werden, weil sie nicht notwendig waren.«

Kundendienst und Staatsdienst – die beiden Begriffe scheinen unversöhnlich. Der Begriff des deutschen Staatsdieners geht auf Preußenkönig Friedrich II. zurück, der sich sinngemäß und ziemlich wohlfeil erster Diener seines Staates nannte, obwohl er diesen völlig unangefochten absolutistisch regierte. Helmut Schmidt paraphrasierte dies kokett, als er sich während seiner Kanzlerschaft als »leitenden Angestellten seines Landes« bezeichnete.

In der größten Behörde dieses Landes, der Bundesagentur für Arbeit, sollte einmal eine völlig neue Verwaltungskultur Einzug halten. 220 Seiten lang fielen die Empfehlungen einer Kommission für die Reform von Arbeitsamt und -markt aus, die der VW-Manager Peter Hartz leitete, ein Mann, der große

Worte ebenso schätzte wie den großen Auftritt. Den bekam er im August 2002 vor fünfhundert geladenen Gästen im Französischen Dom am Gendarmenmarkt zu Berlin bei der feierlichen Vorstellung der Blaupause für das, was Arbeits- und Wirtschaftsminister Wolfgang Clement (SPD) die »Mutter alle Reformen« nannte.

Keiner redet heute mehr über »Personal-Service-Agenturen (PSA)« oder »Ich-AG«. Anhaltend blieb jedoch das Getöse rund um »Hartz IV«. Darüber wurde gerne vergessen, dass das Hartz-Reformpaket nicht nur diese vielgescholtene vierte Stufe (jetzt: »Bürgergeld«) umfasste, sondern auch I bis III, darunter eben die durchgreifendste Verwaltungsreform, zu der sich Deutschland in diesem Jahrhundert bisher aufraffen konnte.

Der Versuch einer ähnlichen Kraftanstrengung ist zwanzig Jahre danach nicht erkennbar. Man muss sich sogar fragen, was von der damaligen Radikalkur für die Nürnberger Mammutbehörde eigentlich übrig geblieben ist. Wenn zum Beispiel Bearbeiter von Anträgen auf Arbeitslosengeld I nicht in der Lage sind, zwischen einer befristeten Krankschreibung und dauerhafter Nichtverfügbarkeit für den Arbeitsmarkt zu unterscheiden, kann ein völlig unerwartetes langwieriges Widerspruchsverfahren die Folge sein.

Einen Ansprechpartner, der auf die persönliche Situation des Antragsstellers eingehen soll, kann man dann lange nicht zu Gesicht bekommen, ebenso wenig wie einen Leistungsbewilligungsbescheid und eine sogenannte »Eingliederungsvereinbarung«, eine Festschreibung der Bewerbungsaktivitäten, die die Agentur erwartet.

Als durchschnittliche Bearbeitungsdauer eines Antrags auf Arbeitslosengeld I nennt die Bundesagentur acht Tage, ihr Dienstleistungsversprechen liegt bei zehn Tagen. Diese

Zahlen werden alle Antragsteller sehr überraschen, die von dem betroffen sind, was die Agentur auf Anfrage sonst noch mitteilt: »Nur wenige eingegangene Anträge können direkt nach dem Eingang entschieden werden. Oft fehlt zum Beispiel noch die Arbeitsbescheinigung des Arbeitgebers. Sobald diese und die restlichen notwendigen Unterlagen vorliegen, erfolgt die finale Bearbeitung.«

Und die kann dann eben doch mitunter zeitraubend sein, vor allem, wenn beim Antragsteller postalisch immer wieder Anforderungen von Unterlagen eintröpfeln, die er auf digitalem Wege teils schon zur Verfügung gestellt hatte.

Kommentar aus dem BA-Apparat, von einem jahrelangen Insider: »Es gibt Defizite bei der Einzelfallgerechtigkeit. Das Niveau ist runtergegangen. In der Politik ja auch. Aber behördenmäßig sind wir eigentlich der Einäugige unter den Blinden.« Kein Trost für jene, bei denen die Sache dann ins Auge geht.

Obwohl die Zahl der Arbeitslosen beständig sinkt, stockt die BA die ihrer Mitarbeiter auf. Im Dezember 2022 waren es mehr als 110 000. 2005, bei einer wesentlich unerfreulicheren Arbeitslosenquote, waren es noch 94 000 gewesen. Die Behörde begründet die Entwicklung damit, dass der Staat ihr immer mehr Aufgaben übertrage.

Im gesamten öffentlichen Dienst hält der Trend zu mehr Mitarbeitern seit Jahren ebenso an wie die beständige Klage über deren Überforderung. Die Zahl seiner Beschäftigten nimmt nach den Daten des Statistischen Bundesamts seit 2009 zu. Sie liegt bei rund fünf Millionen, mehr als zehn Prozent aller Erwerbstätigen. Einschließlich der Richter sind 1,7 Millionen Beamte im Staatsdienst tätig. Und das scheint bei Weitem nicht zu reichen.

Nach einer Studie der Wirtschaftsprüfungsgesellschaft

PwC von 2022 fehlen im öffentlichen Dienst bis 2030 mindestens eine Million Fachkräfte. Der Mangel, so die Warnung in der Untersuchung, könne »die Funktionstüchtigkeit des Staates einschränken oder gar dazu führen, dass der Staat manche seiner Kernaufgaben nicht mehr erfüllen kann«.

Die Lücke wird mit Neueinstellungen kaum zu füllen sein, weil dieser Staat wie auch die Privatwirtschaft nicht weiß, wo er geeignete Leute so schnell herholen soll – und sie vermutlich auch gar nicht bezahlen kann. Man kann allerhand versuchen, was die PwC-Experten ersatzweise empfahlen: Es den vorhandenen Mitarbeitern schmackhafter machen, sich erst später in den Ruhestand zu verabschieden. Mehr Quereinsteiger ohne klassische Verwaltungslaufbahn einsetzen. Kräfte aus dem EU-Ausland anwerben und sich unter der großen Zahl von Flüchtlingen in Deutschland nach geeigneten Kandidaten umsehen.

Das alles ist sicherlich nicht für alle Sektoren des öffentlichen Dienstes geeignet und dürfte in der Realität auf erhebliche Probleme stoßen: Die hohen Krankenstände von Verwaltungsmitarbeitern deuten auf Überlastung und Unzufriedenheit mit dem Arbeitsumfeld hin. Da mag die Bereitschaft, sich dem länger als über die normale Altersgrenze hinaus auszusetzen, nicht sonderlich groß sein, selbst wenn das vergoldet wird. Quereinsteiger, Kräfte aus dem Ausland und dem Pool der nach Deutschland Geflüchteten – sie alle dürften im Kontakt mit der deutschen Verwaltungskultur mit erheblichen Eingewöhnungsschwierigkeiten zu kämpfen haben, von der Sprachbarriere ganz zu schweigen.

So bleibt der vielversprechendste Ansatz, den die PwC-Fachleute ebenfalls ins Spiel brachten, die Verwaltungsabläufe effizienter und effektiver zu machen – vor allem zu digitalisieren. Nur leider hat unsere Verwaltung gerade damit erhebliche Probleme, wie das krachende Scheitern des Online-Zugangsgesetzes bewies. Der Stuttgarter Supercomputer-Experte Michael Resch vermutet in seinem Buch *Digitalwüste Deutschland*: »Dass Bürgerinnen und Bürger oft nicht als Kundschaft verstanden werden beziehungsweise dass Ämter und Behörden untereinander nicht im Wettbewerb konkurrieren, spielt sicher auch eine Rolle dabei, wie schnell digitalisiert wird.«

In unserer Verwaltung muss nicht nur durch die eingefahrenen Abläufe frischer Wind wehen, auch durch die Köpfe. Erforderlich wäre neben einem Struktur- ein Mentalitätswandel. Als ich den damaligen Sozialstadtrat Liecke im Februar 2023 in seinem Büro im zweiten Stock des Rathauses Berlin-Neukölln besuchte, informierten an etlichen Türen der Amtsstuben auf demselben Stockwerk Anschläge entweder über eine »Schließwoche« oder darüber, dass »aufgrund der aktuellen Situation« nur noch telefonische Sprechzeiten stattfinden. Mit »aktueller Situation« war die Covid-19-Pandemie gemeint, der entsprechende Aushang datierte vom 25. Januar 2021.

Rundherum hatte sich das alltägliche Leben schon längst normalisiert, waren fast alle Corona-Ausnahmeregeln gefallen, die sich einst so schnell verbreitet hatten wie das Virus. Im Rathaus Neukölln dauerte die Gefahrenlage in den Köpfen der Beschäftigten dessen ungeachtet an. Er beginne gerade, mit seinen Leuten »einzuüben«, dass die Pandemie nun vorbei sei, berichtete Liecke. »Ich sage ihnen, wir sind für die Menschen da, nicht andersherum.« Diese Botschaft versteht aber offenbar nicht jeder.

Liecke bedauerte, dass zu viele gute Leute die Bezirksverwaltung verlassen hätten. Er musste mit denen auskommen, die nun mal da waren – und sich mit Regulierungswut herumschlagen. Während meines Besuchs regte er sich über eine zähe Abnutzungsschlacht auf, die er sich mit dem Vorschriften-Dschungel geliefert hatte, um ein paar Winter-Übernachtungsplätze für Obdachlose einzurichten. Eine geeignete leer stehende Schule war dafür schnell gefunden – doch dann musste erst einmal eine brandschutzrechtliche Stellungnahme eingeholt werden, die in ein geprüftes Brandschutzgutachten einzumünden hatte.

Zahlreiche Instanzen waren involviert. Liecke wollte die 25 »Kältehilfeplätze« eigentlich ab Oktober bis Ende April einrichten. Erst Mitte Januar 2023 waren sie verfügbar – und das auch nur, weil der Bezirksbürgermeister und alle Stadträte schließlich ein gemeinsames Machtwort sprachen. Mit dem Gutachten wurde erst für das Ende der Wintersaison gerechnet.

Liecke erwähnte in unserem Gespräch Bearbeitungszeiten für Wohngeldanträge von bis zu vierzehn Monaten. Die Akten dafür stapelten sich zum selben Zeitpunkt in allen Wohngeldstellen Deutschlands. Zum 1. Januar 2023 war eine Reform für diese Leistung in Kraft getreten. Ihr Empfängerkreis sollte sich deutlich erweitern.

Den Gesetzgebungsprozess begleiteten zahlreiche kommunale Stimmen mit frühzeitigen Warnungen, dass sie dieser Neuerung nicht gewachsen sein würden. Die Behörden reklamierten wie üblich Personalmangel. Schon vor der Reform, die alle Ämter in sämtlichen Bundesländern sofort aufschreien ließ, konnte auch in München, in vielen Dingen sonst ein Gegenpol zu Berlin, die Bearbeitungszeit bis zu einem Jahr dauern. Hätten mehr Leute denn geholfen? Die könne man so schnell gar nicht einarbeiten, hieß es im ebenfalls überlasteten Düsseldorf.

Im Normalfall, so sagte die Münchner Sozialreferentin Dorothee Schiwy der *Süddeutschen Zeitung*, brauche es eine

Einarbeitungszeit von sechs Monaten. Sie sprach von einem »Bürokratiemonster« mit einem achtseitigen Antrag, der »wildeste Ein- und Wegrechnungen« erfordere und behördenintern nicht sonderlich beliebt sei: »Viele Mitarbeiterinnen und Mitarbeiter, denen das auf die Nerven ging, haben sich verständlicherweise beruflich umorientiert. Wir hatten eine ganze Weile ein Viertel der Stellen unbesetzt.« Den Bürgern werde unter diesen Bedingungen nur »vorgegaukelt, dass sie mit dem Wohngeld ganz einfach eine Unterstützung bekommen können, die in schwierigen Zeiten die Situation abfängt«.

Lutz Goebel, Chef des Nationalen Normenkontrollrats, sagte Ende November 2022 in der *Welt am Sonntag* voraus: »Es ist unwahrscheinlich, dass die vielen unterschiedlichen Entlastungsmaßnahmen der Regierung von der Verwaltung sauber exekutiert werden können.« Über Bürokratieabbau werde zwar viel geredet. »Aber wenn es ans Eingemachte geht, stehen sich Bund, Länder und Kommunen gegenseitig im Weg.«

Es ist schon allerhand geregelt in diesem Land, aber offenbar bei Weitem noch nicht genug. Was wir an Vorschriften zu viel haben, haben wir zu wenig an Leuten, die mit ihnen vernünftig und im allgemeinen Interesse umgehen können oder wollen.

Im Ordnungsamt von Flensburg beschäftigten sie sich im Februar 2023 hingebungsvoll mit dänischen Parkscheiben. Bis dahin hatten Tagesbesucher aus dem Nachbarland diese problemfrei für ihre Abstecher zum Einkauf in Deutschland benutzen können. Dann musste der deutschen Straßenverkehrsordnung unnachsichtig Geltung verschafft werden; Knöllchen drohten allen, die sich nicht vorschriftsmäßig einer genormten deutschen Präzisionsscheibe bedienten – in einer Stadt, deren Einzelhandel von der dänischen Kaufkraft profitiert.

Aber Rote Teppiche für geschätzte Besucher auszurollen –

das stößt in Deutschland nun mal auf Bürokratie-Hemmnisse. 2009 wollte der Parlamentskreis Mittelstand der CDU/CSU-Fraktion im Bundestag für sein Sommerfest am Kronprinzenpalais Unter den Linden in Berlin so ein textiles Zeichen der Wertschätzung verlegen lassen. Dafür bedurfte es eines ausgewachsenen Bauantrags, dessen Bearbeitung zwei Wochen in Anspruch nahm.

Selbst Bauanträge für Storchennester gehörten schon zum Repertoire unserer Verwaltung, jedenfalls beim Bezirksamt Hamburg-Bergedorf. Es schritt höchstamtlich ein, als Bürger dort ohne Genehmigung einen alten, maroden Mast für die Aufzuchtbedürfnisse von Meister Adebar durch einen neuen ersetzt hatten. Gefordert wurde, den »Bezug des Horstes durch Störche zu verhindern«. Staatlich verordnete Entmietung für Zugvögel – ein tragisches Migrantenschicksal mitten in Deutschland.

Worauf sollte unser Einkommensteuermodell mal laut dem CDU-Wiedergänger Friedrich Merz passen? Richtig: auf einen Bierdeckel. Nun, es geht nach wie vor auf keine Kuhhaut. Während der Staat ziemlich gut über die Einkommensverhältnisse seiner Bürger Bescheid weiß, nimmt er es mit der eigenen Rechenschaftspflicht nicht so genau. 2022 bemängelte der Bundesrechnungshof: »Das BMF [Bundesministerium der Finanzen, der Autor] veröffentlicht seit Jahren falsche Angaben zu den Einnahmeausfällen in den Haushaltsrechnungen des Bundes.«

Das deutsche Steuerrecht ist nicht ganz so umfangreich wie vielfach behauptet. Nein, das Gros der weltweiten Veröffentlichungen über Steuerfragen ist mitnichten auf Deutsch verfasst, obwohl das gerne kolportiert wird. Vermutlich liegt der Wert irgendwo zwischen 10 und 20 Prozent – was immer noch recht beachtlich ist.

Die Gesamtzahl aller in der Bundesrepublik geltenden Gesetze lag laut einer Antwort der Bundesregierung auf eine Anfrage im Bundestag Anfang Februar 2022 bei 1773. Das waren rund hundert mehr als zwölf Jahre zuvor. Seit der deutschen Einheit hat der Deutsche Bundestag in nahezu jeder Wahlperiode mehr als fünfhundert Gesetze erlassen – die natürlich auch andere ersetzt haben. Es bleiben trotzdem noch genug zu befolgen.

Das ist der sogenannte »Erfüllungsaufwand«. Darunter versteht man den Zeitverlust und die Kosten, die der Staat Bürgern, Wirtschaft und Verwaltung mit seinen gesetzlichen Vorgaben aufdrückt. Vor allem die Wirtschaftsverbände klagen darüber gerne und fortgesetzt. Stark betroffen ist aber auch die Verwaltung dieses Staates selbst.

Im Jahresbericht 2021 des Nationalen Normenkontrollrats hieß es sogar: »Sprunghafte Erhöhungen des Erfüllungsaufwands etwa durch die Gesetze zur Ganztagsbetreuung oder auch zu energieeffizienten Fahrzeugen haben seit 2011 dazu geführt, dass die Verwaltung die Wirtschaft erstmals als Hauptbetroffene abgelöst hat.« Ein Jahr später lag dann wieder die Wirtschaft vorne; das hatte mit der Erhöhung des gesetzlichen Mindestlohns zu tun. Die Normenkontrolleure bemängelten, »dass es weiterhin nur wenige Maßnahmen gibt, die sich entlastend auf die Verwaltung auswirken«.

2020/21 stieg der gesamte Erfüllungsaufwand um 5,1 Milliarden, 2021/22 um 6,7 auf insgesamt rund 17,4 Milliarden Euro. Die einzig gute Nachricht, liebe Mit-»Normenadressaten« (so heißen im Fachjargon alle, die sich mit staatlichen Vorschriften herumschlagen müssen): Wir als Bürger sind seit 2011 im Gegensatz zu Wirtschaft und Verwaltung von Erfüllungsaufwand entlastet worden, und zwar um insgesamt 590 Millionen Euro.

Ich habe das nicht gemerkt, Sie womöglich auch nicht; vielleicht hätten wir alle ein bisschen besser aufpassen sollen. Angeraten war das 2022 und 2023 für alle Immobilienbesitzer vor allem im Nahkampf mit den Angaben zur Neuberechnung der Grundsteuer. Die bereitete auch dem Fiskus erhebliche Probleme. Florian Köbler, Chef der Deutschen Steuer-Gewerkschaft, sagte den Zeitungen der Funke Mediengruppe Anfang 2023, die Finanzverwaltung stehe hauptsächlich deshalb »kurz vor dem Kollaps«. Das wirke sich auch auf die Bearbeitung der Einkommensteuererklärungen aus; es dürften bundesweit 50 Prozent mehr von ihnen unbearbeitet auf Halde liegen als im Vorjahr. Statt vorher durchschnittlich anderthalb Monaten müssten die Bürger nun eher drei Monate auf ihre Bescheide warten.

Geduld war auch angeraten, wenn man als braver Bürger bei der Energiewende mitziehen wollte. So musste das Bundeswirtschaftsministerium eine unzeitgemäße Vorschrift eliminieren, die die immer beliebter werdende Installation von Mini-Solarpanelen am Balkon erschwerte: Für sie waren laut Wirtschaftsstaatssekretär Sven Giegold zunächst »absurde Abschaltvorrichtungen« vorgesehen, offenbar auf Großanlagen gemünzt – da sollten im Interesse des Brandschutzes dann wohl Solar-GAU-Ereignisse zwischen Primeln und Veilchen verhindert werden.

Auch »aufwändige Steuererklärungen« für die Betreiber von Kleinst-Photovoltaik-Anlagen entfielen, verkündete der Grüne und feierte »Bürokratieabbau«. Branchenvertreter und Nutzer monierten danach dennoch weiterhin viel zu umständliche Vorschriften, die einen Spießrutenlauf zwischen örtlichen Netzbetreibern und Bundesnetzagentur vor den eigenen Platz an der Sonne stellten.

Energie- und Zeitenwenden haben es schwer in Deutschland, denn unsere Bürokratie ist für Wenden einfach nicht wendig genug. Das gilt auch für die eigentlich ja gewünschten Solarzellen auf Hausdächern. Anmelde- und Informationspflichten machten es zu schwierig, eine Photovoltaik-Dachanlage zu errichten und zu betreiben, beschwerte sich der Bundesverband der Energie- und Wasserwirtschaft 2023. Abhilfe sei eigentlich schon 2020 versprochen worden.

Auch mit dem Bau von Windrädern geht es nicht gerade in Windeseile voran. Acht Jahre für ein Genehmigungsverfahren sind schon mal möglich, der Durchschnittswert liegt bei zwei Jahren. Auch das war dem Bundesverband Windenergie nicht schnell genug. Er kritisierte: »Die Genehmigungsverfahren sind nach wie vor deutlich zu lang, zu aufwändig und mit zu hohen Prüfanforderungen an den Bau der Anlagen geknüpft.«

Nicht so recht vorangehen wollte es auch mit der Infrastruktur für die Verteilung des Stroms aus erneuerbaren Energien in ganz Deutschland, vor allem vom steife Brisen gewohnten Norden des Landes in den Süden. Dafür beschloss der Bundestag 2011 ein »Netzausbaubeschleunigungsgesetz«. Acht Jahre später bilanzierte der Bundesrechnungshof die bisherigen Anstrengungen: »Der unzureichende Fortschritt beim Ausbau der Stromtrassen stellt ein zunehmendes Risiko für die Versorgungssicherheit dar.«

Im April 2023 reichten 57 Verbände auf Einladung des Bundesjustizministeriums 442 Vorschläge dafür ein, was die Ampelregierung in ihrem versprochenen Bürokratieentlastungsgesetz aufs Korn nehmen sollte. Viel Kritik am Steuerrecht und an der Länge von Genehmigungsverfahren war dabei, auch eine Beschwerde der Diakonie darüber, dass Obdachlose keine Kosten der Unterkunft ausgezahlt bekommen, weil sie nun mal keine haben – aber dennoch Ausgaben für tageweise angemietete Schlafplätze. Auch erfuhr man, dass der Erwerb des Busführerscheins noch lange nicht dazu ermächtigt, auch wirklich Fahrgäste zu befördern – dafür ist eine zusätzliche »Berufskraftfahrerqualifikation« erforderlich. Mehrkosten der Ausbildung dadurch: 8000 bis 10 000 Euro.

Auffällig war die Anzahl der Klagen darüber, dass der deutsche Gesetzgeber gerne eine Schippe drauflegt, wenn EU-Vorgaben in nationales Recht umzusetzen sind: Es wird dann gleich noch ein bisschen mehr geregelt, als überhaupt verlangt war. Das ist das sogenannte »Goldplating«: überflüssige Vergoldung der Tellerränder, über die schon in Brüssel keiner zu schauen vermochte. Folgt daheim dann ein Aufschrei, waren natürlich die fernen Eurokraten schuld.

Die schiebt man in Berlin auch gerne als Sündenböcke ins Rampenlicht, wenn man eigenen Vorschriftenplänen wenig Rückhalt im einheimischen Publikum zumisst. Solche auf eigenem Mist gewachsenen Vorhaben werden dann in einem bewährten Bandenspiel (gemeint ist natürlich die Billardbande) aus Berlin angeschoben, kommen über Brüssel zurück und müssen dann nun mal »leider« in Deutschland verwirklicht werden.

So kamen die Eurokraten einst in ihren Ruch als Glühbirnen-Totengräber und Gurkenkrümmungs-Unterbinder. Den Anstoß für den Glühbirnen-Tod gab ursprünglich aber ein deutscher Umweltminister, nämlich Sigmar Gabriel. Und die Gurkenkrümmung wollte nicht zuerst die Eurokraten-Zentrale Berlaymont, sondern Erzeuger, Groß- und Einzelhandel: Geradere Gurken passen einfach viel besser in Kisten.

KAPITEL 13

Berlin, Hauptstadt des Verwaltungsversagens

Ich bin ein Berliner. Keine Beileidsbekundungen bitte. Ich gehöre zu der Sorte gestählter Spree-Spartaner, die seit Geburt wissen, dass »Herz mit Schnauze« eigentlich nur aus »Schnauze« besteht. Zum Beispiel, wenn ein BVG-Busfahrer einen einsteigenden Touristen anherrscht, weil der seinen Fahrschein mit einer 20-Euro-Banknote bezahlen will: »Wat globen Se, wat dit hier is: ne Sparkasse?« So sieht sie aus, die Berliner Willkommenskultur.

Die BVG »warb« für sich selbst mal mit einer Image-Kampagne, in der sie ihre eigenen Unzulänglichkeiten ironisch überhöhte. Diese startete 2015 bezeichnenderweise mit einem Filmchen namens »Is' mir egal«. Mit dem Lied »Berlin, Berlin – dein Herz kennt keine Mauern« gelangten »John F. und die Gropiuslerchen« zur Zeit des Mauerfalls in die Pop-Charts. Die Reimzeile auf den Song-Titel lautete: »Es gibt nichts zu bedauern.«

Doch, gibt es, jeden Tag. Bedauerlich ist, dass Berlin nach den historischen Szenen der damals ganz persönlich-menschlichen Wiedervereinigung mit Trabi-Klatschen an Bornholmer Brücke und Bernauer Straße nie wurde, was die erste Euphorie zu verheißen schien: reinkarnierte Weltmetropole wie in den »goldenen« Zwanzigerjahren. Allzu schnell versank das angebliche »Laboratorium der Einheit« wieder im gewohnten Trott, trotz der Zufuhr frischen Bluts, einer internationalen Kreativitätsinfusion jenseits der altbekannten bundesdeutschen Einwanderung ins frühere Berlinzulage- und Wehrdienstverweigererbiotop.

Wer in West-Berlin als Alteingesessener zuvor im Schatten der Mauer seinen Schrebergarten hüten konnte, beschwerte sich nun über zu viel Welteinbruch ins Idyll. Wer auf der anderen Seite der früheren Mauer plattenhart im alten Refugium ausharrte, sah Neuankömmlinge auch nicht gern.

Die Bezirke Mitte, Prenzlauer Berg und Friedrichshain sind inzwischen fest in der Hand von Neu-Berlinern, denen die Stadt historisch immer viel zu verdanken hatte. Ihre Anwesenheit gilt nun aber als »Gentrifizierung«, ihre Ansprüche an eine funktionierende Stadtverwaltung als exotisch. Denn der eingefleischte Berliner weiß: Das haben wir schon immer so gemacht; da könnte ja jeder kommen.

Der CDU-Vorsitzende Friedrich Merz bekannte sich bei einem Auftritt in der Gropiusstadt, einem Teil des Berliner Problembezirks Neukölln, im Januar 2023 als früher Befürworter des Umzugs der deutschen Hauptstadt vom Provisorium Bonn am Rhein an die Spree. Er fügte hinzu: »Ich bin gerne hier. Aber ich möchte in einer Stadt sein, die funktioniert.« Das war ein sehr frommer Wunsch des katholischen Sauerländers.

Berlin könnte eine Pilotfunktion dafür zufallen, dass der ganzen Republik vielleicht der Verwaltungsbankrott droht. Warnungen vor einem allgemeinen »Staatsinfarkt« durch Personalnot im öffentlichen Dienst und schwerfällige Verwaltungsabläufe gibt es bereits. Die Dienstleistungsgewerkschaft Ver.di sah einen solchen Zusammenbruch in der Hauptstadt im Spätsommer 2022 nahezu erreicht. Als sie dort die Krankenstände der Staatsbediensteten unter die Lupe nahm, fiel ihr für 2020 ein Rekordwert auf, der Berlin auf vielen Sektoren der Verwaltung handlungsunfähig mache: im Durchschnitt mehr als fünf Wochen Krankschreibung pro Person.

Corona? Ja. Aber der Wert lag deutlich höher als bei anderen Beschäftigten. Überarbeitung, Frust? Ganz bestimmt. Langzeitkranke stachen in der Statistik hervor. Erklärung der Gewerkschaft: Personalknappheit. Viele Übriggebliebene hätten »die Nase voll« und könnten »den Druck nicht mehr aushalten«. Dazu noch das schlechte Image der Verwaltung! Die Tageszeitung *Die Welt* zitierte Daniela Ortmann, Vorsitzende des Hauptpersonalrats, mit der Klage, leider sei das »Berlin-Bashing« sehr beliebt geworden. »Das frustriert und macht krank.«

Gute Besserung, mag man da wünschen und hat als (Mit-)Bürger natürlich Mitgefühl. Aber frustriert ist man auch und mag sich nicht mit der Behauptung abspeisen lassen, das Klischee von warmen, sicheren Plätzen im öffentlichen Dienst stimme nicht. Berlin darf getrost als die am schlechtesten verwaltete Stadt Deutschlands gelten; es wird auch schwerfallen, unter den europäischen Kapitalen eine zu finden, deren Regierende sich ähnlich erbärmlich und gegen Bürgerfrust resistent durchmogeln.

Wie wenig Berlin auch bei demokratischen Pflichtübungen mithalten kann, erwies sich bei der gleichzeitigen Bundestags- und Abgeordnetenhauswahl von 2021. Die Stadtverwaltung hatte Letztere so vergeigt, dass sie wiederholt werden musste. Das war übrigens die Doppel-Wahl, bei der der bisherige Regierende Bürgermeister der Stadt, Michael Müller (SPD), aus dem Roten Rathaus in den Reichstag wechselte. Nach seiner Luxus-Entsorgung zeigte er sich zum Auftakt seines neuen Hinterbänklerdaseins im Bundestag zwar plötzlich überrascht, dass die jahrelang von ihm regierte Stadt schmutzig sei. Er befand dennoch barsch, es müsse jetzt mal Schluss sein mit dem ewigen »Berlin-Bashing«, mit der bundesweit verbreiteten Schmähung als Verwaltungsruine.

Der *Deutschlandfunk* widmete diesem von Müller geleugneten Zustand im Januar 2023 ein Wochenendjournal mit dem Titel »Das dysfunktionale Berlin«. Die Rechercheure stießen unter anderem auf eine Dienstvereinbarung über einen amtlich zugelassenen »Bürohund« als Teammitglied in der Verwaltung von Marzahn-Hellersdorf, einen »Motivationskollegen« der Mitarbeiter. Da kann man nur sagen: Wow! Oder Wuff. Der betroffene Terriermischling äußerte sich in der Radiosendung artgemäß lediglich mit Schnüffeln am Mikrofon. Herz mit Schnauze, da haben wir es doch wieder!

Der Büro-Bello darf als am Wahldebakel unschuldig gelten. Bissige Kommentare brachte es der deutschen Hauptstadt aber zuhauf ein. Es war in zahlreichen Wahllokalen zu Unregelmäßigkeiten gekommen, Wahlzettel fehlten, oder es lagen die falschen aus, die Lokale waren entweder zur Unzeit geschlossen oder zu lange geöffnet gewesen. Bundeswahlleiter Georg Thiel bewertete die erbärmliche Bestattung des Wählerwillens bei den Berliner Urnengängen vor dem Wahlprüfungsausschuss des Bundestags mit den Worten: »Hier scheint mir ein komplettes systematisches Versagen der Wahlorganisation vorzuliegen.« Die Landeswahlleitung habe immer gesagt: »Alles gut vorbereitet«, berichtete er aus der Rückkopplung mit den Organisatoren.

»Allet jut« – nach dieser Devise flunkern sich die Berliner Verwaltungsspitzen seit Jahrzehnten durch. »Die bürokratische Entsprechung des Niemandslands« nannte der *Spiegel-Online*-Kolumnist Sascha Lobo ihre verantwortungsscheue Attitüde in einer ironischen »Liebeserklärung an den ›failed state‹ Berlin.« Als es im Mai 2020 nahezu unmöglich wurde, in der Hauptstadt zügig ein Auto an- oder umzumelden, teilte die zuständige Staatssekretärin in der Senatsverwaltung für Inneres, Sabine Smentek, mit, es habe zunächst einige Corona-Einschränkungen gegeben, die durchschnittliche Wartezeit sei dann aber auf fünf Tage gesunken. Allet jut? Nur im Paralleluniversum der Frau Smentek. Ihre Angabe bezog sich lediglich auf die Wartezeit für die behördliche Entgegennahme der Anmeldeunterlagen. Auf die tatsächliche Zulassung konnte man wochenlang warten.

Die Zulassungsstelle war derweil damit beschäftigt, sich in eine virussichere Festung zu verwandeln. Über ihre Aktivitäten gab sie bekannt: »Im Augenblick prüft die Zulassungsbehörde, wie sie schrittweise – unter Beachtung der bekannten Kontaktvorschriften – zu einem Normalbetrieb zurückkehren kann. Hierbei sind neben den personellen Voraussetzungen zum Teil auch bauliche (Schutz-)Maßnahmen erforderlich.«

Die Zulassungsstelle machte nur zwei Tage lang komplett zu, »umbaubedingt«. Andere Berliner Ämter gingen nach dem Abflauen der Pandemie gleich wochenlang auf Tauchstation. Der Rundfunk Berlin Brandenburg (RBB) schreckte die Bürger mit der Nachricht auf: »Bürgerämter fahren wegen Wiederholungswahl Leistungen herunter.« Erboster Bürger-Kommentar in den Online-Reaktionen auf den Bericht: »Man kann nicht etwas ›runterfahren‹, was noch nie oben war.«

Besonders düster sah es dem Bericht zufolge im Amt »Helle Mitte« des Bezirks Marzahn-Hellersdorf aus: von Mitte November bis Mitte Februar geschlossen. Auch Reinickendorf-Ost, Neu-Hohenschönhausen und Kladow machten zeitweise zu, komplett mit schrittweisen Vorbereitungen für die neu angesetzte Wahl zum Berliner Abgeordnetenhaus ausgelastet.

Landeswahlleiter Stephan Bröchler stimmte derweil sicherheitshalber auf die Unvermeidbarkeit neuer Fehlschläge ein: »Es gibt keine hundertprozentig reibungslosen Wahlen – weder im Bund noch in den Bundesländern.« Und siehe da: Auch in der zweiten Runde der Wahl blieb die eine oder andere Berliner Stimme hier oder da liegen. Man fand sie aber wieder, Spür-Bürohunde waren dafür nicht nötig.

Im Wahllokal von SPD-Spitzenkandidatin Franziska Giffey wurde in letzter Minute eine symbolträchtige Peinlichkeit vermieden: Als Wahlurne war dort ursprünglich eine Mülltonne vorgesehen. Wählerstimmen für die Tonne – solche Dickfelligkeit macht der Stadt mit dem Bären im Wappen so schnell keiner nach. Wegen Meister Petz als Stadtsymbol hat Berlin möglicherweise auch seinen »Klimabürger:innenrat« eingerichtet – schließlich geht es auch um die Rettung der Eisbären. Die Notwendigkeit dieses Rats ergibt sich aber schon daraus, dass das zwischenmenschliche Klima in Berlin traditionell etwas rau ist.

Wohl kaum zuvor gab es eine angemessenere Städtepartnerschaft als jene, die Berlin und die belgische Hauptstadt Brüssel verbindet, dieses ebenso dysfunktionale Konglomerat aus kommunalem Zuständigkeitswirrwarr, gescheiterter Einwanderungspolitik mit Ghettobildung sowie vernachlässigtem Stadtbild. Berlin sticht durch seine schlecht geratene Mischung aus überzogenem Selbstanspruch, auch ansonsten großer Fresse und Gesundbeterei einer dilettierenden politischen Führung unter anderen Metropolen mit arttypischen Problemen besonders unangenehm hervor: als Fiesitenkarte der Nation.

In der Stadt konnte sich ein unbelehrbar erscheinendes Machtkartell einnisten. Die SPD führte mehr als zwanzig Jahre lang die Stadtregierung, überwiegend in Koalitionen mit den Grünen und mit der Linken, deren Wurzeln bis zur

Mauerbauer-Partei SED zurückreichen. Nach der Wiederholungswahl sah sich eine rechnerische rot-rot-grüne »progressive Mehrheit« unter der Kandidatin Giffey wider aller Wahl-Logik zunächst als »Fortschrittskoalition« bestätigt.

Giffey musste dann aber doch einsehen, dass die hohen Gewinne der CDU nicht zu ignorieren waren. Sie ging, nur knapp mehrheitlich von der SPD-Basis gestützt, ein Regierungsbündnis mit den Christdemokraten ein. Dessen Start war denkbar schlecht und ließ das Gespenst einer nicht regierbaren Stadt entstehen: Der CDU-Kandidat für das Amt des Regierenden Bürgermeisters, Kai Wegner, brauchte drei Wahlgänge im Berliner Abgeordnetenhaus, bis er es ins Amt schaffte. Das neue CDU/SPD-Bündnis, das eigentlich geschlossen hinter ihm stehen sollte, machte alles andere als einen verlässlichen Eindruck.

Diese Konstellation, eine Stadtregierung unter einer Großen Koalition, tat Berlin auch schon nach dem Mauerfall nicht besonders gut. Die CDU ist an der Spree ebenso Teil komplett verkrusteter Strukturen gewesen, die sie selbst mitzuverantworten hatte. Unter früherem christdemokratischen Führungspersonal vom Typus Eberhard Diepgen und Klaus-Rüdiger Landowsky waren in der Hauptstadt erstaunliche Gaunerstücke möglich, gediehen schillernde Bauskandal-Figuren wie der so zutreffend Otto Schwanz heißende Bordellbesitzer und der Charlottenburger CDU-Baustadtrat Wolfgang Antes.

Ja, es wäre zum Schmunzeln, wenn das alles nicht so entsetzlich ernst und teuer gewesen wäre, auch der Zusammenbruch der landeseigenen Bankgesellschaft Berlin. Dieser war eine Fehlleistung unter einer Großen Koalition. Der daraus folgende Sturz der Regierung Diepgen bereitete den Weg für den Aufstieg von Klaus Wowereit. Dieser Regierende Bürgermeister der SPD blieb über die Stadtgrenzen hinaus mit seiner Einschätzung Berlins als »arm, aber sexy« erinnerlich. Der erste Teil der Aussage traf nach der Milliardenlast der Bankschulden voll zu, den zweiten kann man eigentlich nur als Anhänger von Schmuddelsex vorbehaltlos unterstreichen.

Es sind tief verwurzelte und offenbar unausrottbare Strukturen des Versagens, die es Berlin unmöglich machen, als schmucke Visitenkarte unseres Landes präsentabel zu sein. Das internationale Nachrichtenportal *Politico* prägte für den deutschen Parlaments- und Regierungssitz den Begriff »Hauptstadt der Schlampigkeit«. Anlass war unter anderem der unter Einheimischen gefürchtete »Schienenersatzverkehr«, eine Geißel, die unerklärlich und aus dem Nichts zuschlagen kann, wenn Polizei- und Notarzteinsätze oder auch ausgefallene Triebwagen den Berliner S- und U-Bahn-Verkehr lahmlegen. Doch auch mit Vorankündigung verliert diese periodische Heimsuchung nichts von ihrem Schrecken. Der normale Zugverkehr auf einer der U-Bahn-Lebensadern der Stadt, der U2, blieb 2022/23 monatelang eingeschränkt oder unterbrochen. Grund war unter anderem ein Bauprojekt, das den U-Bahnhof Alexanderplatz absacken ließ.

Die Partei der Senatorin für »Mobilität«, der Grünen-Spitzenkandidatin Bettina Jarasch, konzentrierte ihre Tatkraft zur gleichen Zeit auf einen zähen Glaubenskampf um einige hundert Meter Friedrichstraße, die trotz des Widerstands des Einzelhandels dort partout in eine Fußgängerzone umgewandelt werden sollten.

Auch weniger folgenschwere Tölpeleien machen Berlin zum Gespött der Nation und darüber hinaus. Wie zum Beispiel im November 2022, als die Aufstellung einer 22 Meter hohen Tanne für den Weihnachtsmarkt an der Gedächtniskirche zunächst daran scheiterte, dass sich der Baum, auf einem Tieflader liegend, als zu sperrig für den Transport auf der ursprünglich gewählten Route durch den Autobahntunnel Berlin-Britz erwies.

Die Nachrichtenagentur *dpa* lieferte dazu den historischen Hintergrund: Schon früher hätten Weihnachtsbäume für den Breitscheidplatz Probleme bereitet. Mal seien sie zu schwer, dann wieder zu lang gewesen, einmal auch beim Transport zerbrochen. Und: »Im Jahr 2000 war eine Fichte aus Bayern so mickrig, dass sie an Elefanten im Zoo verfüttert und ›bayerische Provokation‹ getauft wurde.«

In der bayerischen Landeshauptstadt München, so heißt es, gehe es mit der Bewilligung von Bauanträgen doppelt so schnell voran wie in Berlin. Es bleibt nicht nur deshalb recht unverständlich, warum die Regierende Bürgermeisterin Franziska Giffey in der Adventszeit 2022 behauptete, anderswo in Deutschland gebe es Hinweise auf »Neid« auf die Hauptstadt. CSU-Generalsekretär Martin Huber schickte die Replik: »Mitleid wäre angebracht.« Giffey hatte zuvor mit einem Berliner Wirtschaftswachstum von 3,7 Prozent im ersten Halbjahr geprahlt, das von Bayern habe hingegen minus 0,8 Prozent betragen.

Im Wiederholungswahlkampf 2023 plakatierte die SPD eine Regierende Bürgermeisterin, die sich offenbar zu später Stunde noch im Schein ihrer Schreibtischlampe der Bearbeitung von Regierungsunterlagen widmete. Alles Dankesschreiben für den Aufschwung? Während Giffey posierte, widmete sich Ralf Kleindiek, Staatssekretär und »Chief Digital Officer« in der Berliner Senatsverwaltung für Inneres, der sportlichen Aufgabe der Ausmistung des Behördenwirrwarrs – wenn er nicht gerade von der Erfassung der Zahl der Faxgeräte in der Berliner Verwaltung abgelenkt wurde. Die erfragte die FDP im Abgeordnetenhaus im Januar 2023 von ihm. Es waren 5333; das Bezirksamt Tempelhof-Schöneberg ließ wissen, die Technologie aus dem nicht allzu späten 20. Jahrhundert finde Verwendung, »wenn Kommunikation per Mail nicht möglich oder untunlich« sei.

Im Prinzip oblag es Kleindiek, eine überfällige Verwaltungsreform anzuschieben, die der Senat beschlossen hatte. Die vorerst letzte hatte 2001 aus 23 Bezirken zwölf gemacht. Mehr Übersichtlichkeit schuf dies nur auf dem Berliner Stadtplan. Nun aber sollte entstehen, was nicht nur CDU-Chef Merz sich wünschte, sondern auch viele Berliner: eine funktionierende Stadt. Der Ansatz für diese Großtat umfasste eine schiere Selbstverständlichkeit: enge und gute Zusammenarbeit auf allen Verwaltungsebenen. Es müsse »klar sein, wer was zu tun hat und wer die Verantwortung für das Ergebnis trägt«, so Kleindiek.

Das heutige Berlin ist ein schwieriges Verwaltungs-Konglomerat, das seit rund hundert Jahren besteht. 1920 schuf das »Groß-Berlin-Gesetz« mit zahlreichen Eingemeindungen den heutigen Stadtraum und machte ihn zu einer europäischen Metropole. Seitdem besteht auch die unklare Aufgabenverteilung der sogenannten »zweistufigen Verwaltung«. Anders gesagt: Die Berliner Verwaltungsmisere besteht zu einem beträchtlichen Teil daraus, dass sich Senat und Bezirke, auch die Bezirke untereinander, ständig in die Quere kommen. Zuständigkeiten sind unklar verteilt. Bezirksbürgermeister können ihren Stadträten keine Weisungen erteilen, der Senat den Bezirken auch nicht unbedingt.

Für eine Berliner »Schulbauoffensive« war laut Bildungssenatorin Astrid-Sabine Busse (SPD) 2022 folgender Abstimmungsprozess nötig: »Hierzu wurde im Rahmen der Steuergruppe der Taskforce eine Arbeitsgruppe eingerichtet, die in einem zweistufigen Prozess unter externer Moderation eine Optimierung der bestehenden Struktur erarbeitet und hierzu Beschlüsse der Taskforce und des Rats der Bürgermeister herbeiführt.« Alles klar? Allet jut? Is' mir egal. Den Berliner *Tagesspiegel* mutete das beschriebene Verfahren an, »als wäre Kafka Unternehmensberater«.

Effektivität und Effizienz waren auch schon nach dem Zweiten Weltkrieg keine Berliner Kernkompetenzen. Zu Mauerzeiten wurde die Knete vom Bund in eine eigentlich nicht lebensfähige Stadt mit Insellage gepumpt – wo immer man in West-Berlin stand, in jeder Himmelsrichtung traf man irgendwann auf Osten. Die ungenügende Bewegungsfreiheit, die auch zu geistiger Immobilität führte, versüßten die Berlin-Zulage für Arbeitnehmer und zahlreiche andere Subventionen. Die Stadtverwaltung – egal von wem gesteuert; CDU-geführte Senate lieferten sich mit SPD-dominierten Stadtregierungen einen Unfähigkeits- und Skandalwettbewerb – konnte gar nicht kaputtgehen, so sehr sie sich auch darum bemühte.

Mit der Wiedervereinigung versiegte der Geldregen wie nach der Berlin-Blockade die Bonbon-Abwürfe aus den Rosinenbombern. Die frühere West-Berliner Verwaltung musste sparen, und siehe da – sie konnte doch kaputtgehen! *Spiegel*-Kolumnist Lobo, gebürtiger Berliner, fügt eine wesentliche Beobachtung über »Berlin – Hauptstadt der DDR« hinzu: »In Ost-Berlin sah es auf völlig andere Weise ähnlich aus, denn Ost-Berlin war eine unproduktive Bürokratenstadt mit Aberhunderttausenden Verwaltungs- und Amtsmitarbeitern und im weiteren Sinn staatlich Beschäftigten.« Und wegen dieser Melange aus »Frontstadt«-Zuwendungs- und »Hauptstadt«-Befehlsempfängern sei an Spree und Havel ein ganz besonderer deutscher Versagensraum entstanden: »Deshalb ist auch quer durch alle Parteien die Berliner Landespolitik seit Jahrzehnten provinzieller, irrwitziger und bedeutungsloser als die Landespolitik aller anderen Bundesländer.«

Marcel Luthe, von 2016 bis 2021 für die FDP Mitglied des Abgeordnetenhauses von Berlin, bemerkte beim politischen Spitzenpersonal der Hauptstadt »fehlende strategische Übersicht gepaart mit einer gehörigen Portion Gleichgültigkeit«. Als bevorzugte Sportart der Berliner Polit-Größen identifizierte er »Verantwortungslosigkeitspingpong«.

Luthe führt in seinem Buch *Sanierungsfall Berlin* zahlreiche Beispiele des Verwaltungsversagens an, von »Tagen der offenen Tür« im Strafvollzug (Türmen leicht gemacht) über eine Verkehrspolitik mit dem unbedingten Willen zu Dauerbaustellen und Staus bis hin zu der Frage »Warum brennt es bei der Berliner Feuerwehr?« – die wegen Personalmangels und Überforderung immer später an ihren Einsatzorten auftaucht. Und die für Bagatellfälle in Anspruch genommen wird, ein Symptom auch der zunehmenden Unzuverlässigkeit der Notfallabdeckung durch unser bundesweit überlastetes Gesundheitssystem. Die Notaufnahmen seien vielerorts zum Ersatz für die wegbrechende Versorgung im niedergelassenen Bereich geworden, bemängelte Anfang 2023 die Deutsche Krankenhaus-Gesellschaft. Die Notarzt-Hotline der Kassenärztlichen Vereinigungen spiele »praktisch keine Rolle«. Kurz zuvor hatte der Deutsche Berufsverband Rettungsdienst über diesen Notdienst in Schleswig-Holstein geurteilt, er sei »zu häufig telefonisch nicht oder nur verzögert erreichbar«. Dies führe »zu einer Verschiebung von Hilfeersuchen an Rettungsdienste und Notfallaufnahmen«.

Die *Welt am Sonntag* zitierte den CDU-Politiker Alexander Herrmann aus Berlin-Marzahn im Dezember 2022 mit der Zustandsbeschreibung: »Zu jedem Notruf mit eingerissenem Fingernagel oder mit Bauchschmerzen fährt ein Rettungswagen.« In Berlin offenbart sich also schon besonders drastisch eine Misere, die sich auch anderswo anbahnt.

Durchaus hauptstadttypischer Hintergrund der Berliner Fehlleistungen im Dienst am Bürger ist laut Luthes Analyse immer der gleiche: ein System, »das infolge mangelnder Kontrolle praktisch automatisch den Zweck seines Daseins vergessen hat und vor allem noch der Selbsterhaltung dient«. Und das ist kein rein Berliner Phänomen, sondern kennzeichnet in unterschiedlichen Ausprägungen große Teile der gesamten deutschen Verwaltungskultur.

Köln, wo die regierenden Jecken 2022 zum Sessionsauftakt nicht mal in der Lage waren, den geheiligten Karneval in ähnlich gute organisatorische Bahnen zu lenken wie im gehassten Düsseldorf, folgt Berlin in puncto Unfähigkeit auf dem Fuße. Einem Städteranking von IW Consult im Auftrag des Internetportals Immoscout24 und der *WirtschaftsWoche* konnte man im November 2022 entnehmen, beiden Städten sei eine teils dysfunktionale Verwaltung gemeinsam.

An dieser Stelle sollte fairerweise darauf hingewiesen werden, dass es durchaus möglich ist, in Berliner Bürgerämtern auch kurzfristig Termine etwa für die Verlängerung eines Reisepasses zu ergattern. Die Stadt tut nur alles, den gegenteiligen Eindruck zu erwecken – mit einer Termin-App, die Buchungen regelmäßig als unmöglich auswirft und Berlin so ständig Versagens-Schlagzeilen beschert. Doch wer dann die magische Bürgernummer 115 anruft, mag zwar lange warten, bis jemand rangeht, kann aber mitunter noch für denselben Tag einen Termin vereinbaren. 20 Prozent aller zuvor verabredeten Vorsprachen nehmen die Antragsteller nämlich gar nicht wahr.

Ist Berlin noch zu retten? Die Berliner selbst sind da nicht sehr optimistisch – kein Wunder, denn sie kennen ihre Stadt am besten. Laut einer Analyse, die die CDU-nahe Konrad-Adenauer-Stiftung nach der Wiederholungswahl veröffentlichte, vertrauen nur 23 Prozent von ihnen ihrer öffentlichen Verwaltung; 76 Prozent sehen ihre Stadt schlecht auf die Zukunft vorbereitet. Grundlage der niederschmetternden Bestandsaufnahme waren Umfragen von Infratest Dimap und der Forschungsgruppe Wahlen.

Achselzucken ist eine traditionelle einheimische Reaktion auf die »Berliner Krankheit«. In der Stadt galt es laut CDU-Politiker Liecke »jahrzehntelang als spießig und reaktionär, die Einhaltung der von uns selbst gegebenen Regeln einzufordern«. Augenzwinkernd über Regelverstöße hinwegzusehen, sei als »Ausweis besonderer Weltoffenheit und Toleranz« missverstanden worden.

Ende Januar 2023 entzündete sich rund um den Plan der Eröffnung einer neuen Polizeiwache am Kreuzberger Brennpunkt Kottbusser Tor, einem besonders schmierigen Stück Berlin, eine Debatte. Eine dort tätige Sozialarbeiterin wurde in Medienberichten zitiert: »Alle wollen mehr Sicherheit, aber nicht auf *dem* Weg.« Und »von oben herab schon mal gar nicht«. Woher denn sonst, fragt man sich, wenn man vom Staat, der Obrigkeit, Schutz erwartet. Ein Mitarbeiter eines Döner-Imbisses am »Kotti« kleidete seine Befürwortung der Polizei-Präsenz in die Worte: »Das funktioniert für alle gut, die nicht für Drogen hier sind.«

Also – was fangen wir nun an mit Berlin? Sollen wir es achselzuckend aufgeben, im eigenen Sumpf versinken lassen? Oder unter Kuratel stellen, wie es der frühere *Bild*-Zeitungsmann Nikolaus Blome in einer Kolumne für *Spiegel-Online* vorschlug? Er wünschte sich vor dem Termin der Wiederholungswahl vom 12. Februar 2023: »Soll McKinsey, die Heilsarmee oder ein Bundeskommissar übernehmen, aber nicht noch einmal diese Trümmercombo aus SPD, Grüne und Linkspartei. Und bitte auch nicht CDU oder FDP, die immer noch so westberlinerisch reden, ticken, dealen, als wäre die Mauer nie gefallen.«

Es wurde dann eine CDU/SPD-Koalition, auf deren Bestand nur Waghalsige nach ihrem Start hohe Wetten abgeschlossen hätten. Die Koalitionsvereinbarung enthielt neben viel Wortgeklingel (»weltoffene Metropole«, »Stadt der Vielfalt«, »Regenbogenhauptstadt«) einen Satz, den man auch als Drohung verstehen könnte: »Berlin bleibt Berlin.«

KAPITEL 14

Sanfte Ruhe auf dem Stempelkissen statt Digitalisierung

Im Herbst 2022 tauchte ich mit meinem ziemlich antiken »Bonusheft – Nachweis von Zahngesundheitsuntersuchungen – für die Versicherten der Gesetzlichen Krankenkassen« bei meinem Zahnarzt auf. Sie wissen schon – dieses kleine Faltblatt, das man nirgendwo richtig abheften kann, schnell mal verlegt und das von der Haptik her an den früheren Führerschein erinnert, den »grauen Lappen«.

Man braucht das Bonus-Ding, damit die Kasse einem die Zuschüsse zu aufwendigeren dentistischen Reparaturmaßnahmen nicht kürzt. Es soll Aufschluss darüber geben, dass man sein Gebiss nicht verkommen lässt. Interessanterweise zahlt meine Kasse keinen Cent für Prophylaxe-Leistungen wie regelmäßige professionelle Zahnreinigung. Aber darum geht es mir hier nicht.

Die Erstausgabe meines »Bonushefts« stammt vom August 1991; der Wisch hat sich seitdem in keiner Weise verändert, offenbar handelt es sich um ein Erfolgsmodell von zeitlosem Design. Ob ihr das Dokument nicht irgendwie auch ein bisschen aus der Zeit gefallen scheine, fragte ich die Zahnarztmitarbeiterin am Empfang. Sie verdrehte die Augen, griff nach einem beeindruckend großen Stempel, setzte ihn zielsicher an und verpasste dem Nachweisfeld für meinen diesjährigen

Zahnarztbesuch den erforderlichen Aufdruck. »Ich komme mir vor wie bei der Post«, sagte sie dazu.

Der Sozialverband VdK Deutschland hat eine Erklärung dafür, warum das Heftchen immer noch im Umlauf ist: Es diene nur dazu, »Versicherte, die nicht so gut in Bürokratie sind, von der Leistung auszuschließen«. Denn den Krankenkassen lägen die Abrechnungsdaten der Kassenzahnärztlichen Vereinigungen ja vor, sie könnten diese also digital auswerten und selbst prüfen, ob die Vorsorgeuntersuchungen in Anspruch genommen worden seien.

Elektronisches Rezept, elektronische Patientenakte – davon haben Sie vielleicht schon mal gehört, möglicherweise aber auch nicht. »Bislang war das Grundproblem der elektronischen Patientenakte, dass niemand von ihr wusste und die Anwendung viel zu kompliziert war«, kritisierte Bayerns Gesundheitsminister Klaus Holetschek. Das war im März 2023.

Als Journalist befasste ich mich etwa zwanzig Jahre zuvor erstmals mit den Plänen für diese Akte. Ich sehe ein, dass es eine Mammutaufgabe ist, einen umfassenden Online-Datenverbund zwischen mehr als 70 Millionen gesetzlich Versicherten, rund 400 000 Ärzten, fast 1900 Krankenhäusern, 18 000 Apotheken und etwa hundert gesetzlichen Krankenkassen zu schaffen.

Aber ich laufe immer noch mit diesem rosa Zettel in die Apotheke, auf dem der Arzt manchmal die falschen Kästchen ankreuzt. Oder komme mit Arztbriefen von Spezialuntersuchungen zurück, die ich dem behandelnden Arzt vorlege. Mein Hausarzt benutzt immer noch ein Faxgerät, um Belege an die Krankenkassen weiterzuleiten. Seine Praxismitarbeiter vergeuden Zeit mit der Recherche zum Auftreiben des Abrechnungsformulars für die Behandlung eines eingewachsenen Zehnagels.

2018 bescheinigte eine Studie im Auftrag der Bertelsmann Stiftung der Bundesrepublik, sie hinke bei der Digitalisierung des Gesundheitswesens im internationalen Vergleich deutlich hinterher. Von siebzehn untersuchten Ländern lag unseres auf Platz 16. Die Politik müsse »entschlossener handeln als in der Vergangenheit und eine Führungsrolle übernehmen«, lautete die daraus resultierende Aufforderung.

2019 wollte Bundesgesundheitsminister Jens Spahn das mit einem »Gesetz für eine bessere Versorgung durch Digitalisierung und Innovation« tun. Große Dinge sollten sich da anbahnen: »Patientinnen und Patienten sollen digitale Angebote wie die elektronische Patientenakte möglichst bald flächendeckend nutzen können«, versprach der Minister ebenso wie »weniger Zettelwirtschaft«. Doch der »E-Health«-Monitor der Unternehmensberatung McKinsey sah Deutschland im November 2022 immer noch als Nachzügler – weniger als ein Prozent der gesetzlich Versicherten waren im Besitz einer elektronischen Patientenakte; bis Anfang November 2022 waren rund 550 000 E-Rezepte verschickt, laut McKinsey »eine relativ geringe Zahl, wenn man sie mit der Gesamtzahl der Rezepte von circa 760 Millionen pro Jahr vergleicht«.

»Der Weg zur digitalen Akte ist noch holprig und fordert viel Geduld«, urteilte die Stiftung Warentest 2022. Die hatte man im Bundesgesundheitsministerium lange an den Tag gelegt. Als es mit der Digi-Akte 2019 unter Spahn endlich losgehen sollte, waren die gesetzlichen Grundlagen dafür teilweise mehr als fünfzehn Jahre alt. Anfang März 2023 kündigte sein Nachfolger Karl Lauterbach zwei Dinge an. Erstens: Die elektronische Patientenakte wird bis Ende 2024 für alle verbindlich, die nicht ausdrücklich widersprechen. Zweitens: Bis 2025 sollen 80 Prozent der gesetzlich Versicherten über eine solche Akte verfügen. Der Minister setzte damit eine ziemlich ambitionierte Zielmarke für ein Projekt, das er auch schon mal als »Illusion« bezeichnet hatte. Auch das E-Rezept sollte laut Gesundheitsministerium schon zum 1. Januar 2024 verbindlicher Standard in der Arzneimittelversorgung werden. Prof. Dr. Lauterbach – der Wunderheiler.

Wie schwierig Digitalisierung in Deutschland ist, führte auch die Bundesagentur für Arbeit mit ihrem jahrelangen und kostspieligen Gewurstel rund um einen »Virtuellen Arbeitsmarkt« vor Augen. Mehrere Überarbeitungen und Kostenneuberechnungen der 2003 gestarteten elektronischen Jobbörse waren nötig; immer wieder machte die an ihrer digitalen Kompetenz bastelnde Agentur mit Datenlecks ihrer Onlineangebote Schlagzeilen. Im April 2023 teilte sie potenziell Betroffenen mit, »dass es durch einen technischen Fehler bei der Weiterentwicklung des Portals www.arbeitsagentur.de in bestimmten Konstellationen zu einer unbefugten Offenlegung personenbezogener Daten gekommen ist«. Jenseits davon kann es Arbeitslosen immer noch passieren, dass die BA ihnen hoffnungslos veraltete Jobangebote zuleitet.

Es reicht auch nicht, wenn Behörden Leistungsanträge einfach nur 1:1 digitalisieren. Man muss sie vor allem vereinfachen, verständlicher und übersichtlicher machen. Und die berüchtigten »Medienbrüche« abschaffen. Die bestehen daraus, dass man ein Formular am Computer ausfüllt, es dann aber eigenhändig unterzeichnen muss. Man muss es also ausdrucken, unterschreiben, scannen und erneut hochladen.

In deutschen Ämtern soll es durchaus vorkommen, dass man ihnen einen Antrag zwar digital zusendet, er dort dann aber wieder ausgedruckt und nach alter Väter Ärmelschonersitte erst mal wieder analog bearbeitet wird: weil er händisch in eine behördeninterne Verwaltungs-Software zu übertragen ist. Während alle Welt über Künstliche Intelligenz debattiert, trifft der deutsche Bürger im Kontakt mit denen, die ihn verwalten, auf alltäglichen Irrsinn.

Zurück zur körperlichen Gesundheit: Hier noch mal Corona, schon wieder, ich weiß. Aber da diverse Ämter die Pandemie mindestens zwei Jahre lang immer wieder als neue lahme Entschuldigung für alten lahmen Service anführten, fühle ich mich berechtigt, auch immer wieder darauf zurückzukommen. Datenübermittlung mit Fax-Dinos, schulischer Fernunterricht mit abstürzenden Lernplattformen: Die Corona-Pandemie offenbarte schmerzhaft, dass Deutschland vom Idealbild eines digital leistungsfähigen Staates noch immer viel zu weit entfernt ist, trotz Initiativen wie des »Digitalpakts Schule« oder des »Onlinezugangsgesetzes« (OZG), das Verwaltungsdienstleistungen per Internet zugänglich machen sollte – und weit hinter Plan blieb. Der Hauptgeschäftsführer des Deutschen Städte- und Gemeindebunds, Gerd Landsberg, warnte 2022 in verschiedenen Foren und Interviews davor, dass der Staat sich mit dem OZG wegen falscher Prioritätensetzung zu viel vorgenommen habe.

Einen Bericht über den Fortgang der Ämterdigitalisierung nach OZG überschrieb der Online-Auftritt der ARD-»Tagesschau« im August 2022 mit: »Das große Schulterzucken«. Vier Monate später, die Frist für die Verwirklichung des Gesetzes war kurz vor dem Ablaufen, war daraus laut *Bild-Online* bereits »Deutschlands Digital-Debakel« geworden. Hintergrund war der gerade veröffentlichte Jahresbericht des Nationalen Normenkontrollrats. Eine seiner Kernbotschaften lautete: Erst 33 von 575 im OZG vorgesehenen Verwaltungsleistungs-Paketen seien flächendeckend digital verfügbar. Der Rat legte im Februar 2023 mit Kritik nach: Es sei nicht gelungen, die Ziele des Gesetzes auch nur ansatzweise zu erreichen. Es folgte die Warnung: »Eine unzureichende Verwaltungsdigitalisierung führt zu fortschreitendem Vertrauensverlust in den Modernisierungswillen und die Handlungsfähigkeit von Verwaltung und Politik.« In seinem Jahresbericht hatte der Rat daher schon empfohlen: »Das von Vielen geforderte OZG-Nachfolgegesetz muss die bisher und sehr schmerzlich gewonnenen Erfahrungen ehrlich analysieren.«

Die Schmerztherapie der Bundesregierung bestand daraus, dass im Innenministerium ein Referentenentwurf entstand, dessen Formulierungen man sich nicht lange auf der Zunge zergehen lassen muss, damit sie einen faden Nachgeschmack hinterlassen: »Die Umsetzung des OZG hat die Weichen für eine moderne Verwaltung gestellt. Es handelt sich um das bis dato größte Modernisierungsprojekt der Verwaltung. Doch trotz erkennbarer Erfolge bleiben der Digitalisierungsgrad und die Zufriedenheit mit der Verwaltung hinter den Erwartungen der Bevölkerung und der Wirtschaft zurück.«

Was macht man da, wenn man so beim Versagen erwischt wird? Ganz klar: die Erwartungen runterschrauben. »Der Gesetzentwurf sieht folgende Maßnahmen vor: Streichung OZG-Umsetzungsfrist zugunsten einer noch zu regelnden Schwerpunktsetzung und begleitenden Evaluierung«, hieß es im Entwurf. Fristen, die man nicht einhalten kann, kassiert man also einfach, der Rest wird in Arbeitsgruppen und Expertenkommissionen entsorgt, die sowieso kein Gehör finden. Es wurde nicht mal mit der Schulter gezuckt, man kehrte dem Bürger gleich den Rücken zu. Ohne Frist kein Verzug, ohne Verzug kein Versäumnis.

Diese Kaltschnäuzigkeit brachte den Normenkontrollrat erst recht in Harnisch: »Anstatt Umsetzungsfristen zu streichen, bedarf es eines klaren gesetzlichen Auftrages, was durch Bund, Länder und Kommunen bis wann zu realisieren ist.« Seine Beschreibung der bisher geleisteten staatlichen Digitalisierung erweckte den Eindruck völliger Kopflosigkeit. Es sei bislang einfach drauflos digitalisiert worden. Unzählige Akteure auf allen Verwaltungsebenen seien »bei der Beschaffung standardkonformer OZG-Software regelmäßig überfordert«. Länder und Kommunen hätten »keinen Überblick, welche Lösungen wann, in welcher Form und zu welchen Konditionen kommen und inwiefern diese mit den Erfordernissen vor Ort kompatibel sind. Wer nicht warten möchte, fängt selbst an zu programmieren. Neue Inkompatibilitäten sind die Folge.«

Noch geht zu vieles seinen gewohnten hochoffiziellen Gang mit Papierdokumenten, »Nassunterschrift« und Stempel. Vor allem die haben es unserem Staat so angetan, dass er gern Stempeldruck macht. Der Verband der Familienunternehmer hat beobachtet: Auf praktisch allen Formularen, die Unternehmen so ausfüllen müssen, gibt es ein Feld für einen Stempel. »Dieser wird auch, faktisch, erwartet – denn stempelt man nicht, kommen Rückfragen. Das Ironische ist, dass es keine Verpflichtung gibt, einen Stempel zu besitzen – von der mangelhaften Legitimation, die er bringt (keine) mal abgesehen. Er ist sowohl bürokratisch als auch sinnbildlich ein Stück, das Digitalisierung verhindert. Er ist ein Symbol für die Arbeitsweise des vergangenen Jahrtausends.«

Dies sind für den Bürger auch die ständig zu wiederholenden Informationen zu Alter, Geburts- und Wohnort, Personenstand (»Angaben in Druckbuchstaben«!); der archivarischen Suche im Keller nach der von Anbeginn der eigenen Tage zu bewahrenden Geburtsurkunde. All das staubt und ärgert, macht oft auch mutlos.

Im Todesfall nächster Angehöriger beginnen mitten in der ersten Trauer nie geahnte Auseinandersetzungen mit Ämtern und nachgelagerten Institutionen, die alle immer wieder dasselbe wollen: Beweis der persönlichen Legitimation als

Hinterbliebener, Bescheinigungen, Todes- und Erbscheine, natürlich im Original, womöglich auf eigene Kosten zu beglaubigen, Rücksendung vom Amt wird in Rechnung gestellt. Es fehlt nur noch eine Ermächtigung des Verstorbenen zum eigenen Ableben, möchte man zynisch fantasieren.

Den Grund für digitale Rückstände vor allem in der deutschen Verwaltung – die Wirtschaft startete im Gegensatz zu ihr mit Konzepten wie »Industrie 4.0« eine Aufholjagd nach einer »verlorenen ersten Halbzeit« – sehen die Digitalexperten Hartwig von Saß und Henrik Tesch in einer »Mischung aus organisierter Verantwortungsdiffusion des Föderalismus, arroganter Schläfrigkeit einer Nation sowie einer ausgeprägten Innovationsfeindlichkeit«.

In ihrem Buch *Corona – Deutschlands digitales Desaster* geraten schlecht ausgestattete und heillos überforderte Gesundheitsämter zum Symbol für eine staatliche Behördenkultur, die zu lange an überalterter Technik festhielt. Über die Kontaktverfolgung Corona-Infizierter durch die Ämter vermerken die Autoren: »Die wesentlichen Arbeitswerkzeuge waren Telefon, Papier und Stifte, manchmal wenigstens in unterschiedlichen Farben.« Saß und Tesch betonen die Notwendigkeit, die Bundesrepublik aus den analogen Modellen der Vergangenheit zu lösen: »Nur in einem digital modernen Land lässt sich der Wohlstand erhalten, der sich in Deutschland bislang vor allem auf Technologien von gestern stützt.«

Die Stiftung Marktwirtschaft spricht von einem »unbefriedigenden analogen Ist-Zustand des deutschen Staatswesens« auch nach allen politischen Beschwörungen »blühender digitaler Landschaften«. Das Problem reicht über die Verwaltung hinaus. Den Spitzenplatz, den die Deutschen in Maschinen- und Autobau einst erklommen, haben sie in der

Informations- und Kommunikationstechnologie nie erreicht. In Digitalisierungs-Ranglisten kommen sie regelmäßig nicht über Mittelmaß hinaus. Skandinavier und Esten führen im EU-Vergleich.

Weltweit betrachtet bleibt die Bundesrepublik – wo das Fraunhofer-Institut einst den MP3-Standard entwickelte, Voraussetzung für den Aufstieg von iPod und Konsorten sowie letztlich auch all der erfolgreichen Musik-Streamingdienste – wohlwollend betrachtet in den digitalen Startlöchern. Allzu oft sind es Funklöcher. Bei der Glasfaserabdeckung liegt unser Land weit hinten, wir leben halt noch in der Kupferzeit. Nur die Hälfte aller deutschen Schulen konnte laut einer Studie der Georg-August-Universität Göttingen ihren Schülern Anfang 2021 einen WLAN-Zugang gewähren.

Ländliche Gebiete Deutschlands unterscheiden sich von den Wäldern der rumänischen Karpaten, durch die ich bisweilen wandere, durch vieles. Unter anderem dadurch, dass in Siebenbürgens Forsten mobiler Datenfunk möglich ist. Ich gebe zu, dass mir in Transsilvaniens dunklem Tann selten der Sinn danach steht, mich ins weltweite Netz einzuklinken – es wäre dort aber möglich. Schwieriger wird es, wenn ich in einem Schrebergarten in Sacrow zwischen Berlin und Potsdam versuche, mein Smartphone auch nur zum Telefonieren zu benutzen. Das Setzen eines individuellen Hotspots, in den ich mein Chromebook einbinden könnte, ist dort gänzlich unmöglich. Eine Bundesforschungsministerin namens Anja Karliczek (CDU) war mal der Meinung, der Mobilfunkstandard 5G sei in Deutschland »nicht an jeder Milchkanne notwendig«. Offenbar auch nicht an jeder Regentonne.

Sacrow ist auch deshalb ein Ort der Ruhe, aber nun nicht gerade Wildnis. Es ist noch nicht mal »ländlicher Raum«, würde ich sagen. Für kleine und mittlere Betriebe in den Regionen Deutschlands, für die dieser Begriff wirklich zutrifft, wären schnelle und stabile Internetverbindungen »Neuland«, das sie gern betreten würden – ein Jahrzehnt nach dem vielbespöttelten Ausspruch von Bundeskanzlerin Angela Merkel: »Das Internet ist für uns alle Neuland.« Zu dieser Einschätzung gelangte die Kanzlerin rund zwanzig Jahre, nachdem die ersten Privatkunden in den USA Zugang zum Worldwide Web bekommen hatten. In Deutschland steht www zu oft noch für: Wut wegen Wartezeit.

Die Inhaberin des 2018 neugeschaffenen Postens einer Beauftragten der Bundesregierung für Digitalisierung, Dorothee Bär (CSU), produzierte mehr Schlagzeilen mit einem gewagten Latex-Outfit als mit kühnen Innovationsoffensiven. Ein ebenfalls 2018 eingesetzter Digitalrat der Bundesregierung regte immerhin die bundeseigene GmbH »DigitalService4Germany« an, die digitale Lösungen für die Verwaltung entwickelt. Auf die Arbeit dieser GmbH geht zum Beispiel eine Online-Hilfe für Immobilienbesitzer zurück, die sie durch die Fährnisse der Grundsteuer-Reform 2022 steuern sollte und sich tatsächlich durch benutzerfreundliche Einfachheit auszeichnete. Die andere und bekanntere Adresse für die Grundsteuer-Erklärung, die Online-Plattform »ELSTER«, trieb hingegen so manchen meldepflichtigen Immobilienbesitzer in die Verzweiflung.

Zur technologischen Bürgerferne des deutschen Fiskus fügte Bundesfinanzminister Christian Lindner (FDP) im September 2022 eine Offenbarung hinzu, die einem glatt den Atem verschlägt: Staatliche Ausgleichszahlungen für die außer Kontrolle geratenen Energiepreise könnten aus technischen Gründen nicht zügig an die Bürger überwiesen werden. Denn die Verknüpfung von Steuernummern und Kontodaten dauere nun mal. Und derzeit sei die IT der öffentlichen Verwaltung nur dazu in der Lage, 100 000 Überweisungen pro Tag zu schaffen. Komisch: Das Einfordern von Zahlungen an ihn schafft der Fiskus nach meinen Erfahrungen eigentlich meistens ziemlich flott.

Das fiel auch den Autoren des Bandes *Der Wahn mit der Bürokratie – Wie Bürokratismus unsere Gesellschaft zerstört* auf, Andreas Dripke und Hubert Nowatzki. Sie weisen auf die Pflicht für Selbstständige zur Abgabe einer E-Bilanz hin. Sie muss digital, meist mit der kostspieligen Unterstützung eines Steuerberaters, ans Finanzamt geschickt werden, das Papierbelege, etwa in Form von Rechnungen, nicht mehr akzeptiert. »Dort, wo die Digitalisierung dazu dient, den Bürger besser zu kontrollieren und gegebenenfalls mehr Geld eintreiben zu können, ist sie also durchaus vorangekommen«, lautet das bittere Fazit der beiden Bürokratie-Kritiker.

Inzwischen kann man bei gewissen Backshops selbst ein einzelnes Brötchen mit der Kreditkarte bezahlen. Für sämtliche, auch noch so kleine, Einkäufe besteht aber papierene Quittungspflicht. Die Frage »Brauchen Sie den Bon?« ist fester Bestandteil des Einkaufrituals geworden; die meist völlig ungewünschten Zettel landen im besten Fall in einem Körbchen neben der Kasse, im schlechtesten auf der Straße. Das Bäckereihandwerk fühlt sich überspült von einer »regelrechten Flut an Kassenbons, die im Müll landen«.

Aber *warum* hat unser Land so viele Schwierigkeiten mit der Digitalisierung im Dienste des Bürgers? »Einer der wichtigsten Gründe für die offenbare mentale Distanz zwischen Deutschland und der Digitalisierung dürfte die deutsche Tendenz sein, in den Dingen – anders als etwa Menschen in den USA, Japan oder China – immer zuerst die Probleme und Gefahren zu erkennen.« So beantwortet Michael Resch in seinem Buch *Digitalwüste Deutschland* diese Frage.

Professor Resch ist Direktor des Höchstleistungsrechenzentrums Stuttgart und Institutsleiter an der Universität der baden-württembergischen Landeshauptstadt. Er hält die deutsche Wirtschaft für relativ gut gerüstet, um im Digital-Zeitalter bestehen zu können. Auf Digitalisierungsgebieten wie Industrie 4.0 und dem »Internet der Dinge« könne sie gut mithalten oder sogar den Ton angeben. Jedoch stellt Resch dem staatlichen Digital-Tatendrang in Deutschland ein verheerendes Zeugnis aus. Nicht nur die Schwäbische Alb, selbst zentrale Wirtschaftsstandorte wie Stuttgart litten im internationalen Vergleich »an nicht konkurrenzfähiger Netzinfrastruktur«. Es komme daher zum »Turnschuhtransfer von Daten – bei dem Mitarbeitende im Taxi oder Dienstwagen Daten auf Festplatten transportieren, weil das schneller geht, als sie per Internet zu schicken«.

Der Supercomputer-Experte aus Graz würdigt die Leistungen des deutschen Computer-Pioniers Konrad Zuse: »Mit seiner Maschine Z3 baute er bereits 1941 den ersten funktionstüchtigen Computer der Welt, der Technologiekonzepte enthielt, die noch heute von modernen Computern genutzt werden.« Doch habe der Vorreiter nach seiner Tüftelei in Berlin-Kreuzberg »ein typisch deutsches Schicksal« erlitten und sei nicht als erfinderischer Schrittmacher anerkannt worden.

Deutschland, wo der Computer einst entwickelt wurde, ist Resch zufolge heute ein »Entwicklungsland«, was seinen Rückstand bei der Verbreitung schneller Internetanschlüsse angeht. Dieser eher rückständige Staat hat seinen Bürgern zwar 2022 ein »Recht auf schnelles Internet« eingeräumt. Nur: Die dafür festgeschriebenen Mindestanforderungen fielen reichlich lasch aus, sie liegen deutlich unter dem, was die EU-Kommission längst als Untergrenze für einen schnellen Netzzugriff definiert hat.

Die Kommission sieht die Bundesregierung in der digitalen Bringschuld: »Angesichts seiner Position als größte Volkswirtschaft der EU werden die Fortschritte Deutschlands bei der digitalen Transformation in den kommenden Jahren entscheidend sein, damit die EU insgesamt bis 2030 ihre Ziele für die digitale Dekade erreichen kann.« Demnächst wird der deutsche »digitale Konjunktiv« nicht mehr genügen. Mit diesem Begriff geißeln von Saß und Tesch die ständigen staatlichen Modernisierungsversprechen. Deren Erfüllung will die EU-Kommission mit neuen »zentralen Leistungsindikatoren« überprüfen. Die Mitgliedstaaten sollen nationale strategische Digital-Fahrpläne entwickeln.

Da gibt es für die Bundesregierung noch viel zu tun. Der »Index für Digitale Wirtschaft und Gesellschaft« (DESI) der Brüsseler Behörde wies 2022 für Deutschland aus: Rang 13 unter 27 EU-Staaten bei Digital-Fitness. Das deutsche Festnetz bekam gute Noten, der Schwachpunkt war vor allem die Glasfaserabdeckung. »Mit 15,4 Prozent zählt das Land zu den schwächsten Mitgliedstaaten in der EU in diesem Bereich.« Auch bestehe weiterhin eine »digitale Kluft zwischen ländlichen und städtischen Gebieten«.

Die Bundesregierung reagierte auf wiederum nur durchschnittliches Abschneiden Deutschlands beim DESI 2022 zunächst mit – Schweigen. Vollmundig trat hingegen Digitalminister Volker Wissing (FDP) im September 2022 auf, als der Deutsche Bundestag über die Digitalstrategie der Ampel-Regierung debattierte. Im üblichen Ankündigungsmodus stellte er in Aussicht: Ausstellung eines neuen Personalausweises oder Führerscheins, Wohnort-Ummeldung und Ähnliches – das alles müsse »künftig in wenigen Minuten von zu Hause aus, quasi vom Sofa, erledigbar sein«. Die letzten deutschen Funklöcher sollten laut Wissing bis 2026 verschwinden.

Bisher freilich ruht sich unsere öffentliche Verwaltung noch als »Couch-Potato« auf dem Stempelkissen aus. Seit mehr als zwei Jahrzehnten doktern wir nun daran herum, ihr digitale Beine zu machen. Sie humpelt aber höchstens durch den virtuellen Raum. Wie sagte der damalige Bundeskanzler Gerhard Schröder im Jahr 2000 so schön auf der Weltausstellung in Hannover? »Wir müssen dazu kommen, dass die Daten laufen, nicht die Bürger.« Ja, wo laufen sie denn?

KAPITEL 15

Föderalismus – der große Hemmschuh,
den sich jeder Länderfürst gern anzieht

Am deutschen Föderalismus, dem Flipper-Bumper-Kollisionsspiel zwischen Bund und Ländern, scheiden sich die Geister. Sollten Sie, werte Leserinnen und Leser zwischen Flensburg und Garmisch-Partenkirchen, der zunehmenden Zahl von Bundesbürgern angehören, denen diese altersschwache und lernunfähige Pinball-Maschine mit all ihren trickreich auslösbaren Extrabällen auf den kritischen Geist geht, so habe ich eine schlechte Nachricht für Sie: Sie, wir alle, werden den Föderalismus niemals loswerden. »Game over« ist für ihn nicht vorgesehen.

Artikel 20 des Grundgesetzes schreibt den Charakter unseres Landes als Bundesstaat fest. Diese Vorgabe steht unter dem Ewigkeitsschutz von Absatz 3 des Grundgesetzartikels 79 und ist damit ebenso sakrosankt und für immer festgeschrieben wie die Grundrechte. Man kann diese Vorschrift nie ändern.

Vor Napoleon gab es Hunderte deutscher Staaten. Manche von ihnen waren so klein, »dass man sich kaum darin umdrehen konnte« (so der britische Deutschland-Kenner Simon Winder. Ihm verdanken wir auch die hübsche Beschreibung, unter den Bedingungen der Vielstaaterei im Heiligen Römischen Reich Deutscher Nation habe Deutschland auf der

Landkarte ausgesehen, »als habe es in einer Puzzle-Fabrik eine Explosion gegeben«).

Nach Napoleon, der der Chimäre dieses »Reichs« den Todesstoß versetzt hatte, blieben im Deutschen Bund immer noch mehr als drei Dutzend Länder übrig. Unter dem Eindruck einer schwachen, wehrlosen und zersplitterten Nation stand Hoffmann von Fallersleben noch, als er 1841 auf Helgoland das »Lied der Deutschen« dichtete. Dessen Zeile »Deutschland, Deutschland über alles« sollte später unsäglich missbraucht werden. Sie richtete sich im Ursprung aber nicht gegen andere Nationen, sondern war ein Plädoyer für die deutsche Einheit. Und diese war zu Lebzeiten von von Fallersleben ein Fortschrittsversprechen.

Damals, im Vormärz, als eine Emanzipationsbewegung gegen Metternich-Restauration, Spitzel-Unwesen, Zensur und Fürsten-Anmaßung aufbegehrte, war gesamtdeutscher Patriotismus wenigstens ansatzweise progressiv, weil er ein verkommenes Regime hinwegfegen wollte. Diese Hoffnungen wurden leider nicht eingelöst, als die deutsche Einheit kam.

Das Deutsche Reich unter seinem ersten Kaiser Wilhelm I. wurde aus vier Königtümern, sechs Großherzogtümern, fünf Herzogtümern, sieben Fürstentümern, drei Freien Städten und dem nach dem Sieg über Frankreich 1870/71 annektierten Elsass-Lothringen gebildet. Die föderale Verfasstheit unseres Landes spiegelt diese mit der Reichsgründung längst nicht überwundene Kleinstaaterei in gewisser Weise immer noch wider. Sie ist ein weit zurückreichendes historisches Erbe, seit mittelalterliche Kaiser sich die Macht mit bedeutenden Regionalfürsten teilen mussten. Als der französische Aufklärer Charles-Louis de Montesquieu im 18. Jahrhundert durch deutsche Staaten reiste, prägte er für sie im Französischen den Begriff »république fédérative d'Allemagne«: Bundesrepublik Deutschland.

Hartnäckig hält sich die Legende, die West-Alliierten hätten der jungen Bundesrepublik die Fortsetzung der historischen Zersplitterung einst deshalb verordnet, weil diese die Handlungsfähigkeit des deutschen Bundestaats schon hinreichend behindern, dem Entstehen eines neuen mächtigen Deutschlands zuverlässig entgegenwirken würde. Vor allem den Franzosen soll an starken deutschen Bundesländern und einer schwachen Zentralgewalt des rechtsrheinischen Nachbarn gelegen gewesen sein.

Als die Londoner Konferenz von 1948 die Gründung der Bundesrepublik Deutschland anbahnte, setzten gewiss aber auch die anderen Beteiligten darauf, dass ein föderalistisches neudeutsches Staatsgebilde wesentlich schwerer von radikalen Kräften handstreichartig und komplett übernommen werden konnte als ein zentralistisches; einer zweiten »Machtergreifung« im Stile der Hitlerei sollte auf diesem Wege also vorgebeugt werden.

Auch deshalb ist der Föderalismus hierzulande nicht abschaffbar. Leider scheint er aber auch kaum reformierbar zu sein, jedenfalls nicht ohne größte Mühen. Das kann man schon daran erkennen, dass es dazu immer wieder neuer Anläufe bedurfte – mit teils nur zweifelhaftem Erfolg. Die Föderalismusreform von 2006 blieb nicht die letzte, obwohl sie damals mit zwei Dutzend Änderungen am Grundgesetz als größter Eingriff in die Verfassung seit Bestehen der Bundesrepublik galt.

Einer der Ideengeber für Föderalismus-Reformen, Peter Huber, gestand seinem Publikum als Verfassungsrichter bei einem Vortrag für die Volkshochschule Erding 2020 ein, er habe »eher den Blues, was den Zustand unseres Föderalismus angeht«. Der frühere Innenminister Thüringens meinte damit nicht, dass wir zu viel Föderalismus hätten. Eher zu wenig. Die Länder und ihre Parlamente hätten nur noch relativ wenig zu entscheiden.

Thomas de Maizière, immerhin mal Bundesinnenminister, hatte den Föderalismus-Blues auch mal, aber unter umgekehrten Vorzeichen. Wie sehr einem in Berlin die Geltungsansprüche von Provinz-Egos auf die Nerven gehen können, ließ die CDU-Allroundwaffe mit vielen ministeriellen Verwendungen in dem bereits zitierten Buch *Regieren – Innenansichten der Politik* durchblicken.

De Maizière schreibt dort, es sei »selbstverständlich geworden, dass sich die Vertreter der Bundesländer zu allen Themen der Bundespolitik äußern und einmischen. Umgekehrt werden Äußerungen von Bundespolitikern zu landespolitischen Themen entrüstet zurückgewiesen«. Es wäre, so der CDU-Politiker ziemlich säuerlich weiter, »etwas mehr Zurückhaltung bei der Durchsetzung von Länderinteressen durch die Ländervertreter und etwas mehr Härte bei der Zurückweisung solcher Länderinteressen durch Bundesvertreter« angeraten.

Ja, die Landesfürsten! Schwierige Charaktere sind das, und vor allem südlich des Weißwurst-Äquators verlässlich in einer besonders störrischen Version anzutreffen. Unter dem Tarnbegriff »Ministerpräsidenten« haben sie in vielerlei Krähwinkeln überlebt, aus denen sie sich gern lautstark zu Wort melden. Die deutsche Sprache kannte für ihre kleinen Reiche mal den Begriff »Duodezfürstentümer« (ein »Duodez« bezeichnete ein bescheidenes Buch- oder Schreibheft-Format, mithin das sprichwörtliche »kleine Karo«). Heute haben sie in Gestalt von Kleinstbundesländern wie dem Saarland und den Stadtstaaten noch Bestand.

Da es heute »nur« sechzehn Bundesländer gibt, könnte man sagen, seit den Zeiten des Heiligen Römischen Reiches Deutscher Nation seien wir eigentlich ein gutes Stück vorangekommen – auch wenn etwa zehn wohl die geratenere Zahl für wirklich funktionstüchtige und überlebensfähige Bundesländer wäre. Was dem Bund nicht ausdrücklich als Kompetenz zugeschrieben ist, obliegt ihnen. Mischformen existieren in Gestalt der sogenannten »Gemeinschaftsaufgaben«. Davon gab es ursprünglich recht wenige, zum Beispiel den Küstenschutz. Ihre Zahl weitete sich im Laufe der Zeit deutlich aus, etwa auf die Förderung des akademischen Sektors und die Entwicklung von IT-Lösungen und Erfolgsmessung der Verwaltung. Auch Hartz IV wurde als Gemeinschaftsaufgabe eingeführt. In den Augen von Anhängern der reinen Föderalismus-Lehre entstanden Mischfinanzierungen und -verwaltungen, die dem Bund zu viele Hebel in die Hand gaben.

Verfassungsexperte Huber ist der Meinung, es gebe seit Längerem eine Tendenz, die föderale Balance zuungunsten des Ländereinflusses zu verschieben. De Maizière zeichnet ein anderes Bild: »Die Bundesregierung kann innenpolitisch fast nichts bewirken ohne die Länder, sei es wegen der Gesetzgebung über den Bundesrat, sei es wegen der sonstigen Zusammenarbeit der Regierungen, sei es wegen der Umsetzung der Gesetze des Bundes durch die Länder.«

Ein Modell zum »Durchregieren« ist der Föderalismus nach dieser Beschreibung also nicht, und das finden seine Befürworter auch ganz gut so. Sie reklamieren für ihn Bürgernähe – vor Ort wisse man halt am besten, was nötig ist –, sehen ihn als Garanten gegen Übergriffigkeiten einer problemfernen Zentralstaatsinstanz; es ist auch von »bundesstaatlicher Verhandlungsdemokratie« die Rede.

Nach dieser Lesart ist unser föderaler Bundestaat eine geradezu historische Errungenschaft. Ex-Verfassungsrichter Huber hält ihn für einen herausragenden Beitrag zur Gestaltung eines demokratisch verfassten Gemeinwesens.

Nach Ansicht des Bundesrechnungshofs jedoch handelt es sich eher um eine Art Geldautomaten, auf dem der Bundesadler prangt. Im April 2023 kamen die Rechnungsprüfer in einer Bestandsaufnahme zu dem Ergebnis: »Der Bund finanziert in erheblichem Umfang die grundgesetzlichen Aufgaben der Länder und Gemeinden – allein im Jahr 2021 mit 23,9 Milliarden Euro. Gleichzeitig steigen die Einnahmen der Länder, und ihre Schuldenquoten sinken. Der Bund hingegen muss für einen ausgeglichenen Haushalt zunehmend Kredite aufnehmen.«

Huber bedauert, dass wir in einem »ungeliebten Bundesstaat« leben. Das liege auch daran, dass dessen Vorzüge einfach nicht gut vermittelt würden. Zum Beispiel der, dass er zu wenig Separatismus Anlass gebe. Ja, das ist wohl richtig. Von finsteren Umtrieben einer Niederbayerischen Befreiungsfront oder Ostfriesischen Unabhängigkeitsbewegung hat man in der Tat zum Glück noch nie gehört. Einige Teile der Bundesrepublik geben lediglich durch ihre Selbstbezeichnung zu verstehen, dass sie sich für etwas ganz Besonderes halten: für »Freistaaten« (Bayern, Sachsen und Thüringen) oder »Freie (und) Hansestädte« (Hamburg und Bremen).

Als überzeugende und schützenswerte Kompetenzdomänen der Länder werden gern Schul-, Polizei- und Rundfunkrecht genannt. Dies sind aber leider typische Ereignisfelder von Staatsversagen in Deutschland, wie man sie schmerzlich im Alltagsleben wahrnimmt. Wenn die eigenen Kinder nach Umzug in ein anderes Bundesland als Blödis dastehen. Wenn Verbrecher und Staatsgefährder mit Bundeslandsgrenzen auch ihre Verfolger hinter sich lassen, weil polizeiliche Zuständigkeiten abzustimmen sind. Wenn Rundfunkgebühren in hohen Versorgungsansprüchen des öffentlich-rechtlichen Anstaltspersonals versickern, statt das Programmangebot zu verbessern.

Was Föderalismus-Fans so schätzen, das Fehlen einer machtvollen Zentralinstanz, kann bei Notlagen von nationaler Tragweite zum Handicap werden. Der Chef des Beamtenbunds, Ulrich Silberbach, sagte der *Deutschen Presse-Agentur* über föderal bedingte Schwierigkeiten der Corona-Pandemie-Bekämpfung: »Deutschland kann sich nicht gut auf große unvorhergesehene Ereignisse einstellen.« Von der politischen Ebene müssten »die Menschen etwas anderes erwarten können als Improvisationstheater«.

Frust über die eigene Machtunvollkommenheit brach aus Bundeskanzlerin Angela Merkel hervor, als sie sich im März 2021 – die Covid-19-Infektionszahlen stiegen gerade besorgniserregend – aus dem Kanzleramt auf den besten Sendeplatz im deutschen Fernsehen herabließ, in die Talk-Show *Anne Will*. Die Regierungschefin dachte bei dieser Gelegenheit laut über eine gesamtstaatliche Notbremse für den Eigensinn der Bundesländer im Corona-Abwehrkampf nach.

Nicht nur leisteten sich die Länder damals gerade ein buntes Pandemie-Potpourri einander teils widersprechender Regelungen zur Viruseindämmung. Sie übten sich auch regelmäßig in einem munteren Hauen und Stechen mit der Bundesregierung bei einem Kasperletheater namens »Bund-Länder-Runde«. Es bot viel Raum für die Entfaltung von Egos und machtpolitischen Manövern.

Der verbissene Zuständigkeitskampf ging während der Energiekrise 2022 in die nächste erbitterte Runde. Die Kosten für eine Beteiligung am geplanten Energiepreisdeckel gerieten ebenso ins Visier der Ministerpräsidenten wie die Länderbeteiligung an einer beabsichtigten Erhöhung des Wohngelds.

Als der Bund die Schulen 2018 im Rahmen eines Digitalpakts besser mit moderner Technik ausstatten wollte, begann erst einmal ein Clinch mit den Ländern um eine dafür notwendige Grundgesetzänderung. Heraus kam mit 6,5 Milliarden Euro Einsatz ein Zuständigkeits-Roulette, das der Bundesrechnungshof 2022 so beschrieb: »Die Finanzhilfen des Bundes wurden nicht bedarfsgerecht zugeteilt. In den Ländern fehlen zentrale Angebote, die das digitale Lernen in den Schulen unterstützen. 38 Behörden beziehungsweise Investitionsbanken verwalten die Mittel. Ihre Verfahren unterscheiden sich und sind überwiegend kleinteilig. Das Nachweisverfahren ist lückenhaft und wirkungslos. Das BMBF [Bundesministerium für Bildung und Forschung, der Autor] sieht keine Möglichkeiten zur Änderung. Es könne den Ländern keine Vorschriften machen.«

Solche Zustände spülen immer wieder eine alte Debatte über den »Flickenteppich Deutschland« nach oben, die Schwachstellen des Föderalismus seit Jahrzehnten begleitet. Das Kompetenzgerangel und die Eigensinnigkeit, mit denen er gerne einhergeht, schaffen Steckenpferdreiterei statt Übersichtlich- und Verlässlichkeit in Deutschland, das wurde in Corona-Zeiten besonders deutlich.

Dennoch wird unter dem Stichwort »Wettbewerbsföderalismus« die These vertreten, die Konkurrenz unter den Bundesländern um die jeweils besten Konzepte für Staats- und Verwaltungshandeln löse einen »Best-Practice-Effekt« aus, also eine Schrittmacher-Funktion von besonders leistungsfähigen Ländern und Problemlösungen für die gesamte Bundesrepublik. Wenn das stimmen würde, hätte sich das Leistungsgefälle zwischen Regionen der alten Bundesländer eigentlich im Laufe der Jahrzehnte spürbar vermindern müssen, weil die schwächeren doch sicherlich eifrig das gute Vorbild der stärkeren nachgeahmt hätten. Taten sie offenbar aber überwiegend nicht.

Die ostdeutschen Bundesländer muss man hier gesondert betrachten. Durch ihre historische Benachteiligung hatten sie großen Nachholbedarf und berechtigten Anspruch auf Solidarität der reicheren westdeutschen Länder. Über dreißig Jahre nach der Wiedervereinigung sind nun im Osten einige Leuchtturmregionen entstanden, ein flächendeckendes neues Wirtschaftswunder ist jedoch nicht erkennbar. Der »Wettbewerbsföderalismus« scheint auch für das Gebiet der ehemaligen DDR kein überragendes Erfolgsrezept gewesen zu sein.

Unter dem Gesichtspunkt nationaler Handlungsfähigkeit betrachtet, bietet der Föderalismus vielmehr Einfallstore für parteipolitische Taktiererei. Der Bundesrat hat das Potenzial, von einem Organ zur Vertretung legitimer Länderinteressen zu einem Blockade- und Erpressungsinstrument politischer Konstellationen umgewidmet zu werden, die im Bund gerade nicht an der Macht sind. In ihm steht einer Bundesregierung, wenn es richtig schlecht läuft, nicht nur eine Opposition gegenüber, sondern gleich mehrere.

Erfahrungsgemäß erstarkt der Provinz-Widerspruch im Bundesrat zumeist, wenn eine neue Bundesregierung im Amt ist – Unzufriedenheit über gebrochene Wahlsprechen oder andere Fehlleistungen lässt die Wähler dann bei Landtagswahlen Denkzettel austeilen. Der bundesdeutsche Föderalismus produziert systematisch miteinander kollidierende Mehrheiten.

Bis zu einem gewissen Grad ist dies ein durchaus beabsichtigtes System von »checks and balances«. Man kann den Vermittlungsausschuss von Bundestag und Bundesrat, wo umstrittene Gesetzesvorhaben landen, wohlwollend als eine Art Schlichtungsstelle der Demokratie goutieren. Das taten seine damaligen Vorsitzenden Manuela Schwesig (SPD) und Hermann Gröhe (CDU), als sie 2020 in der *Frankfurter Allgemeinen Zeitung* das siebzigjährige Bestehen des Gremiums würdigten. »Besser eine streitbare Demokratie mit anstrengenden Debatten als eine Diktatur mit Einheitsbrei«, postulierten sie.

Nun ist das Nachdenken über die Beschneidung föderaler Auswüchse nicht gerade gleich ein finsteres Plädoyer für eine Diktatur. Der Vermittlungsausschuss hingegen ist auch als »Dunkelkammer« bekannt. In diesem bedeutenden Hinterzimmer werden für Sitzungen tatsächlich die Vorhänge zugezogen – Kamerateams sollen von außen nicht hineinfilmen können.

Die Nichtöffentlichkeit der Sitzungen des Gremiums sei »für die Erarbeitung von Kompromissen über die Parteigrenzen hinweg notwendig«, befanden Schwesig und Gröhe. »Sie fördert das offene Gespräch der Mitglieder untereinander und macht es möglich, auch jene Gegensätze zu überwinden, die häufig den öffentlichen Streit bestimmen. Die Bereitschaft, aufeinander zuzugehen und einen Kompromiss zu finden, wird dadurch entscheidend gefördert.«

Mag sein. Die Drohung mit der Anrufung des Vermittlungsausschusses ist aber auch fester Bestandteil eines robusten Rituals von Machtspielchen, mit denen eine über die Länderschiene erstarkende Opposition einer schwächelnden Bundesregierung die Folterinstrumente zeigen kann.

Legendär sind die nächtlichen Marathonsitzungen des Ausschusses vor Einführung der Hartz-Reformen von Ende 2003. Bundeskanzler Gerhard Schröder hatte sein politisches Schicksal mit der Durchsetzung dieser Reformen verknüpft. Vor dem Hartz-Showdown im Bundesrat gab die damalige

Oppositionsführerin Angela Merkel zu erkennen, welch machtvolles Mittel zum Aushebeln der Regierungsgewalt des Basta-Kanzlers ihr der Föderalismus mit einer ganzen Phalanx unionsgeführter Landesregierungen an die Hand gegeben hatte: »Heute, zwölf Monate nach der Bundestagswahl, wäre es für die Union ein Leichtes, das Land vor die Wand fahren zu lassen.« Aber das werde es mit ihr nicht geben.

Da wurden verbal trotzdem schon mal die Daumenschrauben justiert. Das war allerdings beileibe keine exklusive Spezialität Angela Merkels. Der einstige SPD-Stratege Oskar Lafontaine hatte vor dem Regierungswechsel 1998 deutlich weniger Skrupel, Bundeskanzler Helmut Kohl mit einer Blockadepolitik im Bundesrat genüsslich einen Machtverfall des Kanzleramts vor Augen zu führen.

Der immer wieder neu aufgeführte Staatszirkus eines endlosen Gezerres zwischen Bund und Ländern fand in den bisherigen Reformen ihres Verhältnisses zueinander im 21. Jahrhundert noch keinen Dompteur. Manche Verfassungsrechtler halten den Föderalismus inzwischen für ein »sehr komplexes und schwer durchschaubares System der Politikverflechtung« (Ex-Bundesverfassungsgerichtspräsident Hans-Jürgen Papier). Der *Zeit*-Journalist Bernd Ulrich attestierte dem deutschen Föderalismus 2006 »einen Zug ins Dadaistische«. Er sei »zu einem Anreizsystem geworden für Quertreiberei, Wichtigtuerei und Eitelkeit«.

Auch für Geldverschwendung. Ein schönes Beispiel in dieser Hinsicht ist die Arbeitsgemeinschaft der Rundfunkanstalten Deutschlands (ARD). Ein Kenner der Materie, der Ex-Deutschlandradio-Intendant Ernst Elitz, sagte der *Welt am Sonntag* im November 2022: »Je kleiner das Bundesland, desto unantastbarer der eigene Sender.« Wer den öffentlich-rechtlichen Rundfunk verändern wolle, der müsse »erst einmal den Föderalismus abschaffen, dessen erstes Gebot der Eigennutz ist«. Immerhin, einige Rundfunkanstalten sind wenigstens für mehrere Länder zuständig: NDR, MDR, RBB und SWR. Umso unverständlicher erscheint die Existenz von Zwergsendern wie Radio Bremen und dem Saarländischen Rundfunk.

All diese Landesrundfunkanstalten bilden zusammen mit WDR, BR, HR und Deutscher Welle den »föderalen Medienverbund« der ARD. In dieser Arbeitsgemeinschaft erscheint die Arbeitsteilung im Sinne eines schonenden Einsatzes der für die Bürger obligatorischen Rundfunkbeiträge (sie zahlen sie selbst dann, wenn sie niemals ein Radio oder einen Fernseher einschalten), bisweilen unterentwickelt. Das Schmähwort von den »Zwangsgebühren« kann natürlich umso schneller die Runde machen, je mehr die Rundfunkanstalten sich im doppelten Wortsinn »leisten«.

Als im September 2022 das öffentliche Erstaunen über Verschwendungssucht und Privilegiengeilheit in der Chefetage des Rundfunks Berlin Brandenburg durch immer neue Enthüllungen nahezu täglich wuchs, schickten das ARD-Hauptstadtstudio, der Bayerische Rundfunk, der Mitteldeutsche Rundfunk, der Norddeutsche Rundfunk, der Südwestdeutsche Rundfunk sowie der Westdeutsche Rundfunk jeweils eigene Vertreter zum Bundesparteitag der CDU. Zusammen mit ihren Kollegen von ZDF, Phoenix und Deutschlandfunk ermöglichten sie es Parteichef Friedrich Merz, dort süffisant 58 gesalbte Entsandte des öffentlich-rechtlichen Rundfunks willkommen zu heißen und ihnen anzukündigen, dass man sich »besonders liebevoll« mit ihnen beschäftigen werde.

Im Zuge der Wiedervereinigung kam der Gedanke auf, die föderale Struktur der Bundesrepublik grundsätzlich neu zu ordnen, etwa einen Nordstaat zu gründen, eine Fusion aus vielleicht Hamburg, Niedersachsen, Schleswig-Holstein und Mecklenburg-Vorpommern. Man hätte genauso erfolglos versuchen können, Köln zu einer Städtepartnerschaft mit Düsseldorf zu verdonnern. Eine Initiative, Berlin und Brandenburg zusammenzulegen, scheiterte 1996 am Willen der Bevölkerung, und zwar der brandenburgischen. Sie wollte keine Berliner Verhältnisse.

Das Durchfüttern eines Beute-Biotops wie Berlin überfordert die Duldsamkeit von Steuerzahlern in Geberländern der föderalen Umverteilung seit Langem. 2021 hingen elf der sechzehn Bundesländer am Tropf dieses Ausgleichssystems, das Bayern, Baden-Württemberg, Hessen, Rheinland-Pfalz und Hamburg fütterten. Berlin brauchte wie üblich die größte Infusion.

Der Stadtstaat an der Spree ist ein besonders abschreckendes Beispiel dafür, wie der Föderalismus eigentlich nicht hinnehmbare Zustände verewigt, statt als »Konkurrenz-Föderalismus« leuchtende, nachfolgenswerte »Benchmarks« staatlichen Handelns zu liefern.

Bayerns Ministerpräsident Markus Söder klagte im März 2023 bitterlich: »Es ist einfach nur noch unfair und ungerecht.« Er meinte damit die Tatsache, dass Bayern den Umverteilungstopf im Gesamtumfang von 18,5 Milliarden Euro im Vorjahr mit knapp zehn Milliarden mehr als zur Hälfte gefüllt hatte.

Durch die Wiedervereinigung war zwar 1994 schon aufgefallen, dass das damalige Verfassungsgebot zur »Herstellung der Einheitlichkeit der Lebensverhältnisse« in Deutschland zu immer größeren Belastungs-Schieflagen führte. »Gleichwertige Lebensverhältnisse im Bundesgebiet« sollten es dann nur noch sein; an dem Geldeinsammel- und -ausschüttungsmodell wurde immer weiter herumgebastelt.

Es war ganz offensichtlich an seine Grenzen geraten, seitdem nicht mehr so große Wohlstandszuwächse wie in den ersten Jahrzehnten der Bundesrepublik zu verteilen waren und sich erheblicher Nachholbedarf im Osten des gewachsenen Landes aufgetan hatte. Seit 2020 ist von einem »Länderkraftausgleich« die Rede – klingt ein bisschen nach Hühnerkraftbrühe, mit der Sieche und Kranke aufgepäppelt werden ...

Söder wollte für die föderale Armenspeisung eine kleinere Schöpfkelle zugewiesen bekommen und mal wieder vors Bundesverfassungsgericht ziehen. Bayern hatte zuvor schon Prozessionen der überschaubaren Gruppe von Geberländern angeführt, die als Finanzausgleichs-Rebellen in Karlsruhe aufschlugen. Dem früher stark agrarisch geprägten Bayern gelang durch den klugen Wandel zum Top-Wirtschaftsstandort ein seltenes Kunststück: im Länderfinanzausgleich vom Empfänger zum Spender aufzusteigen, und zwar 1989. Rheinland-Pfalz wechselte 2021 ins Geberlager – dort machten sich sprudelnde Steuereinnahmen durch den Erfolg des in Mainz ansässigen Corona-Impfstoffherstellers Biontec bemerkbar.

Eine überwältigende Zaubertrank-Wirkung der Länderkraftbrühe ist jedoch seit Längerem nirgendwo in Deutschland erkennbar. Dies führt die ursprünglichen Absichten des föderalen Ausgleichssystems ad absurdum. Wir haben es inzwischen mit einer Alimentationsmaschine zu tun, deren Nutznießer für sie gefälligen Ewigkeitsanspruch erheben.

Es wird aller Voraussicht nach bei sechzehn Bundesländern bleiben, von denen einige nicht wissen, wie sie ohne Spenden missmutiger Gönner ihre Rechnungen bezahlen sollen, trotzdem aber auftreten wie Graf Koks. Mit dieser Gemengelage, die wir auf ewig tragen werden, müssen wir geschickter umgehen als bisher. Zurzeit produziert sie tatsächlich mehr Ungerechtigkeit als Ansporn und vor allem Bürgerfrust.

Wollen wir den Föderalismus lebens- und zukunftsfähiger gestalten, dann werden die vielen kleinen und auch größeren Länderfürsten um die Abgabe von Zuständigkeiten an den Bund nicht herumkommen, auch wenn Vertreter der reinen Lehre das anders sehen. Der Föderalismus hat Verantwortungsdiffusion und Erbhöfe geschaffen. Es ist eine der größten Aufgaben für die Lebens- und Zukunftsfähigkeit dieses Staates, ihm zu größer Schlagkraft zu verhelfen, da die Bedrohungen von außen wachsen. Alle bisherigen Erfahrungen mit dem Föderalismus sprechen nicht dafür, dass wir diese Herausforderung meistern werden, wenn wir so weitermachen wie bisher.

Das erschütterndste Beispiel dafür ist die deutsche Bildungspolitik. Die gibt es nämlich nicht, wg. »Bildungshoheit der Länder«. Als der grüne Ministerpräsident Baden-Württembergs, Winfried Kretschmann, 2012 die Präsidentschaft des Bundesrats übernahm, gab er in der *Stuttgarter Zeitung* zu Protokoll: »Die Schulpolitik ist unsere Kernkompetenz. Wir werden sie wie unseren Augapfel hüten.«

Mit wie harten föderalen Bandagen gerade in der Bildungspolitik gekämpft wird, musste die zuständige Bundesministerin Bettina Stark-Watzinger im März 2023 erfahren, als sie mit dramatischen Worten zu einem Gipfeltreffen mit ihren Länderkollegen geladen hatte: »Die Bildungsrepublik Deutschland steckt in einer tiefen Krise.« Dieser Befund war gerade einmal zwei Landesministern das Auftauchen in Berlin wert. Die anderen ließen Stark-Watzinger mit ihrem Ruf nach einer »bildungspolitischen Trendwende« einfach auflaufen, da konnte die Bundesministerin noch so flehentlich um eine »neue Form und Kultur der Zusammenarbeit aller Beteiligten« bitten. Wichtiger ist den Landesregierungen stattdessen die Wahrung ihrer Kultushoheit.

Die FDP-Politikerin mag bei der Einberufung ihres gescheiterten Bildungsgipfels einiges falsch gemacht haben; vielleicht hatten auch die Kritiker recht, die ihn ungenügend vorbereitet sahen. Völlig richtig war aber Stark-Watzingers Hinweis: »Kinder und Eltern fragen nicht danach, wer zuständig ist. Sie wünschen sich bessere Bildung.«

KAPITEL 16

Hilfe, die Bildungsreformer kommen –
schon wieder!

Was würden wir heute mit Immanuel Kant wohl noch anfangen können? Für welche TV-Show könnte man ihn casten, wenn er noch einladbar wäre? Philosoph sucht Frau? Markus Lanz, Maybrit Illner? Alles sehr unwahrscheinlich; wer Immanuel heißt, gilt schnell als Spaßbremse. Heinrich Heine legte den Schluss nahe, dass der Autor der *Kritik der reinen Vernunft* dringend einen begabten Ghostwriter benötigt hätte, da Kant sein Hauptwerk »in einem so grauen, trocknen Packpapierstil« verfasst habe.

Dreißig-Sekunden-O-Töne sind bei Kant Fehlanzeige, aber eine seiner aufklärerischen Ideen überdauerte ihn in prägnanter Gültigkeit: dass der Mensch »aus seiner selbst verschuldeten Unmündigkeit ausgehen« müsse. Aber wer will das heute eigentlich noch? Das Land ist voller Abiturienten, die nicht wissen, wo Caracas liegt oder was Oktan bedeutet. Dafür haben sie Google. Diese Abhängigkeit in Unmündigkeit reicht ihnen. Freilich übersehen sie dabei, dass selbst fürs Googeln Vorwissen hilfreich ist: Man sollte schon eine ungefähre Vorstellung davon haben, was da draußen in der analogen Wirklichkeit so alles vorhanden sein und gesucht werden könnte.

Kant und der preußische Bildungsreformer Wilhelm von Humboldt setzten noch auf das aufklärerische Ideal der durch

Welteinsicht entfalteten Persönlichkeit – das Bedürfnis, den Mut und die Befähigung, sich des eigenen Verstands zu bedienen, um sich die Wirklichkeit zu erschließen. Der kann, auch bei Handicaps durch familiäre Herkunft, »gebildet« werden. In unserem Gemeinwesen sind dafür ganz überwiegend staatliche Lehreinrichtungen zuständig, private freie Träger verschiedenster Provenienz ergänzen die Bildungslandschaft. Doch was der Staat sich in dieser Landschaft leistet, ist höchst erratisch.

Schüler, Lehrer und Studenten sind in verheerender Weise zu Opfern eines Hü und Hotts im deutschen Bildungssystem geworden. Einen »bildungspolitischen Zickzackkurs« beklagte der damalige Präsident des Lehrerverbands, Heinz-Peter Meidinger, 2021 in seiner Streitschrift: *Die zehn Todsünden der Schulpolitik*. Diese »Reformeritis« grassiert in der Bundesrepublik chronisch, sie kommt und geht nach Belieben wie einst die Pest im Mittelalter und hinterlässt ähnlich schwere Verwüstungen. Der immer neue Auftrieb von »Reformsäuen« macht laut Meidinger »Schulen und Lehrkräften eine kontinuierliche Bildungs- und Erziehungsarbeit unmöglich«.

Mal ging es darum, wie lange und ab wann man aufs Gymnasium gehen soll. Oder ob wir Gymnasien und das ganze dreigliedrige Schulsystem abschaffen sollten. Ob wir mehr oder weniger Abiturienten und damit wahrscheinlich auch Studenten benötigen. Ob wir Kopfnoten brauchen. Ob wir überhaupt noch Noten brauchen. Oder neue Schulfächer, neben Informatik und Ernährung vielleicht auch »Manieren«. Hausaufgaben – ja oder nein? Auch so ein Klassiker, der immer wieder hervorgekramt wird. Würde man die Schüler fragen, käme natürlich eine hundertprozentige Ablehnung heraus.

Ob Sitzenbleiben ein auszumerzender Makel sei oder vielleicht eher »Ehrenrunde« mit Entwicklungschance, bleibt ebenfalls ein Streitpunkt. Und können die Älteren unter Ihnen sich aus Ihrer Schulzeit noch an die Mengenlehre erinnern, diese schmerzhafte Schnittmenge aus modischer Neuerungssucht und mentaler Grenzerfahrung? Sie ist im Lehrplan schon längst sang- und klanglos beerdigt worden, trieb Schüler meiner Generation aber zum schieren Wahnsinn.

Die von Bundeskanzlerin Angela Merkel 2008 ausgerufene »Bildungsrepublik« Deutschland bleibt trotz oder gerade wegen vielfältiger Bemühungen um den rechten Kurs ein fernes Land, das auf herkömmlichen Karten nicht zu finden ist, nur auf dem Globus der Sehnsuchtsorte, irgendwo zwischen Schlaraffenland und Utopia. In seiner Titelgeschichte »Das Schul-Fiasko« schrieb der *Spiegel* im Frühjahr 2023: »In den Schulen zeigt sich, wie egal der Politik Bildung ist.«

Ex-Ober-Lehrer Meidinger zählt als Reformruinen unter anderem die Verkürzung der Gymnasialschulzeit in Westdeutschland um ein Jahr auf, die Gesamtschulen und die Einführung der Bachelor/Master-Studiengänge an den Hochschulen.

Paradebeispiel für politisch selbst verschuldeten Bildungs-Niedergang ist für ihn Baden-Württemberg. Dort krempelte Rot-Grün das Schulsystem nach dem Regierungswechsel 2011 um. Die Folge in der Analyse des Bildungsexperten: »Die keineswegs sachlich, sondern rein ideologisch motivierte Abschaffung von Haupt- und Realschulen, die umfassende Etablierung von Gemeinschaftsschulen, die Aufkündigung der verbindlichen Grundschulempfehlung sowie eine massive Ressourcenverschiebung hin zu den sogenannten Reformschulen haben zu einem beispiellosen Absturz Baden-Württembergs bei den Lernerfolgen im Rahmen von nationalen Schulleistungsvergleichen ab dem Jahr 2016 geführt – von einem der Spitzenplätze hinab ins untere Mittelfeld.«

Häufig, so scheint es, bekleiden knallharte Ideologen die

Posten von Kultusministern oder Schulsenatoren und versuchen ihre Vorstellungen von einer besseren Welt ohne Rücksicht auf die Wirklichkeit durchzusetzen. Aladin El-Mafaalani, Inhaber des Lehrstuhls für Erziehung und Bildung in der Migrationsgesellschaft an der Universität Osnabrück, wohl eher kein getreuer Gefolgsmann Meidingers, trifft sich mit ihm in dem Urteil: »Ideologische Kämpfe haben das Bildungssystem dahin gebracht, wo wir jetzt stehen.«

Trotz der unsicheren Quellenlage gilt auch für die Bildung, was US-Präsident Abraham Lincoln offenbar fälschlich als Zitat zugeschrieben wurde: Man werde die Schwachen nicht stärken, indem man die Starken schwäche. Eine Grundschullehrerin berichtet, sie sei gehalten, schlechte und gute Schüler zusammenzusetzen, damit die einen vom Vorbild der anderen profitierten. Sie fragt sich: »Warum werden die Guten eigentlich immer bestraft? So werden sie nicht gefordert, sondern als Hilfssheriffs missbraucht.«

In unserem Schulsystem kommen beide oft nicht angemessen voran, die Starken wie die Schwachen. Hinter dieser Fehlentwicklung steht paradoxerweise auch der – im Prinzip begrüßenswerte – Wille, Benachteiligungen auszugleichen. Zu oft geht das nach hinten los. Den Regelunterricht für Kinder mit Lernbeeinträchtigungen zu öffnen, die früher Förderschulen besuchten (Inklusion), ist zum Beispiel eine tolle Idee. Es bringt nur leider überhaupt nichts, diese Schüler mit ihren besonderen Bedürfnissen weitgehend unflankiert in Klassen zu stecken, deren Lehrer ohnehin bereits mit dem Bemühen an ihre Grenzen stoßen, für ihre anderen Zöglinge halbwegs annehmbare Lernbedingungen sicherzustellen. Diese überforderten Lehrkräfte vermissen schmerzlich Sonderpädagogen an ihrer Seite, die zwar vorgesehen sind, von denen es aber einfach nicht genug geeignete gibt.

Andererseits finden auch wahre zumindest statistische Genialitätssprünge statt. Nicht nur die Zahl der Gymnasiasten ist ansehnlich gestiegen, auch die der Einser-Abiturienten. Ein schöner Erfolg des deutschen Bildungswesens? Kritiker wie Meidinger sprechen von »Erleichterungspädagogik« und »Bestnoteninflation«. Wenn es mit der Entwertung der Abiturnoten so weitergehe, würden sich Universitäten immer mehr darauf verlegen, Neu-Studenten nur noch nach eigenen Aufnahmeprüfungen zuzulassen.

Wir haben in diesem Land schon mehr als doppelt so viele Studenten wie Auszubildende. Im Schwange ist deshalb bisweilen der Begriff »Überakademisierung«. Die duale Berufsausbildung (Berufsschule plus Lehre, ein bisheriges Gütemerkmal Deutschlands, das hierzulande die Jugendarbeitslosigkeit besser unter Kontrolle hielt als anderswo) gerät dadurch unter Druck: Zum einen stehen nicht genug Lehrstellenbewerber zur Verfügung. Zum anderen treffen Abiturienten die kluge und nachvollziehbare Entscheidung, einem anschließenden Studium eine praktische Berufsausbildung vorangehen zu lassen. Es besteht die Befürchtung, dass sie damit Lehrstellenbewerber ohne Hochschulreife verdrängen, vor allem die, die »nur« einen Hauptschulabschluss vorzuweisen haben.

Eine Kartografierung der Schullandschaft durch das Statistische Bundesamt ergab für das Schuljahr 2021/22:

8,4 Millionen Schüler an allgemeinbildenden Schulen, 2,3 Millionen an berufsbildenden

2,88 Millionen Grundschüler, 2,24 Millionen Gymnasiasten

1,1 Millionen Schüler an integrierten Gesamtschulen

765 000 Realschüler, 324 000 Hauptschüler

Erhellend ist die Aufschlüsselung der Herkunft der Schüler nach Bildungsabschluss. Nach den Zahlen für 2019 hatten 67 Prozent der Eltern von Gymnasiasten selbst die Fachhochschul- oder Hochschulreife, 42 Prozent der Eltern von Hauptschülern den Haupt- oder Volksschulabschluss.

Diese Quasi-Fortsetzung des Ständesystems wird Deutschland immer wieder angekreidet, auch in den inzwischen gefürchteten PISA-Studien der OECD, die freilich aus ganz anderen Gründen, wegen ausgewählter Lernrückstände deutscher Schüler, um die Jahrtausendwende in der Bundesrepublik den sogenannten PISA-Schock auslösten.

Anders als die USA nach dem Sputnik-Schock, der die Vereinigten Staaten im vergangenen Jahrhundert schließlich bis zur Mondlandung antrieb, hat man hierzulande trotz aller Reformbemühungen noch keine Bildungsrakete gezündet, dafür aber ein verfeinertes Instrumentarium zur Dokumentation des eigenen Scheiterns entwickelt, eine »systematische pädagogische Diagnostik«. Unser Land, in dem die Überprüfung der Rechtschreibkenntnisse von Schülern durch Diktate in Misskredit geriet, ist mittlerweile mit einem eng geknüpften Netz von Vergleichstests und »individuellen Lernstandsanalysen« überzogen.

Es mangelt also nicht an Erkenntnis. Auch nicht an frühzeitigen Warnungen. Schon 1964 brachte der Pädagoge Georg Picht eine »deutsche Bildungskatastrophe« ins Gespräch und mahnte: »Bildungsnotstand heißt wirtschaftlicher Notstand. Der bisherige wirtschaftliche Aufschwung wird ein rasches Ende nehmen, wenn uns die qualifizierten Nachwuchskräfte fehlen, ohne die im technischen Zeitalter kein Produktionssystem etwas leisten kann.«

Mehr als ein halbes Jahrhundert danach ist der Fachkräftemangel eine Katastrophe mit Ansage geblieben, immer wieder beschworen, regelmäßig in Sonntagsreden entsorgt. Ich war nie gut in Mathe. Ein simpler Dreisatz ist eine knifflige Sache für mich, bis heute. Ich muss zum Glück nur Texte schreiben, um durchzukommen. Irgendwer sollte aber Brücken statisch verlässlich berechnen können, Algorithmen beherrschen und anwenden, damit wir alle gefährdungsfrei und bequem durch unseren Alltag kommen. Leider sieht es damit immer schlechter aus in Deutschland. Jährliche Übersichten darüber liefern die Akademie der Technikwissenschaften (Acatec) und die Körber-Stiftung in ihrem »MINT-Nachwuchsbericht« (MINT = Mathematik, Informatik, Naturwissenschaft, Technik). Und diese Reports sind ernüchternd. In den ersten Jahren der zweiten Dekade dieses Jahrhunderts ergaben sie erhebliche regional und sozial bedingte Leistungsunterschiede von Schülern in Deutschland. Der Wissensvorsprung sächsischer Neuntklässler im Fach Mathematik ließ Bremer Schüler derselben Klassenstufe im Vergleich eher wie Siebtklässler erscheinen. Auch die mathematischen Fähigkeiten von Kindern mit Migrationshintergrund lagen ähnlich weit hinter denen ihrer Klassenkameraden.

Das Institut zur Qualitätsentwicklung im Bildungswesen (IQB) erschreckte 2022 mit bundesweiten Horrorzahlen über erhebliche Lernrückstände von Viertklässlern nicht nur in Mathe, sondern auch bei Lesen und Rechtschreibung sowie dem Vermögen, überhaupt nur zuzuhören. Laut Bundesbildungsministerium erreicht in den Grundkompetenzen Lesen, Schreiben und Rechnen jedes fünfte Kind die Mindeststandards nicht.

Corona tat ein Übriges. Aus dem MINT-Nachwuchsbericht: »Bis zum Ende der Grundschule haben Schülerinnen und Schüler während der pandemiebedingten Schulschließungen Lernrückstände im Fach Mathematik aufgebaut, die zehn bis dreizehn Wochen entsprechen. Der Anteil leistungsstarker Grundschülerinnen und -schüler hat um knapp zehn Prozent abgenommen.« Auch beim Lesen sei es zu Kompetenzrückstände von zehn bis dreizehn Wochen gekommen.

Laut Statistischem Bundesamt wurden an deutschen öffentlichen Schulen 2020 durchschnittlich 8500 Euro je Schüler aufgewendet – 200 Euro mehr als im Jahr zuvor. Die Kreditanstalt für Wiederaufbau (KfW) wies in ihrem »Kommunalpanel 2022« andererseits einen gravierenden oder nennenswerten Investitionsrückstand an mehr als der Hälfte der deutschen Schulen aus, das entsprach etwa 45 Milliarden Euro.

Marode, also heruntergekommen, abgewirtschaftet, ruiniert, ist ein in den Medien häufig benutztes Wort für den Zustand deutscher Schulen, vor allem für ihre Toiletten. Über erfolgreiche Sanierungen liest man weniger. Dafür steigt die Zahl der Berichte darüber, dass in Schulen »Unisextoiletten« eingebaut werden sollen, offenbar ein dringlicheres Bedürfnis.

Wo in Klassenräumen Putz von den Wänden bröckelt und Fenster undicht sind, renovieren Eltern immer häufiger in Eigenregie. Doch während sie einige Löcher stopfen, entstehen neue. So verbannen Erfordernisse des Brandschutzes schon mal Garderobenhaken aus Schulfluren – die offen aufgehängten Mäntel und Jacken könnten eine Feuersbrunst begünstigen. Offen und unverputzt bleiben dann leider auch die Stellen, wo mal Haken waren.

Viel größere Lücken weist der Lehrernachwuchs auf. Nach einer Prognose des Instituts der deutschen Wirtschaft (IW) zeichnet sich für das Schuljahr 2030/31 wegen wieder steigender Schülerzahlen ein Mangel von rund 60 000 Lehrkräften ab. Der Bildungsexperte des Instituts, Wido Geis-Thöne, beklagte im Mai 2022 in der *Frankfurter Allgemeinen Zeitung*, dass die Kultusministerkonferenz sich von zu optimistischen Prognosen leiten lasse und Zeit vertan worden sei: »In den letzten Jahren hätte man sehr viel stärker in die Ausbildung von Lehrkräften gehen müssen. Der Mangel der kommenden Jahre bricht ja keineswegs überraschend über uns herein.«

Selbst pessimistische Voraussagen unterliegen dem Risiko, von der Wirklichkeit überholt zu werden. So könnten weitere ins Land kommende Flüchtlingskinder den Lehrerbedarf zusätzlich erhöhen. Bis Mitte 2022 hatte der Krieg in der Ukraine nach IW-Berechnungen so viele Schulpflichtige aus diesem Land nach Deutschland vertrieben, dass allein dadurch mehr als 13 500 zusätzliche Lehrkräfte nötig wurden. Anfang 2023 waren bundesweit – mit regionalen Unterschieden – je nach Quellenlage (Kultusministerien der Länder, Deutscher Lehrerverband) zwischen 12 000 und 40 000 Lehrerstellen nicht besetzt.

Apropos »regionale Unterschiede«: Wer aus Bayern oder Sachsen nach Berlin oder Bremen umzieht, muss sich ernsthafte Gedanken darum machen, ob die dort von seinen Sprösslingen zu erzielenden Schulabschlüsse in allen Teilen der Bundesrepublik noch Zungenschnalzen auslösen werden. Für die MINT-Fächer konstatierten Körber-Stiftung und Acatec: »Die großen Unterschiede zwischen den Ländern weisen darauf hin, dass Bildungsabschlüsse in den verschiedenen Bundesländern Deutschlands kaum vergleichbar sind.« 2006 schon ging der damalige Vorsitzende des Verbandes Bildung und Erziehung, Ludwig Eckinger, im Gespräch mit dem Nachrichtenmagazin *Focus* so weit zu beklagen: »Wenn man mit einem schulpflichtigen Kind von Bremen nach München zieht, kommt das einer Auswanderung gleich.«

Auch die Güteunterschiede der Lernmöglichkeiten an ein und demselben Ort können Eltern in händeringende Verlegenheit bringen. Eigentlich gilt in Deutschland das Sprengel-Prinzip: Kinder im Einzugsgebiet eines Schulbezirks sollen in eine der nächstgelegenen Schulen ihrer Wohnadresse gehen. Doch wenn die den Ruf einer sogenannten »Brennpunkt-Schule« haben, gerät jeder, der es sich finanziell und intellektuell leisten kann, in die Versuchung, Umgehungsstrategien zu entwickeln.

Der Begriff »Brennpunkt-Schule« (inzwischen korrekt: »Schulen in herausfordernden Lagen«) beschreibt im Allgemeinen Lehranstalten, in denen weniger das Abarbeiten des Lehrplans im Vordergrund steht als vielmehr die mühsame Wahrung einfachster Prinzipien gegenseitiger Rücksichtnahme und eines gewaltfreien Umfelds. Solche Schulen weisen oft einen hohen Anteil von Migrantenkindern auf. Wer die daraus entstehenden Probleme nicht unter den Teppich kehren, nicht lediglich den Mangel verwalten will, mag in Deutschland zwar auf manchen öffentlichen Zuspruch stoßen – nicht aber auf die Rückendeckung staatlicher Instanzen.

So erging es zum Beispiel Doris Unzeitig, Ex-Leiterin der einst berüchtigten Spreewald-Grundschule in Berlin. Nach jahrelangem Kleinkrieg mit ihrer obersten Vorgesetzten, der damaligen Berliner Schulsenatorin Sandra Scheeres (SPD), um die Durchsetzung von Unzeitigs unorthodoxen Rezepten gegen flegelhaftes Verhalten, Gewalt unter Schülern und gegen Lehrer, Kriminalitätseinflüsse und Drogenhandel strich die Schuldirektorin entnervt die Segel. Die Österreicherin kehrte in eine Grundschul-Idylle im Salzkammergut zurück und hinterließ als Abrechnung mit den Berliner Zuständen ein Buch, dessen Titel für sich spricht: *Eine Lehrerin sieht rot – Mini-Machos, Kultur-Clash, Gewalt in der Schule und das Versagen der Politik.*

Eine Rolle spielen in diesem Buch lernunfähige und/oder -unwillige Jungs aus Migrantenfamilien, die schon früh dem »Gangsta«- und Männlichkeitswahn verfallen, Mitschüler herumschubsen und weibliche Lehrkräfte (sie stellen das Gros unserer Pädagogen) nicht als Respektspersonen akzeptieren. Nicht aus Unzeitigs Buch, aber dennoch aus der Realität stammt der Unmut einer Lehrerin mit »Brennpunkt-Zulage« als Gehaltsbestandteil, der der Kragen platzte, nachdem sie von Dreikäsehochs schon als »Hure« beschimpft worden war und sich dann von einem Spross einer türkischen Familie eröffnen lassen musste, dieser würde für den türkischen Präsidenten Erdogan dereinst gern einmal sein Leben geben. Sie schickte das genervte Stoßgebet zum Himmel, der kleine Möchtegern-Märtyrer möge mit seiner Selbstaufopferung nicht allzu lange warten.

Der CDU-Vorsitzende Friedrich Merz beschrieb diesen Buben-Typus in der ZDF-Talkshow *Markus Lanz* im Januar 2023 mit dem Begriff »kleine Paschas«. Er ließ damit das kontrovers kommentierte Bild von Elternhäusern erstehen, in denen der männliche Nachwuchs möglicherweise nach alter Väter Sitte wie ein unantastbares Kronjuwel auf seidene Kissen gebettet wird, während für seine Schwestern vornehmlich vorgesehen ist, den Tee zu servieren, statt selbst – womöglich erfolgreicher als der Bruder – zur Schule zu gehen.

In der Debatte um die Merz-Äußerung meldete sich Doris Unzeitig wieder zu Wort, in einem Gastkommentar für *ntv*: »Wer wie ich fast ein Jahrzehnt in Berlin als Lehrerin gearbeitet hat, staunt, dass Deutschland über die Wortwahl eines Politikers streitet und nicht darüber, wie man die vielen Probleme an Schulen löst. Es fehlt an Geld und geeignetem Personal.«

Vorausgegangen war ein Jahreswechsel, den in Teilen Berlins, aber auch anderer deutscher Städte junge Männer mit viel Testosteron im Blut und Pyrotechnik in der Hand zu Böller-Krawallen mit Angriffen auf Polizei und Rettungskräfte genutzt hatten. Der Deutsche Richterbund erklärte zur Debatte darüber: »Nachdem der erste Schock über die Angriffe auf Polizisten, Feuerwehrleute und Rettungskräfte in der Silvesternacht 2022 gewichen war, haben die üblichen politischen Reflexe gegriffen: Böllerverbote brauche es, am besten bundesweit. Und, selbstverständlich, eine konsequente Strafverfolgung mit schnellen, harten Urteilen. Die Justiz müsse durchgreifen, der Rechtsstaat wehrhaft sein. Es ist weithin die bekannte Routine, mit der Rechtspolitiker und Innenexperten nach dem Jahreswechsel auf die Silvesterkrawalle reagiert haben. Dabei ist auch ihnen völlig klar, dass Verbote nicht helfen, solange sie nicht ausreichend kontrolliert und durchgesetzt werden können.«

Wie viele der damaligen Täter aus Migranten-Elternhäusern stammten, wurde teilweise irreführenden Staatsangehörigkeits-Recherchen ebenso unterworfen wie möglicherweise genauso wenig verlässlichen Vornamen-Forschungen. Sagen wir mal so: Ein Migrationshintergrund durfte bei »etlichen« der Täter vorausgesetzt werden.

Offenbar hatten sie mit ihrer drastischen Verachtung für die Staatsmacht eben jenes Ventil geöffnet, das auch im schulischen Alltag beobachtet werden kann. Was man nach einem rigiden Verhaltenskodex in patriarchalisch geführten Familien daheim nicht darf, lebt man außerhalb der eigenen vier Wände im Klassenzimmer aus: das Ablehnen von Autorität, die Verweigerung von Respekt.

Auf Merz' Einlassungen folgten die üblichen Erregtheitsdebatten und Rassismusvorwürfe. Sie ändern nichts an der Tatsache, dass es in Deutschland einen erheblichen Anteil von Schülern gibt, die in ihren Elternhäusern und anderen Instanzen, zum Beispiel Koranschulen, eine Prägung erfahren, die mit der Anerkennung der Verfasstheit unseres Staates kollidiert. Die Eltern dieser in der Minderheit befindlichen, aber signifikanten und problematischen Teilgruppe von Migrantenkindern vorwiegend aus dem islamisch geprägten Kulturkreis stehen schon der Idee der Koedukation von Jungen und Mädchen verständnislos gegenüber.

Am schädlichsten wirkt diese – teils selbst gewählte – kulturelle Abschottung auf dem Gebiet der Sprachkompetenz. Die sprachliche Selbstermächtigung im Aufenthaltsland zu stärken, ist wichtigste Voraussetzung für die Integration von Migrantenkindern, bei denen zu Hause nicht oder wenig Deutsch gesprochen wird. Wo vielleicht auch überhaupt nicht mit ihnen gesprochen wird, in welcher Sprache auch immer.

Im Sommer 2022 schiffte ich mich zusammen mit einer langjährigen Freundin, die in Berlin als Grundschullehrerin arbeitet, auf der BVG-Fähre F10 von Alt-Kladow nach Wannsee ein. Dies ist eine beliebte, fast halbstündige »kleine Dampferfahrt« zu geringen Kosten. Mir fiel an Bord die große Zahl von vielköpfigen Familien auf, deren erwachsene weibliche Angehörige nahezu alle mindestens Kopftuch trugen, zum Teil auch strengere Verhüllungen.

Das Schuljahr hatte gerade begonnen, und meine Freundin erzählte mir: Von zehn Eingeschulten in ihrer Klasse spreche niemand Deutsch. Nur zehn Erstklässler?, fragte ich, bevor der Rest der Mitteilung zu mir durchdrang. Ja, tatsächlich. Denn meine inzwischen hartgesottene Freundin unterrichtete in einer Klasse simultan zwei Jahrgangsstufen. Wir sind mitten in der Großstadt also wieder in der Dorfschule angelangt, das Stichwort dafür heißt »JÜL« – »Jahrgangsübergreifendes Lernen«. Die herzallerliebste Ponyhof-Idee dahinter: Die Großen helfen den Kleinen. Mal klappt das. Dann auch wieder nicht. Vor allem nicht beim Lernen der deutschen Sprache, denn die beherrschen häufig weder die Großen noch die Kleinen.

Schulische, berufliche und soziale Integration bedeutet in diesem wie in jedem anderen Land zunächst einmal Sprachkompetenz, die möglichst früh herauszubilden ist, nicht erst, wenn entgeisterte Grundschullehrer auf in den Brunnen gefallene Kinder stoßen, die kaum ein Wort Deutsch zur Oberfläche hinaufschreien können. Die Bundesregierung hat auf diese Herausforderung für unser Einwanderungsland mit dem Programm »Sprach-Kitas« reagiert. Zielgruppe sind Kindertagesstätten mit überdurchschnittlichem Anteil von Zöglingen mit sprachlichem Förderbedarf.

Unter Bildungsexperten kursieren weitergehende Ideen dafür, die Sprachbarriere zu schleifen. Zu ihnen gehören bundesweit standardisierte verpflichtende Sprachtests für Kinder im Vorschulalter, der obligatorische Besuch einer Kita oder einer Vorschule mit Sprachförderung. Die Teilnahme am Grundschulunterricht sollte nach diesen Vorstellungen nur Kindern mit ausreichenden Deutschkenntnissen offenstehen.

In der Bundesrepublik Deutschland sollte man weit darüber hinaus Deutsch nicht nur verständlich sprechen, sondern auch formgerecht schreiben können, wenn man es zu etwas bringen will. Das fällt aber inzwischen auch deutschen Muttersprachlern schwer. Die deutsche Rechtschreibung, bis in die Neunzigerjahre des vergangenen Jahrhunderts eine von der Duden-Redaktion recht unangetastet verwaltete Rückzugsposition für deutsche Sprachkompetenz, stand Ideen im Wege, mehr Gleichheit zu schaffen und inner- sowie interkulturelle Emanzipation zu ermöglichen.

Man verfiel sogar darauf, Schüler nur noch nach dem Gehör schreiben zu lassen – übrigens ein Anliegen, das auch Konrad Duden einst umtrieb. Der Vater des früher verbindlichen deutschen Rechtschreibkanons glaubte an den Grundsatz: »Schreib, wie du sprichst.« Wäre es nach ihm gegangen, müssten wir schon seit über hundert Jahren »Ortografie« als korrekte Schreibweise beherzigen. Wichtiger aber war dem alten Duden die Einheitlichkeit der deutschen Rechtschreibung. Deshalb steckte er mit seinen radikaleren Reformideen zurück, als sie auf den eisernen Widerstand von Kanzler Bismarck stießen.

Aus Konrad Dudens Grab in Bad Hersfeld wurden deshalb keine Rotationen gemeldet, als es 1996 an den Versuch einer deutschen »Rechtschreibreform« ging, nicht die erste, aber wohl die peinlichste. Auch zu der waren wir nicht in der Lage. Ihr größtes Manko war nicht, dass es künftig »Majonäse« heißen durfte. Sondern dass sich kaum jemand an die neuen Regeln hielt, während sie den Schülern aber eingepaukt wurden. Sie sollten eine Orthografie lernen, die sie in Zeitungen und Büchern kaum wiederfanden.

Diese Reform scheiterte, sowie sie angekündigt war. Am 1. Juli 1996 legten Deutschland, Österreich, die Schweiz, Liechtenstein sowie Länder mit deutscher Minderheit gemeinsam ihre Absicht zur »Neuregelung der Rechtschreibung« nieder. Schon drei Monate später konterten die Unterzeichner einer »Frankfurter Erklärung« auf der Buchmesse: Das Projekt gehöre sofort in die Tonne. Schriftsteller, Germanisten, Verleger, Lektoren, Übersetzer, Buchhändler, Schauspieler, Journalisten, Politiker und Wissenschaftler meldeten sich da zu Wort; auch Physiker, Chemiker und Theologen trieb der Rebellengeist um, sogar zwei Patentanwälte, einen Erfinder, eine Spieltherapeutin und einen Uhrmachermeister.

Schwere Bedenken gegen die Reform keimten in ihnen allen, zum Beispiel, dass sie »dem Ansehen der deutschen Sprache und Literatur im In- und Ausland schaden« würde. Sie schwangen sich zu einem Tribunal verstockter Kulturkonservativer auf, dem eine Vielzahl von Verlags- und Redaktionsleitungen eilfertig gehorchte. Diese ließen große Teile der Reform fallen und setzte ihre jeweils eigenen Hausregeln an deren Stelle. Das Ergebnis des Verweigerungsfeldzugs der Sprachverweser war daher die komplette Zertrümmerung der einheitlichen und verbindlichen deutschen Rechtschreibung.

Größtes und unschuldigstes Opfer der neudeutschen babylonischen Sprachverwirrung waren die Schüler, die in diesen Umbruchzeiten der Orthografie korrektes Schreiben lernen mussten. Aus der schulischen Praxis berichtet der frühere Präsident des Deutschen Lehrerverbandes, Josef Kraus, in seinem Buch *Wie man eine Bildungsnation an die Wand fährt*: »Gelitten hat die Ernsthaftigkeit, mit der Schüler an die Rechtschreibung herangehen sollen. Schuld daran ist vor allem die Beliebigkeit von Schreibungen (Variantenschreibungen). Schüler entwickelten nämlich bald das diffuse Gefühl, dass man etwas ›so oder so oder auch anders‹ schreiben kann beziehungsweise darf.«

Obendrein wollen uns große Teile der Medien nun einreden, wir müssten uns eine progressive, herrschaftsfreie, gendergerechte – aber eben leider nur stockende, redundante und verbürokratisierte – Kunstsprache zulegen (»Teilnehmer*innen«, »Forschende«; »Schifffahrende« ersetzen »Seeleute«, »gebärende Person« die »Mutter«). Ist das noch unsere Muttersprache – oder kann das weg?

Kann weg, findet Winfried Kretschmann, jedenfalls im Klassenzimmer. Der baden-württembergische Ministerpräsident der Grünen, ehemaliger Lehrer, ist der Überzeugung: »Es ist schon schlimm genug, dass so viele unserer Grundschüler nicht lesen können. Man muss es denen nicht noch erschweren, indem man in der Schule Dinge schreibt, die man gar nicht spricht.«

+++ TEIL VIER: +++
Das Sicherheitsversprechen des Staats zerbricht

Thesen: Am eklatantesten versagt ein Staat, wenn er seine Bürger nicht hinreichend schützt. Die Bundesrepublik Deutschland, dieser angebliche Hort von Sicherheit und Stabilität, verfehlt derzeit die zuverlässige Gewährleistung der Landesverteidigung, umfassenden und vorausschauenden Schutz der körperlichen Unversehrtheit ihrer Bürger gegen Natur- und Gesundheitskatastrophen sowie Unfallgefahren in der öffentlichen Infrastruktur und erscheint zu oft wehrlos gegen organisierte Kriminalität, Extremismus und Fischzüge von Finanzmanipulateuren. Unser Staat hat einen Kontrollverlust erlitten. Es fällt ihm zunehmend schwerer, den Gesellschaftsschichten, die sich früher selbstverständlich mit ihm identifizierten, noch Rahmenbedingungen für materielle Geborgenheit und ideelle Heimat zu bieten – Voraussetzungen für Vertrauen in die Zukunft.

Bundeskanzler Olaf Scholz gab in einem Gastbeitrag für die *Frankfurter Allgemeine Zeitung* vom 18. Juli 2022 zu: »Der Zustand unserer Bundeswehr und der zivilen Verteidigungsstrukturen, aber auch unsere allzu große Abhängigkeit von russischer Energie sprechen dafür, dass wir uns nach Ende des Kalten Krieges in falscher Sicherheit gewiegt haben.« Man könnte auch sagen: Wir haben dreißig Jahre lang in einer Scheinwelt gelebt, und deshalb ist jetzt kaum noch etwas sicher.

In der wirklichen Welt sind die Gefahren für Leib, Leben und Gut der deutschen Bürger größer, als sie es jemals für möglich gehalten hätten. Was die Sicherung der Landesgrenzen gegen militärische Aggression von außen angeht, unterlagen große Teile der deutschen Gesellschaft nach dem Fall des Eisernen Vorhangs der naheliegenden Illusion, sich eine bequeme Ersatzwirklichkeit zurechtbasteln zu können. Sie war zugegebenermaßen verlockend und hat viele auf allen Seiten des politischen Spektrums getäuscht. Hatte der damals neue russische Präsident Wladimir Putin nicht 2001 in einer mit stehendem Applaus bedachten Rede vor dem Deutschen Bundestag den Nachfolgestaat der Sowjetunion als Soft Power charakterisiert? Also wurden auch wir weich, bis zur Unkenntlichkeit.

Über den Klimawandel hatten wir bis zum Sommer 2021 zwar viel geredet, uns aber in keiner Weise auf seine gefährlichen Folgen eingestellt. Als die Ahr und andere Flüsse über die Ufer traten, gab es nicht mal genug funktionierende Sirenen, die die Bevölkerung hätten warnen können.

Das Sicherheitsversprechen des Staats zerbricht nach außen wie nach innen. Wie unsere Soldaten verwenden unsere Polizisten mehr Energie auf den Kampf mit schlechter Ausrüstung und Bürokratie als auf ihre eigentliche Aufgabe. Warme Wohnungen – sofern sie überhaupt in ausreichender Zahl und erschwinglich zur Verfügung stehen – sind ebenso wie sichere Verkehrsmittel und -wege keine Gewissheit mehr.

Die Folgen dieses in der Bevölkerung immer drängender

wahrgenommenen Unvermögens gehen über das übliche Gemecker hinaus. Die Bürger befinden sich im Krisen-Dauermodus. Dies gebiert mehr als bloßen Frust, nämlich nackte Angst. Die Mittelschicht bangt um ihre Existenz. Buchstäblich nichts scheint mehr sicher, die Rente sowieso nicht, die eigene Wohnung, die nächste Heizöllieferung, der Status Deutschlands als funktionierendes Gemeinwesen mit Wohlstandsversprechen. Angst ist aber stets ein schlechter Ratgeber.

Dieses Entwertungserlebnis weicht die Raison d'Être unserer Nachkriegsrepublik auf. Ein Kernversprechen dieser bislang erfolgreichsten deutschen Demokratie ist die Abwesenheit von Angst gewesen: Angst davor, dass im Morgengrauen schweigsame Männer mit hochgeschlagenen Mantelkragen an deine Tür klopfen, um dich abzuholen. Angst davor, nur noch die Lumpen am eigenen Leib zu besitzen und morgen nichts zu beißen, keine Heimat mehr zu haben (wie es Millionen Flüchtlingen und Vertriebenen aus den ehemaligen deutschen Ostgebieten geschah). Angst davor, dass der selbst erarbeitete bescheidene Wohlstand wegen galoppierender Inflation über Nacht nichts mehr wert ist. Dass die Kinder keine Aussicht auf ein glückliches, vielleicht sogar besseres Leben haben könnten.

Man kann die Geschichte der Deutschen nach dem totalen Zusammenbruch 1945 als ständige Suche nach Sicherheit deuten. Diese Sicherheit sollte ihnen der Staat garantieren, obwohl sie mit Staatsgläubigkeit schlechte Erfahrungen gemacht hatten. Die Sehnsucht nach Berechenbarkeit und Stabilität versinnbildlichte Konrad Adenauers Wahlkampfparole »Keine Experimente«. Der Slogan aus dem Jahr 1957 bescherte der CDU das höchste Ergebnis, das eine Partei bisher bei einer Bundestagswahl erzielte: 50,2 Prozent und damit die absolute Mehrheit.

Heute zersplittert das Parteienspektrum immer mehr, wird es zunehmend schwieriger, noch Koalitionen unter Demokraten zu finden, mit denen die AfD von der Macht ferngehalten werden kann. Die Gesellschaft ist tief gespalten, die Diskursfähigkeit empfindlich gestört. Latrinenparolen und Fake News machen im bizarren Kosmos der angeblich »sozialen« Medien die Runde, wo »Influencer« Leichtgläubige zu Kaufräuschen oder Schlimmerem antreiben. Kaum etwas erscheint mehr sicher und unumstößlich.

KAPITEL 17

Im Stellungskrieg mit einer tief eingegrabenen
Bürokratie: die Bundeswehr

Am Freitag, dem 13. Januar 2023, kursierten im Berliner Regierungsviertel gerade die Vorab-Exemplare der neuen Ausgabe des Nachrichtenmagazins Der Spiegel, da sickerte durch, dass Bundesverteidigungsministerin Christine Lambrecht nun endgültig die hoch getragene Nase voll habe. Die Nachricht von ihrem bevorstehenden schmählichen Rückzug aus dem Amt fiel zusammen mit einem gezeichneten Spiegel-Titelbild, das einen Bundeswehr-Soldaten auf einem Bobby Car mit Plastikkanone zeigte. Der Karikatur-Kämpfer trug ein Holzgewehr auf dem Rücken und bekam Luftunterstützung von zwei Papierfliegern, von denen einer auch noch im Absturz begriffen war.

Der Angriffskrieg des russischen Präsidenten Wladimir Putin in der Ukraine ging damals gerade in den elften Monat. Seit Beginn des Überfalls am 24. Februar des Vorjahrs hatte sich nicht nur der Spiegel mit einer Feuerkraft auf Lambrecht eingeschossen, wie sie der Bundeswehr offenbar schon längst nicht mehr gegeben ist.

Die SPD-Politikerin erlag – zu großen Teilen selbst verschuldet – einem Phänomen des Alltagsgeschäfts im Berliner Medienzirkus: Durch Schaden- und Hinrichtungsfreude ausgelöster Rufmord bleibt dort immer an dir kleben, sogar, wenn du dann doch mal was richtig machst. Letzteres versäumte Lambrecht freilich; es fällt schwer, sie als Opfer darzustellen.

Die deutschen Medien waren seit Monaten voller Berichte über kleinere und größere Fehlleistungen der spröden Sozialdemokratin. Mal fiel ihr Stöckelschuhwerk bei Truppenbesuchen im Einsatzgebiet auf, dann kam sie als Helikoptermutti in Verdacht, die Sohnemann einen Mitflug im Militärhubschrauber zu einem Diensttermin verschaffte, bevor es dann gemeinsam in die Ferien ging.

Schlimmer als all dies, auch deutlich brisanter als ein völlig verunglücktes Silvester-Grußvideo Lambrechts vor dem Hintergrund von Böller-Detonationen im Berliner Stadtbild, war aber etwas anderes. Und zwar, dass die vorherige Justizministerin offenbar fachlich gänzlich unvorbereitet und ohne jede erkennbare Tatkraft nach dem Start der Ampel-Regierung von Bundeskanzler Olaf Scholz im Wehrressort dilettierte. Diesen Totalausfall leistete sich die Bundesrepublik, während auf ihre schon zu Friedenszeiten überfordert erscheinenden Streitkräfte die Aufgabe zukam, sich wieder für die Landesverteidigung zu rüsten, mithin für einen lange Zeit ausgeschlossen erscheinenden Eventualfall.

Unter dem Schock der Ukraine-Invasion hatte Scholz am 27. Februar 2022 vor dem Bundestag in Sondersitzung eine seiner wenigen starken Reden gehalten und eine »Zeitenwende« ausgerufen, auch für die Ausrüstung der Bundeswehr. Die dafür vorgesehenen 100 Milliarden Euro Schulden (»Sondervermögen«), nach Meinung von Experten ohnehin ein Tropfen auf den heißen Stein, führten jedoch monatelang nicht zu einem Umsteuern, das aus den deutschen Streitkräften statt Putins liebster Lachnummer wieder eine schlagkräftige Truppe hätte machen können.

Im Frühjahr 2022 kündigte Lambrecht an, die Soldaten zügig mit Schutzwesten, zeitgemäßer Funktechnik und Nachtsichtgeräten auszustatten. Bis September desselben Jahres hatte die Truppe davon noch nichts gesehen, weder am Tage noch in der Nacht, und musste auf die Bescherung zu Weihnachten hoffen, wenigstens was die Westen und Nachtsichtbrillen betraf.

Mit der Auslieferung von Funkgeräten sollte es voraussichtlich noch bis 2023 hapern. Angesichts der Eskalation der Bedrohung des gesamten Westens – nicht nur der Ukraine – durch den sich immer mörderischer gebärdenden Putin-Imperialismus stellte sich im Herbst 2022 die Frage, wer mit diesen Geräten dann noch an wen irgendetwas anderes durchgeben könnte als, nun ja, Rückzugsmeldungen.

Die Wehrbeauftragte des Bundestags, Eva Högl (SPD), beschrieb die Leistungsfähigkeit der vorhandenen Funktechnik in ihrem Jahresbericht 2022 so: »Es ist leider traurige Wirklichkeit, dass Soldatinnen und Soldaten der Wehrbeauftragten berichten, dass sie beim Panzer die Klappe aufmachen oder sogar herausgehen und herausrufen müssen, um sich zu verständigen.« Die digitale Aufrüstung des veralteten Truppenfunks solle erst 2027 abgeschlossen sein, was »definitiv viel zu lange« dauere.

Ein Jahr nach der »Zeitenwende«-Rede des Bundeskanzlers vom 27. Februar 2022 meldete der Vorsitzende des Bundeswehrverbandes, Oberst André Wüstner, in der *Bild am Sonntag* jede Menge unerfüllte Missionen der deutschen Verteidigungspolitik, darunter diese: »Wir haben bis heute keine einzige Panzerhaubitze, die wir im letzten Jahr an die Ukraine abgegeben haben, oder gar Ersatzteilpakete dafür neu bestellt. Das führt dazu, dass bereits weitere unserer wenigen verbliebenen Haubitzen stillgelegt und als Ersatzteillager genutzt werden.« Wehrbeauftragte Högl konstatierte in ihrem Jahresbericht, es sei »bei unseren Soldatinnen und Soldaten 2022 noch kein Cent aus dem Sondervermögen angekommen. Zu behäbig ist das Beschaffungswesen.«

Das »Bundeswehrbekleidungsmanagement« begab sich Anfang Dezember 2022 erst einmal auf den Weg zur »Vollausstattung« der Soldaten mit Textilien, und zwar bis Ende 2025. Vollausstattung bei der Bekleidung? Es drängt sich die Erinnerung an das Eingeständnis von Alfons Mais, Heeresinspekteur der Bundeswehr, nach dem Beginn des Putin-Feldzugs auf: Die Truppe stehe im Ernstfall »mehr oder weniger blank« da. Möglicherweise, so mag man angesichts der Textil-Offensive mutmaßen, hatten die Soldaten nicht einmal angemessene Hosen zum Herunterlassen zur Verfügung; schon gar keine »Überfallhose mit Netzeinlage«. Ihnen fehlten auch warme Unterwäsche, dicke Jacken und Kampfstiefel. Högl vertraute der *Bild am Sonntag* im November 2022 an: »Ich war diese Woche beim Jägerbataillon in Donaueschingen in Baden-Württemberg. Dort sind jetzt erst mal Socken angekommen.«

Während sich das Beschaffungswesen derart auf die Socken machte, konnte man nicht behaupten, in den Munitionslagern hätte gähnende Leere geherrscht, obwohl laut Högl Munition im Wert von 20 Milliarden Euro fehlte. Denn die Bundeswehr hatte gar nicht genug Lager, die hätten leer stehen können. »Mit deren Bauplanung muss jetzt angefangen werden«, verlangte die Wehrbeauftragte. Der Vorrat der Bundeswehr an Granaten, Patronen, Bomben, Torpedos, Raketen und Minen reicht im besten Fall ein paar Tage. Ihre auf dem Papier bestehenden NATO-Verpflichtungen erfüllt die Bundesrepublik seit Jahren nicht. Zwei Prozent des Nationaleinkommens für Verteidigungsausgaben sind die Zielmarke.

Deutschland verfehlte sie anhaltend, im Jahr der »Zeitenwende« um etwa 0,5 Prozentpunkte.

In seiner Titelgeschichte aus dem Januar 2023, die der High-Heels- und Low-Performance-Ministerin Lambrecht eine »palliative« Amtsführung bescheinigte, also Sterbebegleitung für einen siechenden Truppenkörper, listete der *Spiegel* über die Einsatzbereitschaft von Gerät der Bundeswehr auf:

- Marinehubschrauber: 30 Prozent
- Tornado-Kampfflugzeuge: ein Drittel
- Schützenpanzer Marder: etwas mehr als die Hälfte
- Schwere Transporthubschrauber CH-53: knapp die Hälfte
- Panzerhaubitze 2000: gut die Hälfte
- Fregatten: zwei Drittel
- U-Boote: 50 Prozent
- Kampfpanzer Leopard 2: etwa zwei Drittel »verfügbar«, davon aber wohl nur etwa 60 Prozent tatsächlich einsatzbereit

Die Armee sei die Schule der Nation, hieß es einmal. Dieser Sinnspruch gilt als verfehlter Rückgriff auf die militaristische Tradition des deutschen Kaiserreichs und wird deshalb eigentlich nicht mehr benutzt. Für die Bundeswehr trifft er dennoch in besonderem Maße zu. Denn an ihr beziehungsweise an dem, was von ihr übrig ist, lassen sich einige Probleme ablesen, die Deutschland als Ganzes hat.

Wie im Rest des Landes treffen gerade auch in seinem Militär Wunschdenken und politisches Unvermögen, gepaart mit gedanklicher Schwerfälligkeit und Hierarchie-Gläubigkeit, auf das alles erstickende Grundübel der Bundesrepublik: eine unzeitgemäße, überbordende Bürokratie. Exemplarisch dafür ist das berüchtigte Bundesamt für Ausrüstung, Informationstechnik und Nutzung der Bundeswehr (BAAINBw), eine kafkaeske Behörde zur Ausrüstung der Streitkräfte, in Koblenz ansässig in einem Bermudadreieck zwischen Industrie-Lobbyismus, Beamten-Resistenz und Vollkasko-Mentalität.

Dieses Amt mit mehreren Tausend Mitarbeitern brauchte nach Zählung der Tageszeitung *Welt* allein für die Anschaffung von gut 100 000 Vorhängeschlössern – nicht gerade der Inbegriff von High Tech – eine Ausschreibung, die insgesamt zweihundert Seiten umfasste.

Eine »Task Force Optimierung Beschaffungswesen« sagte dem Bürokratiewust nach Beginn des russischen Kriegs gegen die Ukraine den Kampf an. In Kraft gesetzt wurde 2022 auch ein »Bundeswehrbeschaffungsbeschleunigungsgesetz«. Es wurde zunächst bis Ende 2026 befristet. Nach Högls Schätzung würde es beim bisherigen Tempo und den bestehenden Rahmenbedingungen »etwa ein halbes Jahrhundert dauern, bis allein nur die jetzige Infrastruktur der Bundeswehr komplett modernisiert wäre«.

Für bisheriges Tempo und bestehende Rahmenbedingungen ist der Schützenpanzer Puma eines von vielen bestürzenden Beispielen. Dieses Gefährt bot nach zwanzig Jahren Entwicklungszeit und erheblichen Mehrkosten lediglich Soldaten Platz, deren Körperlänge 1,84 Meter nicht überschreiten durfte. Zu den Anforderungen, die der Puma zu erfüllen hatte, gehörte unter anderem, dass die Belastung durch Schussgasentwicklung im Innenraum die Gebärfähigkeit weiblicher Besatzungsmitglieder nicht gefährden durfte und dass er lufttransportfähig sein musste – was seine Vollpanzerung eigentlich nicht erlaubte.

Wer einen Puma hat, braucht für den Spott nicht zu sorgen. Die Nerven-Raubkatze soll den Kampfpanzer Leopard 2 im Gefecht unterstützen. Die Bundeswehr benennt ihr Gerät gerne nach Tiernamen, die Durchsetzungsfähigkeit symbolisieren sollen. Damit fing schon die Wehrmacht mit ihrem schweren Panzer »Tiger« an – einer aufwendigen Entwicklung, die es nur auf relativ geringe Stückzahlen brachte.

Die Bundeswehr setzte die großspurige Liebe zu bedrohten Arten fort. In ihrem Zoo wimmelte es immer vor Leoparden und Geparden und auch kleineren Rackern wie Mardern, Füchsen, Leguanen, Wieseln, Bibern, Dachsen und Dingos. Selbst Piranhas sowie Büffel gab und gibt es – alles keine Streicheltiere.

Wenig Streicheleinheiten hatten Bundeswehr-Kommandeuren mitunter auch für ihre eigene Truppe übrig. 2019 gab der damalige Bundeswehrbeauftragte Hans-Peter Bartels (SPD) Klagen von Vorgesetzten über eine nachlassende Eignung der Soldaten fürs Kriegshandwerk mit den Worten wieder: »Sie seien ›dicker, schwächer und dümmer‹ als früher.«

Über den Puma hieß es in *Brehms Tierleben* einst: »Nur in der höchsten Noth zeigt er Muth; sonst entflieht er stets vor den Menschen und vor Hunden.« 2022, wenige Wochen vor Lambrechts Flucht aus dem Berliner Bendlerblock, erwies sich, dass der Bundeswehr-Schützenpanzer im Ernstfall nicht mal in der Lage war, Reißaus zu nehmen: Bei einer Feldübung blieben achtzehn von achtzehn eingesetzten Wundertieren wegen kleinerer und größerer Defekte erst mal liegen.

Laut Medienberichten stellte sich heraus: Bedienungsfehler und mangelnde Wartung hatten zu dem Serienausfall geführt. Im Bundeswehr-Deutsch lauteten die Konsequenzen daraus: »Die Ausbildung für Instandsetzungspersonal aller Ebenen wird im Zusammenwirken mit der Industrie intensiviert. Das technisch-logistische Unterstützungskonzept wird überarbeitet, der Wissens- und Erfahrungsaustausch zwischen den Instandsetzungsebenen vertieft.«

Ach ja, wir sollten alle viel mehr miteinander reden, vor allem in der Bundeswehr. Meist wird aber *über* sie geredet, und zwar schlecht. Denn die Puma-Pannen waren kein Einzelfall. Auch ein Großteil des fliegenden Geräts erwies sich immer wieder als flügel- oder rotorlahm. »Weil die Bundeswehr-Hubschrauber meist defekt sind, müssen die Piloten den ADAC um Hilfen bitten, damit sie auf genügend Flugstunden kommen, um ihre Lizenzen zu behalten«, beobachtete Constantin Wißmann bei den Recherchen für sein Buch *Bedingt abwehrbereit – Wie die Bundeswehr zur Schrottarmee wurde*.

2018 musste Angela Merkel auf einen Linienflug nach Argentinien zurückgreifen, weil die Flugbereitschaft der Luftwaffe nicht garantieren konnte, dass die Bundeskanzlerin mit einem deutschen Regierungsflieger dort unbeschadet zu einem G20-Gipfeltreffen eintreffen würde. Merkel orderte drei neue Airbus 350, zwei waren bis Ende 2022 ausgeliefert.

Endlich, so dachten unsere Spitzenpolitiker wohl, konnten sie sicher und standesgemäß in staatseigenen Vorzeige-Fliegern rund um die Welt düsen, im angenehmen Ambiente einer »VIP-Kabine« mit Büros und »Lounge-Bereich« und mit 960 km/h Spitzengeschwindigkeit.

Doch im März 2023 kamen Zweifel auf, ob die neuen Regierungsflieger mit den Traditionsnamen »Kurt Schumacher«, »Konrad Adenauer« und »Theodor Heuss« gegen Angriffe in der Luft hinreichend geschützt seien. Das Bundesverteidigungsministerium teilte dazu mit, ein Selbstschutzsystem für den A350 sei »momentan nicht marktverfügbar« und müsste »mit hohem Kosten- und Zeitaufwand entwickelt werden«. Ein Einbau würde nicht nur einen dreistelligen Millionenbetrag kosten, sondern »mehrere Monate pro Luftfahrzeug in Anspruch nehmen«. Die stolze »Weiße Flotte« der Flugbereitschaft wäre also wieder nicht voll einsatzfähig gewesen. Bundespräsident, Bundeskanzler und Außenministerin wurde nahegelegt, »für Flüge in Einsatz- und Risikogebiete weiterhin die sehr gut geschützte A400 M zu nutzen« – das ist ein militärisches Transportflugzeug mit Propellern, kein repräsentativer Luxusliner. Im Mai 2023 gab es schon wieder Probleme mit einem Regierungs-Airbus: Bundesaußenministerin Annalena Baerbock (Grüne) strandete wegen eines Reifendefekts in Doha.

Für die Anschaffung neuer Kampfflugzeuge vom Typ F-35 nahm das deutsche Militär sich nach Putins Einfall in der Ukraine ein Tempo »im Überschallbereich« vor. So jedenfalls die Worte von Luftwaffen-Chef Ingo Gerhartz zum geplanten Kauf von fünfunddreißig Tarnkappenjets aus US-Fabrikation als Tornado-Nachfolger, für die das Verteidigungsministerium zunächst 8,3 Milliarden Euro aus dem von der Bundesregierung aufgelegten »Sondervermögen« für die Nachrüstung der Streitkräfte im Umfang von 100 Milliarden Euro veranschlagte.

Ab 2026 sollte die Lieferung der F-35A Lightning II anlaufen, und zwar als wahrscheinlich insgesamt zehn Milliarden Euro kostendes Gesamtpaket, das laut »Stiftung Wissenschaft und Politik« (SWP) neben den Flugzeugen auch Ersatzteile, Wartungsmaßnahmen und ein umfangreiches Sortiment an Waffen umfasst: »Erstmals wurde ein Flugzeug mit einem vollständigen Servicepaket gekauft.«

Man war bei der Bundeswehr also darauf gekommen, was andere Käufer schon längst wissen: Der neue Staubsauger braucht auch mal Beutel, der Kamin ab und zu einen Schornsteinfeger, der Bürotacker einen Vorrat an Heftklammern, damit er zubeißen kann. Zu viel Biss unterm Flügel scheint der Tarnkappe der F-35 allerdings nicht gut zu bekommen. Das Bundesverteidigungsministerium hebt ihre »vielfältigen Bewaffnungsoptionen« hervor, muss allerdings einschränken: »An sechs Außenlastträgern können zusätzliche Waffen mitgeführt werden, dann allerdings mit negativem Einfluss auf die Radarsignatur der F-35.«

Der Name des Jet-Herstellers, Lockheed Martin, weckt ungute Erinnerungen. Dessen unzuverlässiges Kampfflugzeug »Starfighter« wurde wegen seiner vielen Abstürze als »Witwenmacher« oder »fliegender Sarg« berüchtigt. Angeschafft hatte den Düsenjet Bundesverteidigungsminister Franz Josef Strauß (CSU). Er war auch in die *Spiegel*-Affäre im Jahr 1962 verwickelt. Ein Artikel des Magazins über die Bundeswehr unter der seitdem legendären Überschrift »Bedingt abwehrbereit« war unter den Verdacht des Landesverrats geraten.

Nun ja, das ist lange her, nicht wahr? Und die F-35 ist laut Luftwaffen-Inspekteur Gerhartz »das modernste Kampfflugzeug weltweit«. Ob es bei den anfänglich eingeplanten Anschaffungskosten bleibt? Schau'n mer mal, dann zahl'n mer scho.

Besonders spektakulär versenkte die Bundeswehr für das Marine-Schulschiff *Gorch Fock* sämtliche Kostenpläne und machte den einst stolzen Segler zum echten Windjammer, einem jämmerlichen Symbol für Geldverschwendung. Der Preis seiner Generalüberholung, ursprünglich auf zehn Millionen Euro geschätzt, explodierte auf mehr als das Zehnfache. »Wenn die Bundeswehr ein Segelboot erneuern will, erhöhen sich die Kosten um 125 Millionen, und die Werft geht pleite«, ätzt Wißmann dazu, bei dem die deutsche Marine schon deshalb nicht besonders gut wegkommt, weil sie »mehr Admirale als Fregatten« habe.

Wenn es ums Militär ging, scheute man schon in Preußen und später im deutschen Kaiserreich weder Mühen noch Kosten, ohne sich über deren Sinn immer Rechenschaft abzulegen. »Soldatenkönig« Friedrich Wilhelm I. steckte hohe Summen in eine militärische Extravaganz: seine »Langen

Kerls«, mindestens 1,88 Meter lange Grenadiere. Der König ließ sie mit großem Aufwand europaweit anwerben, brauchte sie aber im Wesentlichen nur als Paradesoldaten. Sein Sohn Friedrich II., der sich im Gegensatz zu seinem Vorgänger auf existenzbedrohende Kriege einließ, schätzte die Kampfkraft von Vaters Riesentruppe als so entbehrlich ein, dass er sie weitestgehend auflöste.

Rund hundertfünfzig Jahre später warf ein anderer Hohenzoller mit Geld um sich, weil er Deutschlands Zukunft auf der See sah und der Weltmacht Großbritannien dort Konkurrenz machen wollte. Die Aufrüstung der Hochseeflotte von Kaiser Wilhelm II. löste zwar den Ersten Weltkrieg mit aus, die ganzen beeindruckend unter Dampf stehenden Schlachtkreuzer erwiesen sich aber als gänzlich unfähig, entscheidend in diesen Krieg einzugreifen. Den Schaden tragen wir noch heute, auch in Gestalt der Sektsteuer, einst Beitrag der Untertanen zu den exorbitanten Kosten der maritimen Allmachtsträume ihres Monarchen.

Solche Verirrungen könnten einen beinahe glauben lassen, das Bundeswehrbeschaffungsamt versähe schon seit Kaisers Zeiten seinen Dienst. Constantin Wißmann schreibt in seiner schonungslosen Bestandsaufnahme des erbärmlichen Zustands der heutigen deutschen Streitkräfte denn auch, ihr Rüstungswesen sei von einer »Mischung aus Größenwahn und Fehlplanung« geprägt, die an die wilhelminische Ära erinnere.

Der Chef der Rüstungssparte von Airbus, Michael Schöllhorn, beschrieb die schwerfälligen Ausrüstungsprozesse der Bundeswehr dem *Spiegel* 2022 so: »Heute ist alles zu fragmentiert, zu bürokratisch und orientiert sich an teilweise gegenläufigen Zielen, die dann deutsch-perfektionistisch verfolgt werden.« Der Airbus-Manager war aber klug genug, ein wenig Selbstkritik wegen langer Beschaffungsabläufe anklingen zu lassen: »Auch wir als Industrie sind nicht unschuldig an der Misere, weil wir in der Vergangenheit bei Qualität und Tempo den Ansprüchen nicht immer gerecht wurden und zu viel Komplexität zugelassen haben.«

Schöllhorn legte damit den Finger auf zwei Wunden: Zum einen sind für die Rüstungsindustrie marktwirtschaftliche Gesetze weitgehend außer Kraft gesetzt, weil die Zahl der (einheimischen) Anbieter gering ist. Außerdem unterschritten die Ansprüche des Auftraggebers Bundeswehr auf Durchsetzung von Qualitätsstandards, Lieferfristen und Regress lange die normalen Konsumentenrechte für Rückgabe und Preiserstattung eines fehlerhaften Staubsaugers. Zum anderen gefielen die verschiedenen Waffengattungen sich darin, während der Entwicklung ihrer neuen Spielzeuge ständig zusätzliche und einander teilweise widersprechende nachgeschobene Wünsche auszustoßen – Goldrand-Lösungen.

Wißmann kritisiert: »Bei nahezu allen Projekten der Bundeswehr fällt auf, dass stets äußerst komplexe und technisch extrem anspruchsvolle Lösungen verlangt werden. Überladen mit Schnickschnack wie ein Weihnachtsbaum, den jedes Familienmitglied nach seinen Vorstellungen geschmückt hat, soll ein Produkt möglichst viele Felder abdecken.«

Ob Eurofighter, Transportflugzeug A400M, Fregatte F125, Drohne »Eurohawk« oder Luftabwehrsystem MEADS: Stets wurden Kosten- sowie Zeitpläne um Milliarden und Jahre überschritten. Nicht ganz so spektakulär, aber auch zum Heulen: eine Boje für die U-Boot-Kommunikation, die laut Bundesrechnungshof »auch nach 19 Jahren Entwicklungszeit noch keine hinreichende Funktionsfähigkeit« aufwies.

Hochfliegende Technikträume gab es also immer mehr als genug, adäquate persönliche Ausrüstung für die Soldaten hingegen nicht. Kein Mangel herrscht dafür an Verwaltungspersonal. Für eine Zielgröße von 180 000 Soldaten empfahl eine Bundeswehr-Strukturkommission 2010 50 000 zivile Kräfte. Das tatsächliche Verhältnis lautete im Februar 2023 aber 183 000 zu 81 000. Gleichzeitig sucht die Bundeswehr händeringend Fachkräfte. Ursula von der Leyen rief als Bundesverteidigungsministerin eine »Trendwende Personal« aus. Sie wollte die Bundeswehr als Arbeitgeber attraktiver machen, auch für Eltern, die Beruf und Familie unter einen Hut bringen müssen. Kita und Teilzeit sowie eine allgemein angenehmere Arbeitsumgebung mit wohnlicheren Soldatenstuben wurden neue Orientierungsgrößen. Schnell entstand daraus der Spott, die Ministerin sei auf »FKK«-Kurs (Flachbildschirm, Kühlschrank und Kita) zur »Wohlfühlarmee«.

Erinnerlich blieb aus der Ära von der Leyen auch die Posse um das Bundeswehrgewehr G36. Sie brachte der Christdemokratin, die sich im engsten Familien- und Freundeskreis lieber »Röschen« nennen lässt, den Spitznamen »Flinten-Uschi« ein. Die Waffe geriet in den Verdacht, bei Dauerfeuer und großer Hitze nur noch ungenau zu schießen. Um Tatkraft zu beweisen, ordnete die Ministerin an, das Gewehr außer Dienst zu stellen – ohne Bewaffnungsalternative und offenbar aufgrund unsicherer Faktenlage, denn die Herstellerfirma Heckler & Koch zog erfolgreich vor Gericht.

Als von der Leyen 2019 ihr Amtszimmer im Berliner Bendlerblock mit der Chefetage der EU-Kommissionszentrale Berlaymont in Brüssel vertauschte, hinterließ sie außerdem eine veritable Berateraffäre.

Rat von außen konnte die Bundeswehr allerdings durchaus gebrauchen. In den vergangenen zwanzig Jahren gab es zwei Versuche, mit dem geballten Fachwissen externer Fachleute zu Verbesserungen zu kommen. Reformvorschläge legte im Jahr 2000 sowohl die Weizsäcker-Kommission vor als auch rund zehn Jahre später die Weise-Kommission. Reserveoffizier Frank-Jürgen Weise, von 2004 bis 2017 Vorstandsvorsitzender der Bundesagentur für Arbeit, war eine Zeit lang eine Art Allzweckwaffe verschiedener Bundesregierungen, wenn es darum ging, mit behördlichen Missständen aufzuräumen.

Von der Leyen griff immerhin die Überzeugung der Weise-Kommission auf, die Truppe müsse sich mehr Mühe bei der Personalgewinnung geben. Eine andere Erkenntnis der Experten blieb allerdings weitgehend folgenlos: Im Verteidigungsministerium machten sie eine »allgemeine Verantwortungsdiffusion« aus, die eine »gezielte, sachgerechte und energische Steuerung unmöglich« mache.

Die Kommission sprach sich für einen auf fünf bis sieben Jahre angelegten Prozess des Wandels in den Streitkräften aus. Sieben Jahre später steuerte der damalige Wehrbeauftragte Hans-Peter Bartels zwei noch immer gültige Beobachtungen zur Lage der Bundeswehr bei: »Nichts geht schnell.« Und: »Es ist von allem zu wenig da.«

Seit 1989 sank die Zahl der deutschen Soldaten im aktiven Dienst um gut 300 000. Von einst Tausenden Panzern und tausend Kampfflugzeugen ist nur noch ein Bruchteil übrig. Als Sparmeister tat sich Verteidigungsminister Karl-Theodor Maria Nikolaus Johann Jacob Philipp Franz Joseph Sylvester Buhl-Freiherr von und zu Guttenberg hervor. Was der CSU-Politiker an Vornamen (und auch einem wegen Plagiatsvorwürfen aberkannten Doktortitel) zu viel hatte, fehlte der Truppe nach seiner kurzen Amtszeit an Kampfkraft. Der langjährige Ressortchef Volker Rühe (CDU) bescheinigte dem smarten Adligen 2019 in einem vielbeachteten Interview des *Tagesspiegel* »die Zerstörung der Bundeswehr«. Guttenberg habe freiwillig acht Milliarden eingespart. Und »kopflos die

Wehrpflicht abgeschafft, ohne ein Konzept, wie man auf dem freien Arbeitsmarkt die Leute bekommt«.

Für die Verwaltung des Mangels fand sich unter Guttenbergs Nachfolger Thomas de Maizière eine der vielen unnachahmlichen Wortschöpfungen des deutschen Militärapparats: »dynamisches Verfügbarkeitsmanagement«, im Klartext Löcherstopfen nach dem Prinzip linke Tasche, rechte Tasche. Was irgendwo fehlte, wurde anderswo in der Truppe abgezogen. Die Wehrexperten Josef Kraus und Richard Drexl zogen in ihrem 2021 erschienenen Buch *Nicht einmal bedingt abwehrbereit – Die Bundeswehr zwischen Elitetruppe und Reformruine* das Fazit: »Spätestens seit den Strukturreformen aus der Amtszeit von Verteidigungsminister Thomas de Maizière (CDU) in den Jahren 2011 bis 2013 ist kein größerer Kampfverband mehr einsatzbereit.«

Die beiden Autoren lassen auch am Wirken der späteren EU-Kommissionspräsidentin von der Leyen im Berliner Bendlerblock kein gutes Haar: »Ursula von der Leyen hat die Bundeswehr in einem desaströsen Zustand zurückgelassen, wenig passte da noch zusammen. Trotz der ausgerufenen Trendwenden ist die materielle Einsatzbereitschaft gering. Der Klarstand der Hauptwaffensysteme verharrt auf dem schlechten Niveau der Vorjahre. Inzwischen klettern Panzergrenadiere bei Geländeübungen peinlicherweise sogar aus einem Kleinbus statt aus einem Schützenpanzer.«

Erst Putins Vernichtungsfeldzug gegen die Ukrainer machte großen Teilen der deutschen Öffentlichkeit klar, dass es so nicht weitergehen konnte. Doch statt »Zeitenwende« gab es erst mal einen Ministertausch. Lambrecht-Nachfolger Boris Pistorius fand im Nachlass seiner Vorgängerin wenig, was zum Optimismus Anlass gegeben hätte. Er fiel zunächst mit Truppennähe und Mut zur schonungslosen Bestandsaufnahme auf. Ziemlich früh in seiner Amtszeit ließ er erkennen, dass die von Scholz versprochenen 100 Milliarden nicht reichen würden. Dann bekannte er klipp und klar: »Wir haben keine Streitkräfte, die verteidigungsfähig sind, also verteidigungsfähig gegenüber einem offensiven brutal geführten Angriffskrieg.«

Pistorius trennte sich von Führungskräften wie der bisherigen Präsidentin des Rüstungsamts, Gabriele Korb. Nachfolgerin wurde allerdings deren bisherige Stellvertreterin Annette Lehnigk-Emden, an den Zuständen im Amt wohl nicht ganz unbeteiligt. Wie ein entschlossener personeller Neuanfang sah das nicht gerade aus. Pistorius versprach aber, bei der Beschaffung von Ausrüstung für die Bundeswehr gebe es unter ihm eine neue Priorität: Tempo.

Die Bundeswehr war lange nicht nur mit Material ungenügend ausgestattet, sondern auch mit gesellschaftlicher Akzeptanz. Wir hielten uns eher widerstrebend eine »Parlamentsarmee«, für deren Einsatz wir eigentlich auch innerlich nicht gerüstet waren.

Das deutsche Militär beteiligt sich seit 1992 an Auslandsmissionen. 1995 beendete das Dayton-Friedensabkommen den mörderischen Krieg in Bosnien-Herzegowina, einem der Staaten, der aus dem blutigen Zerfall des einstigen Jugoslawiens hervorging und wie das Kosovo bis auf den heutigen Tag ein Unruhefaktor auf dem Balkan geblieben ist. Deutsche Soldaten rückten als Teil einer internationalen Friedensstreitmacht zum ersten bewaffneten Einsatz in der Geschichte der Bundeswehr ins Krisengebiet ein.

Vor Ort hatte ich als – ängstlicher – begleitender Berichterstatter ein erhellendes Gespräch mit einem britischen Major. Mit »stiff upper lip« beschrieb er bei einem Glas Wein die Vorgehensweise der deutschen Verbündeten vor Ort so:

»Wenn sie aus einem Hinterhalt unter Feuer geraten, machen sie Meldung und ziehen sich zurück. Unsere Jungs räuchern das Widerstandsnest sofort aus und haben in dieser Gegend danach dann keine Probleme mehr.«

Die Bundeswehr gab »Taschenkarten« an Soldaten im Einsatz aus. Ihren Zweck beschrieb sie so: »In der Regel geben Taschenkarten die Umsetzung des Auftrages aus dem völkerrechtlichen Mandat wieder und stellen die zulässigen Maßnahmen zur Anwendung militärischer Gewalt für die Durchsetzung des Auftrages sowie die Selbstverteidigung/ Nothilfe dar. Dabei werden auch der Schusswaffengebrauch und der Grundsatz der Verhältnismäßigkeit erläutert.« Dem Bundeswehr-Kenner Wißmann zufolge war die Folge der Erläuterungen »eine tiefe Verunsicherung unter den Soldaten, die sich bei jedem Gefecht ›mit einem Bein im Grab, mit dem anderen im Knast‹ wähnten«.

Diese Truppe wurde dann in das Afghanistan-Abenteuer geschickt, denn laut dem damaligen Verteidigungsminister Peter Struck wurde Deutschlands Freiheit ja auch am Hindukusch verteidigt. Diese Analyse des SPD-Urgesteins, eines der wenigen Ressortchefs im Bendlerblock, der Achtung in der Truppe erlangte, war richtig. Doch fand sich in Deutschland geringer gesellschaftlicher Rückhalt für das Engagement der Bundeswehr-Angehörigen, die in Afghanistan bis zum schmählichen Rückzug des gesamten Westens im Feuer standen.

Neunundfünfzig von ihnen kamen in Body Bags zurück, davon fünfunddreißig laut Bundesverteidigungsministerium als Gefallene durch »Fremdeinwirkung«. Es war seinerzeit sogar umstritten, in diesem Zusammenhang von »Gefallenen« zu sprechen.

KAPITEL 18

Rechtsträge Räume:
überforderte Polizei und Justiz

Im Dezember 2022 gaben dreiste Kunsträuber einer Kulturnation einzigartige Artefakte zurück, die sie zuvor mit großer Rücksichtslosigkeit entwendet hatten. Die Kunstwerke konnten damit dorthin zurückkehren, wo sie hingehörten. Nein, ich meine nicht Nigeria, sondern das Grüne Gewölbe in Dresden. Während deutsche Museen sich von Beutekunst aus dem Benin-Kulturkreis trennten und ihn zurück nach Afrika verschifften, zeigten sich zeitgleich einige in Dresden vor Gericht stehende Herren ebenfalls zu einer Rückführung von Kleinodien bereit. Im Prozess um den Juwelendiebstahl aus dem Grünen Gewölbe erhofften sie sich dadurch Strafmilderung.

Die jungen Männer entstammten laut Presseberichten »einer bekannten arabischstämmigen Großfamilie«. Im allgemeinen Sprachgebrauch firmiert die gegen sie gerichtete Anklage als »Clankriminalität«. Eine politisch korrektere Bezeichnung lautet »Begehung von Straftaten durch Angehörige ethnisch abgeschotteter Subkulturen«. Es geht nicht nur um Clans mit kurdischen und arabischen Wurzeln, das Problem ist auch vom Balkan, aus dem Kaukasus und der Türkei zu uns gekommen. Es werden selbstverständlich auch nicht alle Mitglieder eines großen Familienverbands straffällig. »Eine enge Verzahnung von familiären und kriminellen Strukturen ist wohl am ehesten auf der Ebene einzelner Kernfamilien innerhalb eines ›Clans‹ gegeben«, urteilt der Kriminologe Klaus von Lampe.

Zwei der Mitglieder der bundesweit bekannt gewordenen Remmo-Familie, die in Dresden vor Gericht standen, verbüßten bereits Haftstrafen, weil man sie eines weiteren spektakulären Kunst-Raubzugs für schuldig befunden hatte: des Diebstahls der 100 Kilo schweren »Big Maple Leaf«-Goldmünze aus dem Berliner Bode-Museum. Auch für einen Überfall auf einen Geldtransporter auf dem Berliner Kurfürstendamm 2021 wurde ein Spross der Großfamilie verurteilt.

Nun gut, Kriminalität kommt in den besten Familien vor. Etwas gehäufter aber in jenen, die unseren Staat für das halten, was in der Jugendsprache zur geläufigen Beleidigung geworden ist: »Du Opfer!« Diese Annahme ist gar nicht mal so falsch. 2012 schon entstand im Berliner Landeskriminalamt eine Einschätzung der Gefährdungen durch Clan-Strukturen, auch in der Remmo-Familie. Sie verhallte nicht einmal, sondern wurde unter Verschluss gehalten. Das Opfer verschloss die Augen vor der eigenen Gefährdung.

Die Kriminalpolizei, Zeitschrift der Gewerkschaft der Polizei, veröffentlichte 2020 einen Aufsatz von Stefan Goertz über Clankriminalität mit dem Vorwurf: »Die politischen Entscheidungsträger Deutschlands haben das Problem kriminelle Familienclans erst relativ spät erkannt, und die Behörden waren lange Zeit überfordert, da es der deutschen Polizei an Personal und Möglichkeiten fehlt, um Clankriminalität als Phänomenbereich der Organisierten Kriminalität zu bekämpfen.« Dieser Kampf stehe »erst ganz am Anfang«.

Übersichten der Polizei von Nordrhein-Westfalen gehen von über hundert Clans aus. Das Ruhrgebiet gilt in diesem

Bundesland als ihr Hauptaktionsraum, mit Schwerpunkten in Essen, Recklinghausen, Gelsenkirchen, Duisburg und Bochum. NRW-Innenminister Herbert Reul (CDU) hält kriminelle Clan-Mitglieder für den »Inbegriff dessen, was ein funktionierender Staat verhindern muss, nämlich, dass sich einzelne herausnehmen zu bestimmen, was Recht und was Unrecht ist«. Es handle sich um »ausgeprägte Intensivtäter«, die sich »über Jahrzehnte gewachsener Strukturen« bedienten. Weitere Tummelfelder der Clans sind neben Berlin auch Frankfurt, Niedersachsen und Bremen.

Ihre Form der Kriminalität trägt nach einer Analyse des Clan-Experten Ralph Ghadban eine stark staatsuntergrabende Note. »Die Großfamilien, bei denen die Verachtung für uns und unsere Werte besonders groß ist, haben die Clankriminalität entwickelt: Sie haben gemerkt, dass in unserer offenen, toleranten Gesellschaft die Menschen als Individuen und autonome mündige Bürger, die das Gewaltmonopol des Staates respektieren, ihnen als aggressiv auftretender Gruppe ausgeliefert sind.« So nachzulesen in Ghadbans Buch *Arabische Clans – Die unterschätzte Gefahr.*

In als besonders fortschrittlich selbstverorteten Kreisen der Bundesrepublik gelten weiße alte Männer als gesellschaftliches Risiko, während man vor der Gefahr, die von jungen Männern dunkleren Teints ausgeht, lieber die Augen verschließt. Die Ruhrgebiets-Streifenpolizistin Tania Kambouri, eine Beamtin mit griechischem Migrationshintergrund, hielt in ihrem Buch *Deutschland im Blaulicht* unmissverständlich fest: »Ich möchte nicht lange um den heißen Brei herumreden: Gerade mit Migranten aus muslimisch geprägten Ländern gibt es die größten Schwierigkeiten, allen voran mit jungen Männern.«

Über einen Einsatz in einer nahgelegenen Kreisstadt während ihrer Ausbildung berichtete die in Bochum tätige Polizistin: Eine Meldung über eine Messerstecherei ließ sie und zwei Kollegen zum Tatort eilen – mit dem einzigen Streifenwagen für die gesamte Stadt. Vor Ort empfing sie eine aufgebrachte Menschenmenge von dreißig bis vierzig Libanesen. Ein Mann wies Schnittwunden am Hals auf. »Als wir ihn zum Rettungswagen bringen wollten, kam es endgültig zum Tumult und zur Eskalation. Die Libanesen griffen nach einem meiner Kollegen, weil sie dachten, dass wir ihren Landsmann einsperren wollten. Ich forderte Unterstützung an, aber niemand war da, der uns schnell genug zu Hilfe eilen konnte.« An eine Personalienfeststellung sei unter diesen Umständen nicht zu denken gewesen. »Wir waren zahlenmäßig unterlegen und hätten jede weitere Auseinandersetzung mit der unkontrollierbaren Menge verloren.«

So sieht ein Rechtsstaat auf dem Rückzug aus. Für Kambouri ist das Alltag geworden. »Damals hätte ich nicht im Traum daran gedacht, dass so etwas einige Jahre später die Regel werden sollte. Heute läuft es immer wieder so, wenn Clans in dieser Stärke auftreten ... Die Clans leben mitten in Deutschland das Recht des Stärkeren aus.«

Die seit Veröffentlichung des Buchs der Polizistin 2015 wahrnehmbarer gewordenen Gegenmaßnahmen rubrieren als »Nadelstichtaktik« – der Staat als tapferes Schneiderlein. Er überprüft als clan-verdächtig geltende Orte wie Shisha-Bars, Barber Shops, Wettbüros, Spielhallen und Diskotheken vermehrt darauf, ob sie alle möglichen Vorschriften wirklich beachten. Häufiger als Großrazzien sind Besuche etwa von Kontrolleuren der Gewerbeaufsicht oder der Gesundheitsämter. »Tausend Nadelstiche« sollen den Clans auf die Nerven gehen, ihnen das Leben unangenehm machen. Reul will sie »piesacken«.

Straftäter kommen aus den verschiedensten Kulturkreisen, in der Bundesrepublik selbstverständlich mehrheitlich aus dem deutschen. Tatverdächtige Zuwanderer sind im Sektor der organisierten Kriminalität (OK) laut Bundeskriminalamt jedoch »von Relevanz«. 2021 zählte das BKA hundertunddrei OK-Gruppierungen, in denen Zuwanderer tonangebend waren. Knapp zwei Drittel der in dieser Hinsicht Tatverdächtigen seien bereits vor 2015 eingereist.

Es treten in Deutschland mit immer größerer Rücksichtslosigkeit, teilweise aber auch mit vertiefter Raffinesse, Weiterentwicklungen schon länger angesiedelter organisierter Kriminalität auf. Beleg für das erstgenannte Phänomen ist das Umsichgreifen von Geldautomatensprengungen, einer besonders brachialen Bereicherungsmethode. Das zweite Symptom ist die Diversifizierung von Geschäftsstrategien klassischer mafiöser OK-Gruppierungen, die mehr im Verborgenen wirken und die ganz großen Schlagzeilen meiden – wobei sie dennoch großen Reibach machen.

Bei den viel kleineren Kalibern, egal welcher Herkunft, die sich bemerkbarer austoben, wird eine zunehmend schwerer einzudämmende Enthemmung spürbar. Eine reibungslos funktionierende Staatsmacht mit gewährleisteter Schutzfunktion war weder bei den massenhaften sexuellen Übergriffen auf Frauen in der Kölner Silvesternacht 2015 zu erkennen noch bei den linksradikalen Ausschreitungen anlässlich des G20-Gipfels in Hamburg 2017.

Hinzu tritt nicht nur eine ganze Reihe von Fehlleistungen bei der Abwehr der Gefährdung durch politisch oder religiös motivierte Extremisten, sondern auch bei der Aufarbeitung solcher Versäumnisse. Schon die Bekämpfung des linksterroristischen RAF-Wahnsinns in den Siebzigerjahren war von Fahndungspannen begleitet. Aber lieber erinnern wir uns natürlich daran, wie die Sondereinsatztruppe GSG 9 die Insassen der Lufthansa-Maschine »Landshut« in Mogadischu chirurgisch präzise von den verbrecherischen palästinensischen Willkürtätern befreite.

Das war eine politisch-taktisch-logistische Meisterleistung, ohne Frage. Sie fand 1977 statt, fünf Jahre nach dem Komplettversagen der Polizei beim blutigen Ende der palästinensischen Olympia-Geiselnahme in Fürstenfeldbruck. 1980 folgte aber leider keine weitere Glanztat, sondern das rechtsextreme Oktoberfestattentat mit dreizehn Toten und mehr als zweihundert Verletzten. Die Ermittlungen dazu wiesen zahlreiche Ungereimtheiten und Auffälligkeiten auf. Die »Wehrsportgruppe Hoffmann«, der der Täter angehört hatte, durfte lange ungestört ihr Unwesen treiben.

Ab 2000 konnten sich auch die Killer des »Nationalsozialistischen Untergrunds« (NSU) durch die Migrantenszene morden – die dann auch noch in den Verdacht selbst begangener »Döner-Morde« geriet. Eine eklatante Fehlleistung offenbar völlig planloser Ermittler, die das Umfeld der Täter zwar unterwandern ließen, aus den gelieferten Beobachtungen aber nie die richtigen Schlüsse zogen und die Spuren ihres Versagens im Nachhinein auch noch zu vertuschen suchten.

Nicht nur ein, sondern zwei Untersuchungsausschüsse des Bundestags stellten eklatante Mängel bei der Aufklärung der Verbrechensserie fest. Immer wieder machten sie sich auf die Suche nach Akten, die beim Verfassungsschutz nicht mehr auffindbar waren. Die Abgeordneten wiesen einen Fall nach, in dem ein Verfassungsschutzmitarbeiter Unterlagen vorsätzlich vernichtet hatte, um die tatsächliche Anzahl der V-Leute im NSU-Umkreis im Dunkeln zu lassen.

Ausschussvorsitzender Clemens Binninger (CDU, vor seiner Zeit im Bundestag Polizeibeamter) resümierte die Arbeit des zweiten Untersuchungs-Gremiums: »Wir haben mehr herausgefunden als erwartet, aber weniger als erhofft.« Zu diesem Zeitpunkt waren noch ein halbes Dutzend andere Untersuchungsausschüsse auf Länderebene darum bemüht, Licht ins Dunkel zu bringen.

Es zeichnete sich das Bild eines Behördenskandals ab, in dem verschiedene Sicherheits- und Justizinstanzen nicht zu einem reibungslosen Informationsaustausch in der Lage gewesen waren. Deshalb konnte die Terrorgruppe sich jahrelang dem polizeilichen Zugriff entziehen, unbehelligt eine blutige Spur von Rostock bis München ziehen, Banken überfallen, Bomben zünden, Zuwanderer umbringen.

»Weder der Verfassungsschutz noch ausgewiesene Szenekenner hatten bis dahin derart kaltblütige und gut organisierte Mordanschläge rechter Terroristen in Deutschland für möglich gehalten«, schrieb die Bundeszentrale für Politische Bildung dazu. In seinem Geleitwort zum Abschlussbericht des ersten Untersuchungsausschusses sprach Bundestagspräsident Norbert Lammert von »Scham und Fassungslosigkeit, dass die Sicherheitsbehörden der Länder wie des Bundes die über Jahre hinweg geplanten und ausgeführten Verbrechen weder rechtzeitig aufdecken noch verhindern konnten«.

Der erste Ausschuss gewann den Eindruck, dass das NSU-Trio sich ziemlich bedenkenlos zur mörderischen Terrorgruppe entwickeln konnte, weil in seiner Heimat Thüringen in den Neunzigern gewohnheitsmäßig nur schleppend gegen Neo-Nazis ermittelt und Verfahren oft eingestellt wurden. Er wählte dafür die Überschrift: »Eindruck staatlicher Gleichgültigkeit verstärkt Radikalisierung«.

Dem NSU werden zehn Morde zugerechnet, darunter auch der an einer Polizistin. Mit insgesamt dreizehn Toten und zahlreichen Verletzten brannte sich der Anschlag auf den

Weihnachtsmarkt am Berliner Breitscheidplatz 2016 ebenfalls ins öffentliche Gedächtnis ein – nicht zuletzt auch wegen zahlreicher Pannen bei den Sicherheitsbehörden, die den ihnen bekannten islamistischen Gewalttäter Anis Amri unbehelligt ließen und aus den Augen verloren.

Wieder bemühten sich mehrere Untersuchungsausschüsse um Aufklärung, und wieder kam der Verdacht auf, aus dem NSU-Skandal sei nichts gelernt worden. Das Untersuchungsgremium des Bundestags deckte mehrere Ebenen von Staatsversagen auf. Es gewann den Eindruck »individueller Fehleinschätzungen und Versäumnisse wie auch struktureller Probleme in den zuständigen Behörden«. Die Ressourcen der für islamistische Gefährder zuständigen Einheiten der Sicherheitsbehörden hätten mit den Herausforderungen nicht Schritt halten können. »Völlige Überlastung« habe im Sommer und Herbst 2015 alle Stellen gekennzeichnet, die mit Flüchtlingen befasst gewesen seien. Die staatsanwaltschaftlichen Zuständigkeiten seien zersplittert gewesen, Informationsaustausch und Koordination des Vorgehens zwischen Sicherheitsbehörden des Bundes und der Länder mangelhaft.

Der Albtraum der Blutschneise, die Amri mit einem gekaperten Lastwagen durch den weihnachtlichen Budenzauber an der Gedächtniskirche zog, hätte möglicherweise verhindert werden können, wenn die verschiedenen Instanzen, in deren Blickfeld er zuvor geraten war, sich besser untereinander abgestimmt hätten. Der Tunesier war als Drogenhändler und Messerstecher ebenso auffällig geworden wie als potenzieller islamistischer Gefährder, erschlich sich mit gut einem Dutzend Scheinexistenzen Sozialleistungen. Nach den Worten des Sicherheitsexperten Benjamin Strasser in seinem Buch *Sicherheitsrisiko Staat* war er zeitweise »nahezu von

Spitzeln umzingelt«. Keine Behörde habe sich veranlasst gesehen, andere dauerhaft mit einzubinden.

Dies sind nur die grellsten Signale einer ansonsten schleichenden Kapitulation vor eigentlich unhaltbaren Zuständen, die in der Bevölkerung tagtäglich das Bild eines ohnmächtigen Staates verfestigen. Man muss weder besonders staatsgläubig noch reaktionär sein, um sich diesem Urteil anzuschließen. Meistens beschwert man sich sogar nicht einmal, sondern nimmt mehr oder weniger achselzuckend hin, dass hier etwas gehörig nicht in Ordnung ist – Lebensrisiko Deutschland halt.

Der Berliner Oberstaatsanwalt Ralph Knispel macht in seiner Mahnschrift *Rechtsstaat am Ende* darauf aufmerksam, welche gesellschaftlichen Folgen das Staatsversagen hat. »Wie sehr der Nimbus der Staatsmacht in den letzten Jahren gelitten hat, zeigt auch die Tendenz, dass sich zahlreiche Bürgerinnen und Bürger zunehmend politisch randständigen Kreisen zuwenden.«

Oder sie fügen sich ergeben in ihr Schicksal. Als in meine Berliner Mietwohnung eingebrochen worden war, war ich geradezu überrascht, in dem hinterlassenen Trümmerfeld tatsächlich einen Ermittlungsbeamten empfangen zu dürfen, der mitsamt Fingerabdruck-Sicherung zur Aufklärung der Tat schreiten wollte. In Kenntnis der geringen Aussichten darauf fragte ich ihn, warum er sich überhaupt die Mühe mache. Er versicherte mir, dass jede Straftat ernst genommen und verfolgt werde. Die Ermittlungen gegen Unbekannt, hauptsächlich für die Schadensmeldung bei der Versicherung bedeutsam, wurden nach einer Schamfrist erfolglos eingestellt.

Schlimm ist nicht, dass niemand gefasst wurde. Durchaus lobenswert ist, dass der Polizist sicherlich sein Bestes gab, so sehr auch er wissen musste, dass dies höchstwahrscheinlich vergeblich sein würde. Bedenklich ist vielmehr, dass ich mich geistig bereits darauf eingestellt hatte, dass der oder die Täter unbehelligt davonkommen würden. Mein Vertrauen zum Rechtsstaat beziehungsweise zu den Möglichkeiten seiner Durchsetzung war also bereits empfindlich gestört. Ich hatte mich an diese Form des Staatsversagens gewöhnt.

Die Aufklärungsquote von Wohnungseinbrüchen lag 2022 bei 16 Prozent. Oberstaatsanwalt Ralph Knispel beklagt, bei Opfern meist nicht aufgeklärter Delikte habe sich die Auffassung verstetigt, »als gebe es eine Quasilegalisierung bestimmter Taten, einen Freibrief für die Täter«. In Berlins Görlitzer Park war diese »Quasilegalisierung« mal daran abzulesen, dass man Drogendealern allen Ernstes markierte Standplätze zuweisen wollte, um wenigstens die Kinderspielplätze von ihrem Treiben zu verschonen.

Vertrauen zur zügigen Durchsetzungsfähigkeit von Recht und Gesetz in diesem Land kann weder die Mehrheit der Bevölkerung noch die der Ankläger und Urteilsverkünder aufbringen. In einer Umfrage für den *Rechtsreport 2023* des Unternehmens Roland Rechtsschutz fanden sowohl 80 Prozent der befragten Bürger als auch 78 Prozent der Richter und Staatsanwälte, die meisten Verfahren dauerten zu lange.

Nur 20 Prozent der Richter und 15 Prozent der Staatsanwälte gaben an, Verfahren mit Untersuchungshaft durchgehend so zügig bearbeiten zu können, wie es das rechtsstaatliche »Beschleunigungsgebot« in solchen Fällen von ihnen verlangt.

Dieses Gebot dient dem Schutz der Rechte von Untersuchungshäftlingen. Entscheidend ist laut Deutschem Richterbund aber außerdem, »dass die Strafe der Tat nicht irgendwann, sondern möglichst auf dem Fuß folgt, damit sie abschreckend wirkt«. Doch Hauptverhandlungen können wegen Personalmangels nicht beginnen und Beschuldigte kommen deshalb frei.

So zum Beispiel in Frankfurt am Main im Sommer 2022: Dort mussten sechs Angeschuldigte aus der Untersuchungshaft entlassen werden, weil die überlastete Schwurgerichtskammer auch zwölf Monate nach Inhaftierung der Verdächtigen keinen Verhandlungstermin anberaumen konnte. Es handelte sich bei ihnen nicht um Autoknacker oder Trickbetrüger: Ihnen wurden Gewaltdelikte wie versuchter Totschlag und lebensgefährliche Körperverletzung vorgeworfen. Doch die strukturelle Überlastung des Gerichts ließ es nicht zu, ihnen in angemessener Frist den Prozess zu machen. Die Mitteilung über diesen Sachverhalt gipfelte in der Feststellung, sie müssten »eine längere als verfahrensangemessene Aufrechterhaltung eines Haftbefehls nicht in Kauf nehmen, weil der Staat es versäumt, seiner Pflicht zur verfassungsgemäßen Ausstattung der Gerichte zu genügen«.

Eine zusätzliche Schwurgerichtskammer sollte in Frankfurt ab April 2023 Entlastung bringen. Im Jahr 2021 kamen nach Zahlen der *Deutschen Richterzeitung* in ganz Deutschland sechsundsechzig Tatverdächtige aus Untersuchungshaft frei, weil ihre Prozesse nicht rechtzeitig beginnen konnten.

Fragt man die, die in Polizei und Justiz den Kopf hinhalten müssen, nach der Ursache der Misere, hört man oft: Wir sind kaputtgespart worden. Knispel: »Wenn Beschuldigten kein Prozess gemacht werden kann, weil die Räume dafür fehlen, wenn sie auf freien Fuß gesetzt werden müssen, weil Fristen überschritten wurden, und wenn Strafsachen gar nicht erst zur Anklage gebracht werden können, weil andere Vorrang haben – dann ist das eine Bankrotterklärung von Recht und Gesetz. Zu verantworten hat dies allein der Staat.« Wenn er sich so präsentiere, müsse er »vielleicht wirklich nicht ernst genommen werden«.

Die Bundesregierung unter Angela Merkel versprach mehr Geld, Technik und Personal für die Strafverfolgungsbehörden im Rahmen eines »Pakts für den Rechtsstaat«. Laut Deutschem Richterbund schuf er 2500 neue Stellen und sollte auch von der Ampel-Koalition fortgesetzt werden, denn seine Entlastungseffekte seien »überschaubar geblieben, weil zahlreiche neue gesetzliche Aufgaben die Stellenzuwächse insbesondere in der Strafjustiz wieder aufgezehrt haben«. Die Ampel habe die Entscheidung über eine Pakt-Verlängerung jedoch auf die lange Bank geschoben und sich nur zur Mithilfe bei der Digitalisierung der Justiz bequemt.

Erwartungsgemäß verkaufte Bundesjustizminister Marco Buschmann (FDP) diesen Umstand ganz anders: »Mit dem neuen Pakt für den digitalen Rechtsstaat haben wir die Chance, die Erfolgsgeschichte des ersten Paktes für den Rechtsstaat gemeinsam fortzuschreiben. Denn trotz der aktuell widrigen wirtschaftlichen Umstände werden wir in etwa das gleiche Volumen bereitstellen können, wie es der erste Pakt umfasst hat.« Buschmann versprach 200 Millionen Euro.

Wer jemals Aktenboten mit ihren vorsintflutlichen Wägelchen voller Türmen von Leitz-Ordnern durch die Gänge deutscher Gerichte schlurfen sah, muss das Geld für gut angelegt halten. Die elektronische Justizakte, seit 2015 geplant, soll aber frühestens 2026 Wirklichkeit werden. Bis dahin überlebt in der Justiz die Spezies »Gürteltier«: Aktenungetüme, deren Umfang nur feste Schnürung zusammenzuhalten vermag.

Dass wegen solcher Pakete »Pakte für den Rechtsstaat« überhaupt nötig wurden, wirft ein bezeichnendes Licht auf Vernachlässigungen, die in Deutschland rechtsträge Räume entstehen ließen.

Oder gar Parallelgesellschaften. Eine gewisse Aufgeschlossenheit für Alternativen zu deutschem Recht und Gesetz sprach aus einer Einladung zu einem Workshop der Berliner Justizverwaltung, aus der die Tageszeitung *Welt* 2022 zitierte: »In den verschiedenen migrantisch geprägten Communitys in Berlin wirken erfahrene Konfliktlöser daran mit, zwischenmenschliche Konflikte und Auseinandersetzungen außergerichtlich zu lösen und den Rechtsfrieden im Einklang mit den in den Communitys akzeptierten Traditionen nachhaltig wiederherzustellen.«

Auch der deutsche Rechtsstaat kennt außergerichtliche Schlichtungen. Inwiefern die »in den Communitys akzeptierten Traditionen« immer mit den Regeln dieses Rechtsstaats übereinstimmen, ist fraglich. Es ist klar: »Der Islam gehört zu Deutschland« (Ex-Bundespräsident Christian Wulff). Aber eben genauso wie Protestanten und Katholiken, Juden und Hindus, Buddhisten, Deisten und Atheisten, Freidenker und Agnostiker. Von den meisten dieser Weltanschauungen ist nicht bekannt, dass sie eine Art Staat im Staate repräsentieren wollen. Bei »Scharia-Polizei« und muslimischen »Friedensrichtern« darf man sich da nicht so sicher sein.

Wie tief die Verbitterung derer sitzt, die Staatsversagen in vorderster Linie ausbaden müssen, damit es nicht zu rechtsfreien Räumen kommt, lässt sich an Äußerungen von Rainer Wendt ablesen, Vorsitzender der Deutschen Polizeigewerkschaft. In seinen Streitschriften (*Deutschland in Gefahr*, *Deutschland wird abgehängt*) wurde er nicht müde, mit starken Sprüchen nach dem starken Staat zu rufen. Die *Süddeutsche Zeitung* nannte ihn einen »Provokateur und Rechtsausleger«; der Spaßmacher Jan Böhmermann widmete ihm ein Schmählied.

Wendt verstört mit einigen seiner Analysen, zum Beispiel

mit der Voraussage über die Folgen der Anwesenheit von Menschen in diesem Land, »die unsere Sprache nicht sprechen, unsere Kultur nicht kennen oder zutiefst verachten. Da kommen verlorene Generationen auf uns zu. Die werden wütend sein, wenn sie abgehängt sind. Und zwar gewaltig wütend«. Seine Unzufriedenheit gipfelt in einer Klage über den ewigen Kreislauf der Folgenlosigkeit in der Misere: »Der Staat ist dann mal weg.« Wendt schildert ihn als mutlosen, verzagten, schwachen und gleichmütigen Versager, der sich verhöhnen und vorführen lässt – ey Staat, du Opfer!

Alles populistische Panikmache? Wendt lässt sich sicherlich gerne zu Alarmismus hinreißen. Ein ungutes Gefühl bleibt bei der Lektüre seiner Anklagen zurück, auch über den Autor. Das trifft ebenfalls auf ehemalige »Stützen des Staates« zu wie Thilo Sarrazin, den früheren Berliner Finanzsenator mit Hang zum Biologismus, und Hans-Georg Maaßen, Ex-Verfassungsschutz-Chef und notorischer Rechts-Haber.

Beide waren ja mal hochbestallte, geachtete Menschen in Entscheidungspositionen. Heute sind sie in ihren eigenen Parteien, der SPD und der CDU, verfemt. Zu Recht, weil sie dort als Ewiggestrige, quasi als U-Boote, schon immer eine geheime Agenda verfolgten? Oder hat der Druck der Problemlagen sie radikalisiert? Beiden, Maaßen wie Sarrazin, ist gemein, dass sie bei einem diffusen Gefühl der Bedrohung und Machtlosigkeit vieler Bürger ansetzen. Es speist sich unter anderem aus dem Eindruck, der Staat präsentiere sich zu oft wehrlos.

Und er kann ja auch recht arglos erscheinen. Man denke nur an den Wirecard-Skandal. Dass sich bei den Vorgängen in den Jahren vor der Pleite des ehemaligen DAX-Konzerns mancher an eine Bananenrepublik erinnert fühlte, kann man ihm nicht verdenken.

Stimmt schon: Eine Aufarbeitung des Debakels wäre in

einer echten Bananenrepublik überhaupt nicht möglich gewesen. Denn die kennt keine parlamentarischen Untersuchungen – die Bundesrepublik schon. Der U-Ausschuss des Bundestages zu Wirecard förderte jede Menge Ungereimtheiten, Unzulänglichkeiten, kleine und grobe Fehler der Aufsichtsbehörden zutage, die Finanzunternehmen und Wirtschaftsprüfer kontrollieren sollen – so sie es denn tatsächlich tun. Bei Wirecard haben sie kollektiv gepennt. Selbst die Justiz, die Staatsanwaltschaft München, hat sich von den Verantwortlichen des Skandals in die Irre führen lassen.

Auch die Privatwirtschaft hat kräftig zu dem Fiasko beigetragen. Der Prüfkonzern EY (ehemals Ernst & Young) bestätigte dem Wirecard-Vorstand die letzten Jahresabschlussberichte des Konzerns selbst dann noch als tadellos, als es Indizien gab, dass da was nicht stimmen konnte. Das Unternehmen verbuchte Einnahmen, die nur auf dem Papier existierten. Niemand schlug Alarm. Und wenn doch, wurde der Überbringer der ungewollten Botschaft in die Wüste geschickt. Dem britischen Journalisten Dan McCrum wurde nicht geglaubt – stattdessen wurde gegen ihn wegen des Verdachts angeblicher Marktmanipulation ermittelt. Zu schön war der feste Glaube an einen deutschen FinTech-Konzern in der internationalen Top-Liga.

Anleger büßten durch die Pleite des einstigen Dax-Konzerns Hunderte Millionen Euro ein. Der Staatskasse ging nicht direkt Geld verloren. Aber die Vorgänge, allen voran das Versagen der Aufsichtsbehörden, blamierte den Finanz- und Wirtschaftsstandort Deutschland in einem bis dahin unvorstellbaren Ausmaß. Dass derlei Vorgänge in einem Land wie der Bundesrepublik überhaupt möglich waren (und vielleicht noch sind), hatte wohl bis dahin kein einziger Investor geglaubt.

Übrigens bestätigten sich die Berichte von McCrum umfänglich, auch die zum Verdacht von Insiderhandel, also des Kaufs oder Verkaufs von Aktien mithilfe von im Job erlangten Erkenntnissen über den Zustand eines Unternehmens, bevor diese öffentlich werden. Einige Beschäftigte in Banken und diversen Kontrollbehörden mussten gehen, darunter der Chef der Bankenaufsicht BaFin, Felix Hufeld – immerhin. Auch wurden von der bisher letztmaligen großen Koalition Reformen der Aufsichtsbehörden beschlossen, die ein Wirecard 0.2 verhindern sollen – immerhin.

KAPITEL 19

Flutkatastrophe durch »Hochwasser-Demenz«?

Während der Hochwasserkatastrophe in Rheinland-Pfalz und Nordrhein-Westfalen 2021 fehlte den zuständigen Stellen in erschreckender Weise der Überblick. Schon vor und erst recht während der Notlage an der Ahr und anderen Flüssen gab es bereits eine Flut – und zwar von Daten, Voraussagen und Warnungen. Niemand fügte sie zu einer Vorausschau zusammen, die die Schwere der Bedrohung deutlich gemacht hätte.

In beiden Bundesländern versuchten Untersuchungsausschüsse zu klären, warum nicht frühzeitig Hochwasser-Krisenstäbe eingesetzt wurden. Der rheinland-pfälzische Innenminister Roger Lewentz (SPD) sagte dazu aus, die Lage sei in der Flutnacht unklar gewesen. Die Landesregierung habe deshalb nicht noch am Abend des Hereinbruchs der Notlage einen Krisenstab einberufen. Eine sich abzeichnende Katastrophe sei zu diesem Zeitpunkt nicht erkennbar gewesen.

Was Lewentz nicht zu erkennen vermochte, kostete ihn und zwei damalige Länderministerinnen im Nachhinein nur das Amt, viele andere aber das Leben oder Hab und Gut. Der Deutsche Wetterdienst hatte wegen der Aussicht auf extrem heftigen Regen am 12. Juli sehr wohl seine höchste Warnstufe ausgerufen, gleichbedeutend mit dem Potenzial für lebensbedrohliche Situationen mit großen Schäden und Zerstörungen. Das European Flood Awareness System (EFAS) prognostizierte am Vortag der Katastrophe schwerwiegendes Hochwasser.

Das Tief »Bernd« schlug am 14. und 15. Juli 2021 dann mit Dauerniederschlägen und Starkregen zu, die zuvor friedliche Flussläufe in mörderische Mahlströme verwandelten. Zusammen mit mehr als hundertachtzig Todesopfern und verlorenen Milliardenwerten riss die Naturkatastrophe den Glauben daran in die Tiefe, dass in Deutschland ein leistungsfähiges Staatswesen mit Verheerungen umgehen kann, wie wir sie bisher nur aus Weltgegenden kannten, denen wir in puncto Funktionstüchtigkeit nicht allzu viel zutrauen.

Ich wälzte mich damals im Bett und hörte atemlos dem Radio zu. Mir ging es in Berlin gut, ich lag warm und trocken, während sich ein paar hundert Kilometer entfernt in rasender Eile ein Szenario entfaltete, das stark nach Bangladesch klang.

Verstörend war auch, was nach der Katastrophe geschah, oder besser gesagt eben nicht geschah. In den Nachwirkungen der Flutwelle kam begründeter Zweifel an der einst so bewunderten Wiederaufbaufähigkeit der Deutschen auf; daran, dass ihre Verwaltungen und Politiker tatkräftig Verantwortung wahrnehmen können. Denn an den vielen tapferen Einsatzkräften und freiwilligen Helfern, an Nachbarschaftshilfe und privatem Opfermut lag es nicht, dass viele in den betroffenen Gemeinden nach einem Jahr die bittere Bilanz ziehen mussten, im Stich gelassen worden zu sein.

Eher vielleicht an Verantwortungsträgern wie dem Ahr-Landrat Jürgen Pföhler. In der Rekonstruktion der Flutnacht spielte eine Rolle, wo Pföhler in der Flutnacht eigentlich war und was er so tat. Eine Antwort lieferte laut Presseberichten ein Beamter des Landeskriminalamts im rheinland-pfälzischen Untersuchungsausschuss: »Er hat sich in Sicherheit gebracht und wenige Nachbarn in seinem unmittelbaren Umfeld gewarnt.«

In die Katastrophe führten vernachlässigte Warnungen, verfehlte oder gar nicht stattfindende Folgenabschätzungen und mangelnde Koordinierung der verschiedenen Handlungsebenen. Aus der Katastrophe sollte das in solchen Fällen übliche Versprechen schneller und unbürokratischer Hilfe führen. Sie konnte noch ein Jahr nach dem Schrecken allerdings an Behörden-Trägheit scheitern.

Ein bizarres Beispiel war der Streit um einen Dreckhaufen, den Kolonnen von Lastwagen und Baggern nach der Flut am Ufer der Ahr auftürmten, schätzungsweise 90 000 Tonnen. Nach Darstellung von Dominik Gieler, CDU-Bürgermeister der zuständigen Verbandsgemeinde Altenahr, wollte das Land Rheinland-Pfalz die Kosten des damaligen Aufräumeinsatzes zunächst nur übernehmen, wenn die Kreisverwaltung Ahrweiler die Herkunft der Erdmassen exakt aufschlüsselte, also Auskunft darüber gab, von welchen Orten das von überall her zusammengekippte Material stammte.

»Absurdistan im Ahrtal« nannte der Kommunalpolitiker den verbürokratisierten Sauhaufen und beklagte sich im Gespräch mit dem Nachrichtenportal *Focus online* ein Jahr nach der Katastrophe außerdem über etliche weitere Wiederaufbauhemmnisse: »Extrem zähe Prozesse, lange Entscheidungswege und eine aufgeblähte Bürokratie.« Er habe »in den letzten Monaten die Erfahrung gemacht, dass nichts unbürokratisch geht. Das ist ein Phänomen, das sich Deutschland auf die Fahnen schreiben kann – oder muss«. Verheißungsvoll voranflattern werden uns solche Banner kaum, wenn wir unsere Zukunft in trockene Tücher schlagen wollen.

Die rheinland-pfälzische Ministerpräsidentin Malu Dreyer

(SPD) fand harsche Worte für Engpässe mit Handwerkern und Gutachtern, auch für oft langwierige Verhandlungen mit Versicherungen. Nach einem Jahr war noch ein Viertel der Versicherungsfälle offen. Nach Angaben des Gesamtverbands der Deutschen Versicherungswirtschaft waren zu diesem Zeitpunkt fünf Milliarden Euro ausgezahlt – 3,5 Milliarden standen noch aus. Die Versicherer forderten Bauverbote in hochwassergefährdeten Gebieten. Sonst werde angesichts des Klimawandels eine Spirale aus wachsenden Schäden und steigenden Prämien einsetzen.

Im Ahrtal hatten die Behörden, sonst mit kleinlichen Anforderungen an Bauvorhaben schnell bei der Hand, solche Erwägungen offenbar zu wenig beachtet. Schwillt die Ahr im Tal an, hat sie wenig Abflussmöglichkeiten. Trotzdem standen viele Häuser in der Nähe des Flussufers. Das hatte in der Vergangenheit schon Notlagen verschlimmert, die aber schnell wieder aus dem öffentlichen Bewusstsein verschwanden.

Die Journalistinnen Susanne Götze und Annika Joeres stießen bei ihren Recherchen zu den Ursachen des Unglücks auf einen Experten-Begriff für solche Vergesslichkeit: »Hochwasser-Demenz«. Das ließ sie zu der Überzeugung gelangen: »Das Problem beginnt deshalb nicht mit der Katastrophe, sondern schon beim Planen und Bauen.« Behörden, Bürgermeister und Hausbesitzer müssten »sich fragen lassen, wie sinnvoll es ist, Flächen wieder zu versiegeln und die Häuser an derselben Stelle aufzubauen«.

Ministerpräsidentin Dreyer vermied zum Jahrestag der Katastrophe auch auf Nachfrage in einem »Tagesthemen«-Interview eine Entschuldigung für Versäumnisse. Die Dimension des damaligen Geschehens habe niemand erahnen können.

Die SPD-Politikerin ignorierte dabei, dass der Untersuchungsausschuss in ihrem Land seine Arbeit noch gar nicht abgeschlossen hatte. Die *Neue Zürcher Zeitung* hielt Dreyer vor, sie leugne die Wirklichkeit und fliehe aus der Verantwortung. Die *NZZ* weiter: »Die Flut wurde zur Katastrophe, weil sich in Deutschland der Katastrophenschutz in einem katastrophalen Zustand befindet. In Rheinland-Pfalz und Nordrhein-Westfalen trugen veraltete Technik, unklare Zuständigkeiten und falsche politische Entscheidungen mehr zu den Toten und Verletzten bei als der Klimawandel.«

Sowohl die vor der Flut vorliegenden zahlreichen Experten-Warnungen und meteorologischen Voraussagen als auch erste Luftaufnahmen der Polizei von den bereits überschwemmten Gebieten hätten bei allen Verantwortlichen eigentlich die Alarmglocken schrillen lassen müssen. Der rheinland-pfälzische Innenminister Lewentz unterlag aber wie andere, die zu spät oder zu lasch reagierten, einem psychologischen Handicap: Sie konnten sich einfach nicht vorstellen, dass eine Naturkatastrophe dieses Ausmaßes in Deutschland möglich wäre: in der wohlgeordneten Bundesrepublik, wo die Natur gefälligst die Vorschriften zu befolgen hat wie jeder andere auch.

»Wir schauen nicht auf das, was vor unseren Augen geschieht, sondern lediglich auf die Regeln, an die sich die Realität einfach nicht halten will«, beschwerte sich Martin Voss, Leiter der Katastrophenforschungsstelle der Freien Universität Berlin, in einem Arbeitspapier. Es stelle sich die Frage, ob die organisatorisch-institutionellen und gesetzgeberischen Vorgaben des Bevölkerungsschutzes »den heutigen sowie zukünftigen Herausforderungen noch angemessen sind, ob es grundlegender Reformen oder gar eines ganz neuen Ansatzes bedarf«.

Schon wieder? Erst 2002 hatten sich Bund und Länder auf eine neue Strategie zum Schutz der Bevölkerung in Deutschland verständigt und das Bundesamt für Bevölkerungsschutz und Katastrophenhilfe (BBK) gegründet. Ziel war es laut BBK, »ein gemeinsames Krisenmanagement zu etablieren und die partnerschaftliche Zusammenarbeit aller Staatsebenen zu realisieren«. 2009 trat ein neues Zivilschutz- und Katastrophenhilfegesetz in Kraft. Geholfen hat es offenbar wenig.

»In Deutschland weiß nach wie vor niemand, wie viel Personal- und Sachressourcen für ein bestimmtes Szenario tatsächlich bei einer länderübergreifenden Lage zur Verfügung stehen«, kennzeichnete Voss die deutsche »Katastrophenkultur«. In der werde nach jeder neuen Notlage mit dem Finger auf »einzelne Akteure (einen Landrat), auf einzelne Behörden (das BBK) oder auf einzelne Politiker, die im Wahlkampf entweder zu wenig oder zu viel in Gummistiefeln auftreten« gezeigt. Am Ende erscheine aber nicht die Bevölkerung besser geschützt, sondern der Status quo: »Alles wie gehabt.«

Es ist noch nicht genug zu uns durchgedrungen, wie schlecht unsere Ansiedlungen und Infrastruktureinrichtungen gegen künftige Wetterextreme im Zuge des weltweiten Klimawandels gewappnet und wie groß die Gefahren sind. Der Kabarettist Dieter Nuhr spöttelte: »Die Holländer erhöhen die Deiche. Das wird ihnen nichts nutzen, wenn ihnen das Wasser von hinten über Niedersachsen hineinläuft.«

2022 stellte Bundesumweltministerin Steffi Lemke (Grüne) ein Sofortprogramm zum besseren Schutz vor Extremwetterereignissen im Umfang von sechzig Millionen Euro bis 2026 vor und versprach eine »systematische, umfassende und vorsorgende Anpassungspolitik«. »Wie ein Witz« mutete die überschaubare Summe im Urteil von Susanne Götze und Annika Joeres an. Die Diskrepanz zu den Schätzungen über die seit 2000 in Deutschland entstandenen Klimawandel-Schäden ist in der Tat erheblich: Rund 145 Milliarden Euro sollen es sein. Für ihr Buch *Klima außer Kontrolle* machten die Journalistinnen Götze und Joeres eine Stichprobe und befragten vierhundert größere Städte und Gemeinden nach ihren Anpassungsplänen. Etwa die Hälfte antwortete. Von diesen wiederum hatten nur vierzig ein Konzept dafür, wie sie den Folgen des Klimawandels begegnen wollen. Die Autorinnen erhielten auch eine Reaktion, die wie ein Vorgriff auf den finanziellen Nachbesserungsbedarf der sechzig Lemke-Millionen anmutet: »Der Landkreis Harz wollte unsere Anfrage nur gegen Gebühren beantworten.«

Im nordrhein-westfälischen Untersuchungsausschuss zur Flutkatastrophe sagte die Hochwasserforscherin Hannah Cloke aus: »Wenn so viele Menschen sterben, müssen wir zugeben, dass das System insgesamt versagt hat.« Im selben Gremium zerpflückte der Sachverständige Christoph Gusy die Dysfunktionalität des Zusammenspiels verschiedener Behörden bei der Abwehr einer akuten Notlage in erschreckender Eindeutigkeit, von regionalen Eifersüchteleien über Behördenautismus bis hin zu Schwächen des Föderalismus: »Die Katastrophe zeichnet sich ja gerade dadurch aus, dass sie ein Fall von Staatsversagen ist.«

KAPITEL 20

Im Blindflug durch die Pandemie

Anders als bei der Ahr-Flutwelle, in der es gegolten hätte, eine Fülle von Warnungen zu einem Gesamtbild zusammenzuführen, gab es in der Covid-Krise so gut wie nichts zu verknüpfen. Die Handlungsrichtung wurde mehr oder weniger mit dem nassen Daumen im Wind bestimmt und an immer wieder anderen der spärlichen Orientierungswerte ausgerichtet. Die Dynamik des Infektionsgeschehens blieb ebenso rätselhaft wie die Wirksamkeit von Gegenmaßnahmen.

Der »*Welt am Sonntag*«-Kolumnist Hans Zippert glossierte die Güte der Planungsgrundlagen: »Die Datenlage war wirklich extrem heikel. 11 127 handbeschriebene Seiten auf Thermofaxpapier, vier Tontafeln, zwei Dutzend Pergamente aus Schleswig-Holstein, sechs Tonbänder, ein USB-Stick mit Fotos von Faxen, über 5000 Stunden mitgeschnittene Gespräche aus verschiedenen Gesundheitsämtern. 3530 SMS, 49 Seiten Notizen von Jens Spahn sowie zwei eng beschriftete Kuhhäute mussten ausgewertet werden.«

Anfangs entsprach die ganze Corona-Chose noch dem Klischee vom straff durchorganisierten Deutschland, vor dem auch Viren strammzustehen haben. Die Deutschen nahmen den Lockdown weitgehend klaglos als Staatsräson hin, etliche verlangten im Interesse der allgemeinen Sicherheit und Ordnung sogar mehr davon.

Mancher Nachbar wurde denunziert: Hatte der sich den neuen Hund vielleicht nur angeschafft, um mal wieder unbehelligt auf die Straße gehen zu können? Da musste doch jemand eingreifen! Ordnungsämter taten ihre Pflicht: Deren Abgesandte verhörten zum Beispiel in Brandenburg auf Bänken im öffentlichen Raum zu zweit verweilende potenzielle Virenträger hochnotpeinlich, was sie dort wohl in der allgemeinen Gefährdungslage zu suchen hätten, mitten im Lockdown. In einem Hamburger Park kam es zu Jagdszenen, weil die Polizei dort mit Streifenwagen und Blaulicht Jugendliche auseinandertrieb, die sich friedlich im Freien versammelt hatten. Spielplätze wurden mit Flatterband abgesperrt, als würde es sich um Tatorte handeln.

Es erschien alles so gnadenlos durchgeregelt, wie man sich Deutschland gerne vorstellt, ob am bierseligen einheimischen Stammtisch (der zum Kummer aller Kneipiers und Gastronomen freilich längere Zeit ausfallen musste – die sozialen Medien ersetzten ihn hervorragend) oder jenseits der Landesgrenzen. Für den Journalisten Heribert Prantl, alles andere als ein Querdenker, sondern seit Jahrzehnten Aushängeschild der renommierten *Süddeutschen Zeitung*, fand ein »Regelungsexzess« statt, der ihm dieses Land, seinen Staat, »fremd« machte. Das sagte der frühere Richter im Februar 2023 in der ZDF-Talkshow *Markus Lanz* in Gegenwart von Bundesgesundheitsminister Karl Lauterbach (SPD).

Die Parole »Wir bleiben zu Hause, um uns und andere zu schützen!« machte während der Pandemie als angeblicher Beitrag zur allgemeinen Sicherheit die Runde. Es war eine bereitwillige biedermeierliche Selbsteinknastung. »Wo ihrer drei beisammen stehn, da soll man auseinandergehn«, spottete Heinrich Heine Mitte des 19. Jahrhunderts. Das war eine ziemlich genaue Vorhersage der Zustände im Lockdown-Deutschland mehr als anderthalb Jahrhunderte später.

Mecklenburg-Vorpommern, ein Bundesland, das stark vom Fremdenverkehr abhängig ist, wies Tagesausflügler zeitweilig an seinen Landesgrenzen zurück; vorübergehend war sogar der Aufenthalt an einem Zweitwohnsitz dort, also etwa dem eigenen Wochenendhaus, nicht möglich, ähnlich übrigens in Bayern und Schleswig-Holstein. Die Abschottung wurde mit Straßenkontrollen der Polizei durchgesetzt.

Brandenburg ging nicht ganz so weit. In einem Bericht der *Tageszeitung* wurde allerdings ein Sprecher des brandenburgischen Corona-Krisenstabs mit dem freundlichen Hinweis zitiert, dass die Landesregierung »regelrechten Reiseverkehr« zwischen Berlin und Brandenburg nicht wünsche. Damit verbunden war der Appell an die Berliner, »sich gut zu überlegen, ob sie wirklich nach Brandenburg fahren müssten«. Das tun viele Hauptstädter allerdings auch in virusfreien Zeiten.

Im Herbst 2020 noch, die zweite Virus-Welle rollte gerade über Europa hinweg, schauten Nachbarländer neidvoll auf die Bundesrepublik, wo die Lage unter Kontrolle schien. Internationale Beobachter machten dafür leistungsfähige Verwaltungsstrukturen, ein robustes Gesundheitswesen, hohe Bereitschaft der Bürger zum Befolgen staatlicher Anordnungen und die Führungskunst der krisenerfahrenen Bundeskanzlerin verantwortlich. Die Deutschen wieder, war ja klar!

Angesichts zunächst geringer Alarmzahlen beim östlichen Nachbarn, den sie gern unter den Generalverdacht des Untertanengeistes stellen, erblickten niederländische Kommentatoren damals in der Bundesrepublik ein »Corona-Wunderland«. Als bewährtes Erklärungsmuster hielten sie parat: Die obrigkeitsgläubigen Biedermeier und -müller von nebenan hielten sich eben gern an staatliche Auflagen, unter ihnen sei die Akzeptanz von Lockdowns und Maskenpflicht deshalb besonders hoch.

Ordnungsliebe im Dienste der Volksgesundheit: Das Stereotyp schien wieder mal zu greifen. Doch selten fiel ein Volk unangenehmer aus seinen Tagträumen als die Deutschen in der Corona-Krise. Ihr vermeintlich so durchorganisiertes Staatswesen wurde als Grimm'sches Märchen enttarnt; ihre Kanzlerin, die angeblich so kühl-analytisch herrschende Naturwissenschaftlerin, machte einen zunehmend rat- und hilflosen Eindruck.

Die Anfangserfolge in der Virenschlacht zerstoben, Deutschland raste im Daten-Blindflug durch die Pandemie, mit einer kostspieligen Warn-App, die zunächst nur schwerfällig ihren Zweck erfüllte, Versorgungsdefiziten und Beschaffungsskandalen bei Schutzkleidung und Testkapazitäten – und habgierigen Politikern, die sich an Maskendeals bereicherten. Der Deutsche Ethikrat befand in einer Bilanz aus dem April 2022: »Das Vertrauen der Menschen in den deutschen Staat als Demokratie, Rechtsstaat und Bundesstaat hat in der Pandemie gelitten.« Dieser Vertrauensverlust dürfte »zumindest unter anderem daher rühren, dass die unzureichende Vorbereitung auf die Pandemie in vielen gesellschaftlichen Bereichen, vor allem aber die geringe Anpassungsfähigkeit der öffentlichen Infrastruktur auf die Krise immer deutlicher wurden«.

»Als es losging, habe ich noch ganz kleinbürgerlich gedacht: Gut, dass ich in Deutschland bin. Wenn einer diese Pandemie in den Griff kriegt, dann dieses Land von Ingenieuren und Autobauern«, berichtete der Chef der »Goldenen Bar« in München, Klaus Rainer, der *Neuen Zürcher Zeitung* über seine erste Einschätzung der Fähigkeit dieses Landes, auch mit so etwas wie Covid-19 fertigzuwerden. Doch dann musste er feststellen: »Ich bin bis heute fassungslos, was für schwachsinnige politische Entscheidungen wir in den vergangenen zwei Jahren erleben mussten.«

Da hatte die typische landesübliche Selbsttäuschung zugeschlagen: Es wird schon nicht so schlimm kommen, wir sind hier ja in Deutschland. Krisenforscher definieren Politikversagen als die Unfähigkeit von Verantwortungsträgern, objektiv notwendigen Handlungsbedarf zu erkennen oder überzogen stark beziehungsweise unterdurchschnittlich schwach auf Entscheidungslagen zu reagieren. Besser kann man kaum beschreiben, was in Deutschland während Flutkatastrophe und Corona-Pandemie vor sich ging und auch in der Verteidigungspolitik und Energievorsorge geschah.

Im September 2022 traten die Wirtschafts- und Politikwissenschaftler Cornelia Woll, Moritz Schularick und Guntram Wolff in der *Frankfurter Allgemeinen Zeitung* mit dem gemeinsamen Appell an die Öffentlichkeit, die deutsche Politik müsse sich endlich daran gewöhnen, auch »außerhalb der Komfortzone« zu planen, um aus »kollektiver Arglosigkeit« zu entkommen und nicht »immer wieder von den Ereignissen überrannt« zu werden: »Deutschland muss in Zukunft Mechanismen entwickeln, um systemrelevante Risiken einzuschätzen und gesamtheitlich zu betrachten. Dabei wird es wichtig sein, auch unbequeme Szenarien zu analysieren und unliebsame Hypothesen zu testen.« Mit anderen Worten: die Augen-zu-und-durch-Politik endlich sein zu lassen.

Sie hat tiefreichende Folgen. Die Bewertung der Pandemie-Strategie machte deutlich: Der Staat verspielte Vertrauen. Die anfängliche hohe Zustimmung der Bevölkerung zu Maßnahmen wie Kita- und Schulschließungen, Verboten von Großveranstaltungen und Ähnlichem sank umso weiter, je mehr Unzulänglichkeiten der Gefahrenabwehr offenbar wurden.

Eine der Quittungen für diesen Vertrauensverlust: Die vernünftigerweise als Mittel der Wahl gegen die Pandemie erscheinende Impfbereitschaft sank. Aus dem Abschlussbericht der Evaluierungskommission für die Pandemiebekämpfung: »Ein entscheidender Faktor für das Erreichen hoher Impfquoten in Deutschland ist die Impfkommunikation. Jedoch standen und stehen Entscheidungsträgerinnen und -träger auf Bundes- und Landesebene insbesondere hierfür in der Kritik. Die Ausgangslage für eine hohe Impfquote war in Deutschland bemerkenswert gut: In Umfragen gaben im April 2020 noch mehr als 70 Prozent der Befragten ihre Bereitschaft zur COVID-19-Impfung an. Bis Dezember 2020 sank dieser Wert allerdings auf unter 50 Prozent.«

Impfzentren wurden in Deutschland geöffnet, geschlossen, dann über ihre Wiedereröffnung diskutiert. Schließlich griffen die Hausärzte recht verlässlich zur Spritze. Unter der Hand kursierten damals die Telefonnummern von Praxen, wo man fast sofort mit dem gewünschten Impfstoff an die Reihe kam – während andere Unglückliche wochenlang auf Termine warteten. Ordnung im Chaos: Fehlanzeige.

Im Zentrum der Krisenstrategie agierte eine Regierungschefin, die für ihr Handeln aus unerfindlichen Quellen schöpfte. Dem Investigativ-Journalisten Markus Grill fiel auf: »Bei Merkel war das so rasputinartig – man wusste gar nicht, wer die Kanzlerin berät.« Bedenklich war zudem, dass unerklärt und unberechtigt ein verfassungsrechtlich nicht vorgesehenes, selbst ermächtigtes Corona-Notstands-Entscheidungsgremium rund um die Kanzlerin auf Abruf die Macht übernahm.

Es handelte sich dabei um eine echte Kungelrunde, die sich aber so gut wie nie an ihre eigenen Hinterzimmer-Beschlüsse hielt: »So schien etwa das Entscheidungszentrum für die Bestimmung der Bekämpfungsmaßnahmen über einen sehr langen Zeitraum hinweg bei der sogenannten ›Bund-Länder-Runde‹ zu liegen«, heißt es im Corona-Bewertungsbericht, der dann in die Klage mündet: »Dieses Gremium ist im Grundgesetz nicht verankert, von den Parlamenten entkoppelt und bestand rein exekutiv aus den Ministerpräsidentinnen und Ministerpräsidenten der Länder sowie der Bundeskanzlerin. Es tagte hinter verschlossenen Türen und tat dann nach Ende seiner Beratungen der Öffentlichkeit deren Ergebnisse kund.«

Schlimmer noch, so der Bericht weiter: »Da das verkündete Beratungsergebnis nicht selten schon kurze Zeit später von einzelnen Landespolitikerinnen und -politikern angezweifelt oder gar revidiert wurde, empfanden weite Teile der Bevölkerung dieses Vorgehen als wenig überzeugend.« Ein atemloser Krisengipfel jagte den nächsten, Bund und Länder traten einander nach Kräften vors Schienbein, Ad-hoc-Maßnahmen wurden umgehend wieder verwässert oder gleich ganz einkassiert.

Der Wirtschaftswissenschaftler Thomas Straubhaar nannte das Corona-Management der Bundesrepublik 2022 in einem Beitrag für die *Welt am Sonntag* ein Beispiel dafür, »wie wirkungslos vieles bleibt, wie viel Frustration dadurch in der Bevölkerung erzeugt wird und wie immer mehr Menschen das Vertrauen in die staatliche Krisenpolitik verlieren«. Die Evaluierungskommission resümierte: »Nicht transparent, nicht koordiniert, nicht nachvollziehbar – so bewerten Medien sowie viele Bürgerinnen und Bürger die Risikokommunikation in der Pandemie.«

Staatliche Stellen unterließen es vielfach, ihre mal hier, mal dorthin oszillierenden Corona-Maßnahmen frühzeitig einer Erfolgskontrolle durch Datenerhebung zu unterwerfen. Wie hätten sie es auch tun sollen angesichts von Gesundheitsämtern, über die am Montagmorgen regelmäßig im Radio zu hören war: »Die heutigen Corona-Zahlen bilden das Infektions-Geschehen wegen der am Wochenende nicht vollständig übermittelten Daten möglicherweise nicht zutreffend ab«? Da ruft die Weltgesundheitsbehörde eine Pandemie aus, die Bundesregierung setzt fast fünfundsiebzig Jahre nach Verabschiedung des Grundgesetzes wegen der außergewöhnlichen Bedrohungslage elementare Bürgerrechte außer Kraft – und das Gesundheitsamt macht am Wochenende sein Faxgerät (!) aus.

Man hätte durchaus vorbeugen können. Seit dem Jahr 2008 kursierten laut Ethikrat in Behörden und zuständigen Gremien Szenarien für Pandemie-Lagen. Es sei jedoch zweifelhaft, ob diese Analysen »vonseiten der Politik angemessen verarbeitet wurden«. 2013 ignorierte die Bundesregierung offenbar eine Risikoanalyse unter Federführung des Robert-Koch-Instituts und Mitwirkung weiterer Bundesbehörden, darunter dem Amt für Bevölkerungsschutz und Katastrophenhilfe. Sie warnte für den pandemischen Ernstfall ausdrücklich vor Engpässen bei Schutzausrüstung und traf das tatsächlich eintretende Szenario in etlichen Details beängstigend exakt, von Medikamentenmangel über Schulschließungen bis hin zum Verbot von Großveranstaltungen.

Im dann tatsächlich eingetretenen Ernstfall gab es statt Schutzausrüstung häufig nur die Schutzbehauptung, niemand habe solch eine Lage voraussehen können. Es fehlte an geeigneten Masken, Kitteln, Handschuhen, Brillen und Desinfektionsmitteln. Dann jedoch setzte eine vielfach komplett unwirtschaftliche und kopflose Beschaffungslawine ein, die die Tore für Bereicherungsversuche öffnete – bis hinauf in politische Kreise. Parlamentarische Mandatsträger vermittelten gegen Provision Maskendeals – strafwürdige Bestechlichkeit lag dabei laut Bundesgerichtshof nicht vor.

Große Wahrheit lag in der bangen Vorahnung von Gesundheitsminister Jens Spahn: »Wir werden einander viel verzeihen müssen.« Mit diesem Selbstzitat betitelte der CDU-Politiker ein Buch, das er veröffentlichte, nachdem er aus dem Amt geschieden war. In seiner Rechtfertigungsschrift offenbarte er, für wen ihm das Gewissen schlug: »Wer waren die Leidtragenden der Lockdown-Politik? Vor allem Schüler, Kinder, Jugendliche, die in einer prägenden Lebensphase aus ihrem sozialen Umfeld gerissen wurden; Alleinstehende, die unter Einsamkeit litten; alte Menschen, die sich nicht mehr nach draußen trauten; pflegende Angehörige, die unter der Last und der Unsicherheit fast zusammenbrachen; Frauen und Kinder, die vor Gewalt im häuslichen Umfeld keinen Schutz mehr fanden; Familien, die an ihr Limit kamen ... Sie sind es, die wir, die politisch Verantwortlichen, um Verzeihung bitten müssen.«

Spahns Nachfolger Karl Lauterbach musste einige seiner vorherigen vollmundigen Corona-Alarmismen wieder einkassieren, nachdem er in seinem Traumjob gelandet war. Die Mitarbeiter seines Ministeriums ließ er aber im Februar 2023 noch Masken tragen, als die öffentlichen Verkehrsmittel bereits auf diesen Zwang verzichteten. Eisern hielt er daran fest, Deutschland hätte statt der gut 170 000 Corona-Toten (Stand April 2023) eine Million Opfer beklagen müssen, hätte man nicht beherzt gegengesteuert.

Einräumen musste Lauterbach, die langen Schulschließungen seien nicht richtig gewesen, Verbote von Aktivitäten im Freien ohne Maske gar »schwachsinnig«. Als schuldig machte er aber nicht die von ihm selbst immer wieder angeheizte Panikstimmung aus, sondern verkündete: »Da haben die Länder massiv überreizt.«

Die *Welt am Sonntag* kommentierte die Einlassungen des Ministers mit den Worten: »Es ist fast, als sähe man einem mühselig errichteten Kartenhaus in Zeitlupe beim Einstürzen zu.« Und sie hielt ihm vor: Was er heute als Schwachsinn brandmarke, habe er selbst einst vehement eingefordert, zum Beispiel am 17. April 2021 auf Twitter, wo er das Zusammenstehen im Freien als gefährlich dargestellt habe.

Das Ansehen der Entscheidungsinstanzen der Bundesrepublik und ihrer Verwaltung unter den Bürgern, ohnehin schon angekratzt, sank im Verlauf der teils hausgemachten Corona-Krise noch einmal. Nach dem Abflauen der Pandemie attestierte der Vorsitzende der Kassenärztlichen Bundesvereinigung, Andreas Gassen, Bund und Ländern in der *Neuen Osnabrücker Zeitung*, zu wenig aus der Corona-Krise gelernt zu haben. Öffentlicher Gesundheitsdienst, Digitalisierungsbemühungen und Katastrophenschutz seien nicht wesentlich gestärkt worden. Er warnte: »Das teilweise zu beobachtende Staatsversagen, das wir in der überstandenen Pandemie erlebt haben, das kann sich beim nächsten Mal leider wiederholen.« Es sei zu lange an einer »übertriebenen Eindämmungspolitik« festgehalten worden, »weil es irgendwann einen zu engen Zirkel an Beratern gab, die irgendwann in einer Blase festsaßen und unbedingt Recht behalten wollten«.

Ja, das Virus war tückisch. Vorsicht war angebracht. Letztlich wurde Covid-19 aber zu einer Infektionskrankheit unter vielen, soweit man das zum Zeitpunkt des Gassen-Interviews beurteilen konnte. Gegen das vielfältige Versagen des Staates in der Pandemie jedoch sollte man als Bürger keine Immunität entwickeln.

KAPITEL 21

Infrastrukturpolitik –
volle Züge, leere Versprechungen

Es ist schon mehrfach angeklungen – wir gehen nicht mit Sieben-Meilen-Stiefeln in die Zukunft, sondern mit Bleischuhen. Meistens wollen wir in diese Zukunft allerdings fahren – über unsere Autobahnen und Schienenwege; mancher mag trotz ausgerufener »Flugscham« vielleicht aus Termingründen auch noch darauf setzen, bisweilen per Flugzeug von A nach B befördert zu werden, aber natürlich nur ins Ausland.

Mobilität zu ermöglichen, ist in einer hochentwickelten westlichen Volkswirtschaft wie der Bundesrepublik Deutschland nicht nur ökonomisch unerlässlich, sondern auch ein Freiheitsversprechen. Dafür braucht man die entsprechende Infrastruktur, zu Lande, zu und über Wasser oder in der Luft. Dieser müssen sich die Bürger bedenkenlos anvertrauen können in der begründeten Annahme, dass sie verlässlich überprüft und gewartet wird. Doch viel wert waren diese Ansprüche dem Staat lange Zeit nicht; er fuhr stattdessen auf Verschleiß. »In Deutschland wird schon seit vielen Jahrzehnten deutlich zu wenig in die öffentliche Infrastruktur investiert«, meldete sich der Wissenschaftliche Beirat beim Bundeswirtschaftsministerium 2020 in einem Gutachten zu Wort.

Bundesverkehrsminister Volker Wissing weiß, dass ein Zehntel der 40 000 deutschen Bundesfernstraßenbrücken in den nächsten Jahren sanierungsreif sind, Schienennetz und Technik der Bahn gleichfalls überholungsbedürftig. Man habe »die Brücken im Griff«, verkündete 2018 noch der damalige Bundesverkehrsminister Andreas Scheuer von der CSU. Die Rahmedetalbrücke der A45 in Lüdenscheid konnte er nicht meinen. Die beging Ende 2022 den Jahrestag ihrer Vollsperrung wegen Baufälligkeit und musste im Mai 2023 gesprengt werden.

Auf den Autobahnen macht sich der Trend zu immer größeren und schwereren Lastwagen mit stärkerer Abnutzung der Verkehrsbauten bemerkbar. Auch Schwertransporte mit Bauteilen für die in immer größerer Zahl gewünschten Windräder stoßen nicht nur auf vielfältige Genehmigungsanforderungen, sondern auch auf Autobahnauffahrten, die für die langen und wenig wendigen Anhänger kaum geeignet sind.

Neu- und Ersatzbauten werden durch lange Planungs- und Genehmigungsverfahren aufgehalten, manchmal sind sie bereits überholt, wenn sie endlich in Betrieb gehen können.

Antragsunterlagen müssen aber stets auf dem neuesten Stand gehalten werden – und der ändert sich schon mal. Nach Angaben des Bundesverbands der Deutschen Industrie (BDI) gab es 2021 allein im Umweltrecht und Arbeitsschutz auf Bundes- und Landesebene insgesamt 1200 neue Normen und 360 Änderungen an bestehenden. Hinzu seien 3500 relevante Gerichtsurteile aus dem Umweltrecht gekommen.

Die bundeseigene Autobahn GmbH wollte trotzdem Tempo machen und nicht wie früher veranschlagt zweihundert Brücken jährlich erneuern lassen, sondern die doppelte Anzahl – dauerhafte Erfolgsaussichten unklar. Verdoppelt hat sich in den vergangenen dreißig Jahren zuverlässig nur der Umfang des Straßengüterverkehrs. Bis 2051 könnte der Transport mit Lastwagen im Vergleich mit 2019 nochmals um

54 Prozent zunehmen, der auf der Schiene nur um ein Drittel. So eine »Gleitende Langfrist-Verkehrsprognose« des Wissing-Ministeriums, die vor allem den Schluss nahelegt: Wenn nicht schnell was passiert, gleitet bald gar nichts mehr.

Dass der Fahrradverkehr ebenfalls um 36 Prozent zunehmen soll, wird trotz der zunehmenden Beliebtheit von Lastenfahrrädern der zuverlässigen Güter-Versorgung von Wirtschaft und Handel kaum helfen. Wissing plädiert deshalb für den Ausbau aller Verkehrsträger, auch der Straße.

Die 13 000 Kilometer Autobahn in Deutschland liegen überhaupt erst seit 2021 in der Verantwortung des Bundes. Vorher herrschte das übliche föderale Zuständigkeits-Gewirr. Die Bundesregierung nahm gleich großzügig Geld in die Hand für die Entlohnung der Mitarbeiter des neuen Autobahnmanagements. Wie der Bundesrechnungshof 2021 beim Bundesverkehrsministerium recherchierte, »zahlt der Bund für das Personal der Autobahn GmbH im laufenden Jahr zehn Prozent mehr als für seine übrigen Beschäftigten«. Baufachleute sind rar und teuer. Vor allem im öffentlichen Dienst waren sie lange Zeit eine aussterbende Spezies. So reduzierten die Kommunen die Vollzeitstellen in ihren Bauämtern zwischen 1995 und 2015 um 40 Prozent. Laut dem Wissenschaftlichen Beirat des Wirtschaftsministeriums war die Folge, »dass viele Kommunen gar nicht mehr in der Lage sind, umfangreiche Bauinvestitionen ohne große Verzögerungen zu planen und durchzuführen«.

Im Sommer 2022 sahen nach einer Umfrage des Instituts der Deutschen Wirtschaft (IW) bereits 80 Prozent der deutschen Unternehmen ihr Geschäft durch Infrastrukturmängel beeinträchtigt, 20 Prozentpunkte mehr als noch 2013. Zwar investiere der Bund seit 2015 wieder mehr in die Verkehrsinfrastruktur. Doch nach der IW-Berechnung fressen die explodierenden Baupreise alle Mehraufwendungen wieder auf: »So ist die preisbereinigte Investitionssumme im Jahr 2022 gerade einmal auf dem Niveau von 2009 angelangt.«

Nach Angaben des ADAC gab es Ende 2022 rund tausend Baustellen im deutschen Autobahnnetz. Sie seien neben hohem Verkehrsaufkommen und Unfällen die Hauptursache für Staus und Verzögerungen. Der »Stauprofessor« Michael Schreckenberg empfahl im WDR, dem öffentlich-rechtlichen Sender des besonders von Autobahnbaustellen betroffenen Bundeslands Nordrhein-Westfalen: »Man sollte das Baustellenmanagement optimieren. Da muss schneller und auch länger gearbeitet werden. Warum wird auf Baustellen nicht rund um die Uhr gearbeitet, wie in anderen Ländern?«

Ja, warum nur? Vielleicht, weil die Regierungen anderer Länder solche Themen einfach besser im Blick hatten? Als Wissings Leute nach Übernahme des Bundesverkehrsministeriums dort nach den Sanierungsplänen des Amtsvorgängers Scheuer suchten, stießen sie nach eigenen Angaben nur auf spärliches Material. Staatssekretär Michael Theurer von der FDP warf den vorherigen Hausherren vor: »CDU/CSU haben dieses Haus und auch die Infrastruktur nicht in tadellosem Zustand übergeben.«

Vor allem die Deutsche Bahn nicht. Bei ihr hat es zu lange keine Erhaltungs- und Innovationsinvestitionen gegeben.

»Das Staatsversagen« überschrieb der auf die Bahn spezialisierte Journalist Arno Luik im Juni 2022 einen Bericht im *Rotary Magazin*, in dem er zu dem vernichtenden Urteil kam: »Die Deutsche Bahn ist in einem fast irreparablen Zustand. Denn der Bahn, die in den vergangenen Jahren so konsequent wie unverantwortlich demontiert worden ist, fehlt es heute an allem: an Gleisen, an Land für Gleise, an Lokomotiven, an Zügen, an Personal.«

Im selben Monat verunglückte in Garmisch-Partenkirchen ein Regionalzug, wobei fünf Menschen starben und mehrere weitere verletzt wurden. Einige Wochen nach dem Unfall begann die Bahn damit, bundesweit rund 200 000 Betonschwellen zu überprüfen und auszutauschen; solche Schwellen waren auch auf dem Streckenabschnitt des verunglückten Zugs verlegt gewesen. Bis 2023 sollte es durch den Austausch zu erheblichen Verkehrsbeeinträchtigungen kommen.

Nein, es macht manchmal überhaupt keinen Spaß, mit der Deutschen Bahn zu fahren, es kann sogar regelrecht gefährlich werden. Es ist mitunter auch nicht besonders vergnüglich, für die DB zu arbeiten. Dann nicht, wenn man als Zugführer der Stuttgarter S-Bahn dem eigenen Frust mit der Ansage an die Fahrgäste Luft macht und damit im Internet viral geht: »Dass der Zug nicht mehr so richtig beschleunigt, liegt daran, dass wir hier nur noch mit dem allerletzten Dreck rumfahren. Beachten Sie bitte, dass die neuen Fahrzeuge, die wir bekommen haben, einfach nur noch Schrott sind. In diesem Scheiß hier dürfen wir rumfahren. Nächster Halt: Schwabstraße. Ausstieg links.«

Nicht vergnügungssteuerpflichtig ist auch die Tätigkeit in der Fahrgastbetreuung des Kölner Hauptbahnhofs, wenn man dort abgestellt ist, um Fahrgäste aufzufangen, die auf dem Weg nach Brüssel und zurück im Schatten des Doms stranden und dort um wohlbehaltene Ankunft am Zielort eigentlich nur noch beten können. Laut einer Antwort des Bundesverkehrsministeriums auf eine kleine Anfrage des grünen Bundestagsabgeordneten Matthias Gastel wies die über Köln verlaufende ICE-Verbindung zwischen Frankfurt am Main und Brüssel im August 2022 stolze 104 Totalausfälle von Zügen auf und 88 Teilausfälle, bei einer Pünktlichkeitsrate von beklemmenden 49,1 Prozent. Die Fehlleistungen sind chronisch, auch in anderen Monaten.

Ich habe manchmal in Brüssel zu tun. Oder hätte es, wenn die Deutsche Bahn mich dorthin gelangen ließe. Aus meinen Erinnerungen an den Kölner Hauptbahnhof, den ich bei mehreren Gelegenheiten bis zur letzten Frittenbude erkunden durfte, während ich verlorene Zeit totschlug und mir meine Termine in Brüssel flöten gingen (dort wären auch die Pommes besser gewesen), steigt das milde Antlitz eines DB-Mitarbeiters auf. Er stand vor dem Reisezentrum, erwartete mich und andere Opfer schon, war wie wir genervt, blieb aber freundlich und höflich.

Zerknirscht lächelnd sprach er mir zu: »Ich stehe hier genauso ungern wie Sie rum. Es tut mir leid. So etwas kommt bedauerlicherweise öfter vor.« Er vertraute mir auch den Grund dafür an: Regelmäßig hätten die deutschen ICE-Züge mit der Stromabnahme im belgischen Eisenbahnnetz Probleme.

Ja, das mag im Schienenverkehr zwischen der Demokratischen Republik Kongo und Angola bisweilen auch vorkommen. Dort feiert man sich selbst dann aber hoffentlich gleichzeitig nicht so peinlich, wie es der Bundesbahn im November 2022 gelang.

Nachdem ich es in diesem Monat mit belgischen Bummelzügen auf deutsches Staatsgebiet zurückgeschafft hatte, las ich in *Touristik Aktuell – Wochenzeitung für Touristiker* unter der Überschrift »DB: Mehr Komfort auf Strecke nach Brüssel« mit großem Erstaunen: »Die Deutsche Bahn (DB) feiert das 20-jährige Jubiläum der ICE-Strecke nach Brüssel mit einem Rekord: Für das Jahr 2022 erwartet das Unternehmen erstmals über eine Million Reisende, die den ICE Brüssel für eine Fahrt nach Belgien oder Deutschland nutzen.«

Welchen ICE Brüssel eigentlich?, fragte ich mich entgeistert. Dann stellte ich mir vor: eine Million Reisende, alle in

Ermangelung einer Weiterreisemöglichkeit auf ewiger Odyssee durch die Wandelgänge des Kölner Hauptbahnhofs – es würde eng werden, möglicherweise wären nicht mal mehr miese überteuerte Pommes als Notverpflegung erhältlich.

Die Deutsche Bummelbahn hat nicht nur im laufenden Betrieb Probleme mit Verspätungen. Auch manche ihrer Versprechungen erfüllen sich nicht ganz so pünktlich. Im August 2006 sagte der damalige DB-Chef Hartmut Mehdorn dem damaligen niedersächsischen Ministerpräsidenten Christian Wulff zu, die Strecke Oldenburg–Wilhelmshaven werde noch vor der geplanten Inbetriebnahme des Jade-Weser-Ports in Wilhelmshaven im Jahr 2010 zweigleisig ausgebaut und elektrifiziert. In der Berichterstattung darüber war von Baukosten in Höhe von 22 Millionen Euro die Rede.

Bagger rückten aber erst 2011 an. Nach elf Jahren Bauzeit frohlockte die Deutsche Bahn im Dezember 2022: »140 Kilometer Klimaschutz auf der Schiene: Strecke Oldenburg–Wilhelmshaven elektrifiziert« – für 1,36 Milliarden Euro. DB-Infrastrukturvorstand Berthold Huber berief sich auf eine »technische Meisterleistung«: Man habe es mit »anspruchsvollem Untergrund nahe dem Wattenmeer« zu tun gehabt. Das Wattenmeer gab es 2006 allerdings auch schon, wie übrigens seit mehreren tausend Jahren. Sollte Mehdorn es übersehen haben?

Huber gestand der *Welt am Sonntag* im November 2022 ein »strukturell überaltertes Netz, dessen Störanfälligkeit immer größer wird« für die gesamte Bahn ein. Den kompletten Sanierungsstau bezifferte er auf 50 Milliarden Euro. Zu diesem Zeitpunkt residierten die Mitarbeiter der Bahnzentrale zeitweilig gerade nicht im DB-Turm am Berliner Potsdamer Platz, weil dieser, na, was wohl? – saniert wurde. Elektrifiziert war er unübersehbar: Die *Bild*-Zeitung beschwerte sich darüber, dass das Gebäude spätabends hell erleuchtet sei, obwohl die Bahn-Beschäftigten gar nicht drin arbeiteten.

Bahn-Beauftragter Theurer wollte der deutschen Öffentlichkeit weismachen, es sei völlig okay, dass die Bahn noch rund ein halbes Jahrhundert brauchen werde, um verlässlicher zu werden. Anfang März 2023 überraschte der FDP-Politiker mit der Mitteilung, der »Deutschlandtakt« der Bahn werde »in den nächsten 50 Jahren als Jahrhundertprojekt« umgesetzt. Es sei »immer völlig klar gewesen, dass das Jahrzehnte dauert«.

Zielmarke für das Anbrechen des geplanten neuen Eisenbahn-Zeitalters war freilich mal 2030 gewesen. Es soll sich durch schnellere und pünktlichere Verbindungen auszeichnen, die bundesweit getaktet sind und so das Umsteigen erleichtern. Wer solch ein Wunder noch vor der Rente mal erleben will, bleibt offenbar noch lange Jahre auf Bahnfahrten durch die Schweiz angewiesen.

Für die deutschen Bahnchefs persönlich ist sowieso egal, ob der Takt funktioniert, wenn man Claus Weselsky glauben darf, dem Vorsitzenden der Gewerkschaft Deutscher Lokführer (GDL). Er sagte *Focus online*: »Ich plane bei meinen Dienstreisen in der Regel mindestens eine Stunde mehr ein, weil man sich auf nichts mehr verlassen kann. Der Bahnvorstand fährt so gut wie nie Zug. Er lässt sich in Limousinen durch die Gegend kutschieren.« Konzernchef Richard Lutz zeigte zudem erstaunlich wenig Interesse an wesentlichen Kennzahlen seines eigenen Ladens. Zu Verzögerungen und einer knappen Kostenverdopplung beim Ausbau der S-Bahn-Stammstrecke München überraschte er laut GDL mit dem Bekenntnis, man habe im Bahnvorstand die Philosophie, »nicht ständig über neue Zahlen zu reden«. Die *Süddeutsche Zeitung* stellte dem Manager das Zeugnis aus, er sei »völlig überfordert und nicht in der Lage, mit Geld umzugehen«.

Weil die deutsche Eisenbahn in der Fläche jahrelang kaputtgespart wurde, muss sie nun nacharbeiten. Ein Großteil der Mittel, die im Bundeshaushalt vorgesehen sind, gehen in Instandhaltung, nicht in Neu- und Ausbau. Der stößt nicht nur auf finanzielle Probleme: Ständig trifft er auch auf regionalen Widerstand von Anwohnern.

Ist schon wahr: Über kaum etwas regen die Deutschen sich so gerne auf wie über ihre Bahn, höchstens übers Wetter. »Alle reden vom Wetter. Wir nicht«, signalisierte die damalige Deutsche Bundesbahn mit einem Werbeslogan in den Sechzigerjahren des vergangenen Jahrhunderts noch Verlässlichkeit. Er fällt ihr heute immer noch auf die Füße. Spötter befinden inzwischen, bei der Bahn komme nur noch eines pünktlich: die Preiserhöhungen. Oder: Der einzige Zug, der in Deutschland pünktlich losfahre, sei der Rosenmontagsumzug.

Fürs Wetter sind weder die Bahn noch der Staat verantwortlich. Aber dass die Bahn auch Wetter-Unbilden immer weniger trotzen kann, handele es sich nun um unpassierbar gewordene Strecken durch harsche, unvorhersehbare Wintereinwirkung (Schneeflocken) oder hochsommerlichen Ausfall von Zug-Klimaanlagen, daran trifft beide, Bahn und Staat, durchaus Mitschuld.

Verantwortlich für die Misere sind nämlich nicht nur vollmundig agierende ehemalige Bahnchefs vom Schlage Mehdorn, sondern auch gleichgültige oder überforderte Verkehrsminister, die die umweltfreundliche Verlagerung des Verkehrs von der Straße auf die Schiene immer wieder postulierten, gleichzeitig aber zusahen, wie Zukunftspotenzial verspielt wurde. Wie ein großer Staatskonzern in Schulden versinkt und sich selbst der Lächerlichkeit preisgibt. Bahn-Kritiker Arno Luik spricht von einem »beschämenden, für eine Industrienation nicht zu akzeptierenden Totalversagen«.

Bundesverkehrsminister Wissing ermahnte die Bahn-Manager, sich künftig statt auf allerlei Nebentätigkeiten auf ihr Kerngeschäft zu konzentrieren; sie hätten mit der Sanierung des Leistungsangebots genug zu tun. Luik bemängelte, die Deutsche Bahn AG schaffe es zwar nicht, »in Deutschland einen ordentlichen Zugverkehr zu ermöglichen«, betreibe im Ausland aber »alles Mögliche und Unmögliche – etwa Krankentransporte in Großbritannien, Elektrobusse in Tschechien, Wein- und Minenlogistik in Australien«. Für eine positive Ertragslage bringe dies alles so gut wie gar nichts.

Immer wieder widmet sich der Bundesrechnungshof der Bahn. Mal bemängelt er ihre Unpünktlichkeit (2021 war jeder vierte Fernverkehrszug mehr als sechs Minuten verspätet, 2022 sah es noch schlimmer aus: nur 65 Prozent Pünktlichkeitsrate), dann wieder, dass sie Mittel zurückhalte, die eigentlich für den Erhalt des Schienennetzes vorgesehen seien. In einem Sonderbericht der Rechnungsprüfer vom März 2023 hieß es zum »Sanierungsfall« DB AG: »Das Bundesministerium für Digitales und Verkehr (BMDV) hat nach Jahren der Untätigkeit gravierende strukturelle, finanzielle und betriebliche Probleme bei der Deutschen Bahn AG (DB AG) anerkannt. Es hat jedoch keine ausreichenden Schritte eingeleitet, um die sich verschärfende Dauerkrise zu lösen.« Die Bundesregierung habe »Reformen viel zu lange versäumt und muss den Konzern wirksamer, umfassender und schneller neu ausrichten als bisher geplant«.

Beobachter wie Luik warfen dem Staatskonzern vor, zu sehr in prestigeträchtige Megaprojekte wie Stuttgart 21 verliebt zu sein, statt in der Fläche etwas für die Bahnkunden und die Anbindung der Regionen an den Fernverkehr zu tun. Stuttgart 21 wurde eine Art BER auf der Schiene im Schwäbischen, ein weiteres Symbol dafür, dass die einst weltweit bewunderten deutschen Planer und Macher sich inzwischen mehr vornehmen, als sie schultern können.

Im Südwesten machte man sich an die grundsätzliche Neuordnung des Bahnknotens Stuttgart inklusive technisch anspruchsvoller Vorhaben wie unterirdischer Streckenführung und eines komplett neuen Hauptbahnhofs für die baden-württembergische Landeshauptstadt. Laut Huber sollte dort »einer der schönsten Bahnhöfe überhaupt« entstehen. Für Grand Central im Schwäbischen wurden nicht nur viele Bürgerproteste übergangen, sondern auch sämtliche Zeit- und Kostenplanungen gerissen.

Dabei hat die Deutsche Bahn auch ohne Stuttgart 21 schon genug Probleme. Im Sommer 2022 geriet sie durch das Neun-Euro-Ticket in einen Belastungstest, den viele ihrer Regionalzüge aufgrund des hohen Fahrgastaufkommens nicht bestanden. Chaotische Szenen spielten sich ab und bekräftigten die in der Bevölkerung vorherrschende Meinung, die Bahn sei ihren Aufgaben schon längst nicht mehr gewachsen.

Vernachlässigte einheimische Infrastruktur der international stark als Logistik-Player engagierten Deutschen Bahn, chronische Unpünktlichkeit und technische Unzuverlässigkeit sind zu Kennzeichen unseres Eisenbahnsystems geworden, das sich mit denen anderer europäischer Länder längst nicht mehr messen kann. Als die Ampelregierung in Berlin übernahm, wurden wieder mal Ausbaupläne für die Bahn verkündet. So sollte ihr Anteil am Güterverkehr nun endlich auf 25 Prozent steigen. Diese Zahl ist schon seit Beginn des 21. Jahrhunderts als Orientierungsmarke in der Welt, ohne dass jemals auch nur 20 Prozent erreicht worden wären. Das ist auch Zuverlässigkeit, könnte man sagen, Beständigkeit im Scheitern nämlich.

Man kann sich bei Reisen mit der Deutschen Bahn zwar nicht unbedingt auf die Fahrpläne verlassen, sehr wohl aber darauf, dass irgendwas immer nicht klappt – seien es nun die Klimaanlagen, die nicht anspringen, oder Heizungen, die sich nicht abstellen lassen, das mikrowellen-optimierte Bord-Bistro, dem oft der Nachschub ausgeht, oder die Toiletten, die häufig gesperrt sind.

Ein unanfechtbares Kompetenzfeld der Deutschen Bahn beschrieb der Komiker Olli Dittrich einmal so: »High Tech im Low-Level-Bereich«. Die französische Schauspielerin Julie Delpy fasste ihre Erfahrungen mit deutschen Zügen auf Instagram in der Warnung zusammen: »Reist niemals mit dem Zug in Deutschland, geht zu Fuß, wenn es sein muss.«

KAPITEL 22

Unbehaust im eigenen Land

Am sichersten fühlt man sich normalerweise im eigenen Heim – sofern man eins hat. »Heimat« ist unserer Bundesregierung so wichtig, dass eines ihrer Ministerien diesen Begriff sogar im Namen führt. Dies war 2022 allerdings nicht das Bau-, sondern das Innenministerium, obwohl Vorbedingung für ein Heimatgefühl ein Zuhause ist. Ein erschwingliches Heim zu finden, das wird für einen erheblichen Teil der Bundesbürger wegen des Versagens der staatlichen Wohnungspolitik immer schwieriger.

In unseren Großstädten fehlen Hunderttausende von Mietwohnungen, während unser sozialer Wohnungsbau am Boden liegt. Selbst Spitzenverdiener, die eine Familie gründen wollen, sehen sich mittlerweile außerstande, in ihre Lebensplanung die Anschaffung von Wohnraum mit halbwegs annehmbarem Aufwand einzubeziehen. Die im internationalen Vergleich geringe Verbreitung von Wohneigentum in Deutschland scheint unter diesen Umständen kaum steigerungsfähig zu sein.

Die Ursachen der Misere sind vielfältig, ihr Zusammenspiel komplex. Nicht alle Probleme sind hausgemacht – die lange Phase der internationalen Niedrigzinspolitik zum Beispiel, die die Immobilien-Spekulation mangels anderer attraktiver Anlageformen zunehmend interessant machte.

Einheimische staatliche Fehlleistungen spielten jedoch eine bedeutsame Rolle, vom kopflosen Rückzug vieler Kommunen aus Wohnraum in öffentlicher Hand bis hin zu schwerfälligen Genehmigungsverfahren und Bauvorschriften.

Etliche wichtige Komponenten der Misere entziehen sich allerdings auch direkten staatlichen Eingriffen. Dazu zählen die Bevölkerungsentwicklung sowie deren Verteilung auf Stadt und Land, die Zunahme von Single-Haushalten und die Verknappung von Bauland. Dennoch nimmt der deutsche Staat nach Meinung vieler Experten seine Möglichkeiten der Einwirkung auf das Wohnraumproblem zu wenig wahr – und wenn, dann mit halbherzigen oder falschen Mitteln wie der Mietpreisbremse der Bundesregierung oder dem Berliner Experiment eines Mietendeckels.

Größter Irrtum vom Amt: Zum Zeitpunkt der Wiedervereinigung gingen die staatlichen Stellen in Deutschland von einer Bevölkerungsabnahme aus und machten sie zur Grundlage ihrer Planungen. Vor allem sozialer Wohnungsbau schien zunehmend entbehrlich. Von den 2,1 Millionen Sozialwohnungen, die es 2006 gab, war 2018 nur noch gut die Hälfte übrig. In diesem Jahr kam das Signal zum Umsteuern. Mit einer »Wohnraumoffensive« wollte die letzte Merkel-Regierung 1,5 Millionen Wohnungen bis zum Ende ihrer Amtszeit aus dem Boden stampfen. Es wurden 1,2 Millionen, und nur ein Zehntel davon waren Sozialwohnungen.

Um ihr ambitioniertes Ziel zu erreichen, hätte die letzte Merkel-Koalition 375 000 Wohnungen pro Jahr entstehen lassen müssen. Dass dies nicht möglich war, hielt die nachfolgende Ampel-Regierung nicht davon ab, die Latte noch ein Stück höher zu legen: 400 000 Wohnungen sollten es nun pro Jahr sein, ein Viertel davon Sozialwohnungen. Bauministerin Klara Geywitz (SPD) musste frühzeitig eingestehen, dass diese Zielmarke für 2022 und 2023 verfehlt werden würde. Im Februar 2023 bezifferte sie den Wohnungsbedarf auf bis zu 600 000 Wohnungen pro Jahr. Expertenschätzungen kamen sogar auf noch einmal 100 000 mehr.

Wieder einmal wurde zu einer von vornherein aussichtslosen »Bauoffensive« geblasen – mitten in einer Phase hoher Baukosten und deutlich gestiegener Ansprüche an den Wohnraum, denn er soll nun auch noch möglichst energieeffizient sein. Deshalb drohen aus Brüssel Zwangssanierungen von Eigenheimen, deren Bau sich ihre Besitzer vom Munde abgespart haben, um als Rentner mietfrei wohnen zu können. Doch die erhoffte Altersvorsorge geriet unter den hohen zu erwartenden Kosten für Wärmepumpen und andere zeitgemäße Energiespar-Technik zum potenziellen Existenzrisiko, die Pläne der Ampelregierung für Heizungsanlagen-Austausch im Dienste des Klimaschutzes ebenso.

Im Frühjahr 2023 verbreitete das Statistische Bundesamt wahre Schreckensmeldungen aus dem Bausektor: Im Januar und Februar gab es 23,4 Prozent weniger genehmigte Wohnungen als im Vorjahreszeitraum. Für Einfamilienhäuser stürzten die Baugenehmigungen um 28,4 Prozent ab, für Zweifamilienhäuser um 52,4 Prozent, für Mehrfamilienhäuser um 23 Prozent. Auf dem 14. Wohnungsbau-Tag wurden kurz darauf weitere Horrorzahlen präsentiert: 2023 wahrscheinlich nur 240 000 neu gebaute Wohnungen. Bau-Finanzierungsvolumen durch Banken in einem Jahr von sieben auf zwei Milliarden Euro geschrumpft. Drei Millionen deutsche Haushalte, denen die Miete 40 Prozent des Nettoeinkommens aufzehrt – ohne Heizkosten.

»Das alles trübt die Stimmung«, gab Ministerin Geywitz eine noch sehr zurückhaltende Einschätzung, während Branchenvertreter zuhauf Alarmrufe ausstießen (»Uns geht das

Geld aus für all diese Maßnahmen, die von uns verlangt werden!«). Sie versprach den »digitalen Bauantrag als Standard« (muss natürlich noch entwickelt werden) und eine gründliche Entmottung des Baugesetzbuches (dauert natürlich so seine Zeit). Außerdem wunderte sie sich: »Es ist wirklich erstaunlich gewesen, wie wenig Deutschland in die Bauforschung investiert hat.«

Wie viel dieser Wissenschaftszweig zur Wahrheitsfindung beitragen kann, bewies gleich darauf der Bauforscher Dietmar Walberg, indem er sich der Behauptung der Ministerin annahm, in Deutschland stünden 1,7 Millionen Wohnungen leer: »Diese sogenannten 1,7 Millionen Wohnungen – bei allem Respekt: Gezählt wurden die im Jahr 2011 beim Zensus. Seitdem ist ja einiges passiert.« Sie dürften in diesem Umfang gar nicht vorhanden sein – und wenn, »dann leider Gottes an der falschen Stelle« – vornehmlich im Osten Deutschlands. »Der Mangel an bezahlbarem Wohnraum entwickelt sich zu einer Gefahr für unsere Gesellschaft«, mahnte auf dem Wohnungsbau-Tag der Vorsitzende der Baugewerkschaft, Robert Feiger.

Die Bedrohung durch Wohnraummangel und hohe Wohnkosten kam nicht über Nacht und betrifft nicht mehr nur die klassischen Benachteiligten wie arme, junge und alte Haushalte. Der Sozialverband Deutschland (SoVD) erklärte bereits 2018: »Von 1993 bis 2014 ist die mittlere Miete stärker gestiegen als das mittlere Einkommen.«

Die Sorge darum, ob man sich Wohnen überhaupt noch leisten kann, frisst sich in die Mitte der Gesellschaft hinein. Soziologen handhaben für die Definition der »Mittelschicht« nicht nur die Wirtschaftskraft eines Haushalts (als Richtgröße darf hier ein verfügbares Nettoeinkommen bis zu 2000 Euro pro Monat für Singles gelten, maximal 4600 Euro für eine vierköpfige Familie – die Definition ist nicht sehr scharf umrissen).

Mittelschicht ist aber auch ein Zugehörigkeitsgefühl jenseits der ökonomischen Existenzgrundlagen. Das hat damit zu tun, dass für die Zuordnung zu dieser Schicht eine bestimmte Lebensform und -einstellung als prägend gilt, die Selbstverortung in einem Normen- und Wertesystem, das der »Normalbürger« als inneren Rückhalt der Gesellschaft wahrnimmt, die er mit seinen Steuerzahlungen und Sozialversicherungsbeiträgen materiell aufrechterhält.

Deutschland, das dürfen diese Bürger mit gewissem Recht sagen, »das sind wir, denn es lebt von uns«. Dies bildet sich zum Beispiel in der Gesetzlichen Krankenversicherung recht deutlich ab: Wer nicht privat versichert ist, trägt dort dazu bei, dass Menschen mit geringem Einkommen gesundheitlich abgesichert bleiben – ein erheblicher gesellschaftlicher Solidarbeitrag der Mittelschicht. Warum heißt sie so? »Weil von ihr die Mittel kommen.« (*Focus*)

Triebfeder dieser Schicht ist, dass sie von der permanenten weiteren Verbesserung ihrer eigenen Lebensverhältnisse und der ihrer Kinder träumt. Die Soziologie benutzt für die Grundlage solcher Träume die Bezeichnung »Fahrstuhleffekt«: Die soziale Marktwirtschaft beseitigt zwar nicht die Unterschiede zwischen Arm und Reich, sorgt aber dafür, dass es für jeden ein bisschen aufwärts geht, getreu Erhards Versprechen des Wohlstands für alle. Etwa um die Jahrtausendwende kam dann allerdings der Begriff »Paternostereffekt« auf – die Mittelschicht sei möglicherweise in eine Art Lift gestiegen, bei der es ab einem bestimmten Punkt wieder abwärts geht. Konjunkturelle Aufschwungphasen kommen kaum noch bei ihr an. Diese Schicht schrumpft. Das Wohlstandsversprechen zerbricht.

Symbol für den sozialen Aufstieg war lange Jahre der Traum von den eigenen vier Wänden, vorzugsweise als Eigenheim. Er wird zunehmend irreal. Die Baupreise stiegen 2023 stärker als die Inflation. Immer mehr Haushalte, die einen Hausbau mal ohnehin knapp kalkulierend in Erwägung gezogen hatten, machten auch wegen der steigenden Zinsen einen Rückzieher.

An die Stelle des alten Traums ist die Angst vor Abstieg und Verlust getreten.

»Die Kombination von Finanz- und Eurokrise wurde auch deshalb so gefährlich, weil sie sich mit einer schon länger anhaltenden Abstiegsangst insbesondere in der Mittelschicht verband«, schreibt der Historiker Frank Biess in seinem Band *Republik der Angst*. Auch die Weimarer Republik habe »Panik im Mittelstand« gekannt. Der Fingerzeig muss hellhörig machen, denn man weiß ja, wie die Geschichte damals ausging.

Der Historiker verweist denn auch darauf, dass die Verunsicherung der AfD in die Hände spiele, einer »Angstbewegung«. Gleichzeitig, so Biess weiter, »reagieren Parteien wie die AfD auch auf einen weitreichenden Vertrauensverlust der Politik und der staatlichen Eliten und stimulieren ihn weiter«.

Sie können dabei auch davon profitieren, dass enttäuschte Bürger die eigene Lebensorientierung angegriffen sehen, die sie mal für den roten Faden hielten, mit dem der größte Teil der Gesellschaft durchwirkt ist. Was von der deutschen Mittelschicht und deren Ambitionen übrig ist, sieht sich neben der Wohnraum-Misere einem vergleichbaren ideellen Verlust der mentalen Behaustheit ausgesetzt, denn Heimat ist auch ein innerer Ort. Im Dienste von ideologischen Schlagworten wie »Identitätspolitik«, »politischer Korrektheit«, »Inklusion« und »Wokeness« sollen der Mitte der Gesellschaft Werte und Sprachregularien verordnet werden, die mit ihrer eigenen Lebenswirklichkeit und Weltanschauung wenig zu tun haben.

Warum nennt das Amt für Statistik Berlin-Brandenburg »sprachliche Gleichbehandlung« als sein Ziel, wenn es mit der »inklusiven« Anrede »Guten Tag Vorname Nachname« die Aufforderung verschickt, sich an der Gebäude- und Wohnungszählung 2022 zu beteiligen? Was ist falsch an »Sehr geehrter Herr«, »Sehr geehrte Frau«, »Meine Damen und Herren«?

Haben wir in diesem Land wirklich keine anderen Sorgen als »inklusive Anreden«? Das gesamte staatliche Koordinatensystem scheint verschoben, scheint sich mit der Lebensorientierung seiner Mehrheitsbevölkerung nicht mehr zu decken. Alles muss unerbittlich politisch korrekt sein, vor allem die Sprache. Sie muss im Stil einer Kulturrevolution mit Allumfassungsanspruch inzwischen alles »wertschätzen«, was ideologische Gesellschaftsinterpretation aus Nischen-Perspektive als verbindliche Weltsicht dekretieren möchte.

Besondere Blüten treibt dieser unbedingte Wille zum genderglatten Sprach-Streamlining an unseren Kultur- und Bildungsinstitutionen. Die Hamburger Universität produzierte 2020 auf siebzehn Seiten Empfehlungen für »reflektiertes und inklusives Sprachhandeln« inklusive des Hinweises: »Einige Menschen bevorzugen auch sogenannte Neopronomen wie zum Beispiel per, hen.« Beispiel: »Kim Müller hat eine hervorragende Dissertation zur Geschichte Albaniens geschrieben. Hen hat methodisch dafür ein breites Quellenkorpus verwendet; theoretisch bezieht hen sich primär auf die Oral History.«

Praktisch ist »hen« laut »Wikipedia« ein geschlechtsneutrales Personalpronomen im Schwedischen. Es gibt auch deutsche Varianten wie »sier«, »sie*er«, »si_er« und »xier«.

Einen »geschlechtsangleichenden operativen Eingriff« ließen in Deutschland im Jahr 2021 nach den Daten des Statistischen Bundesamts 2598 Menschen an sich vornehmen. Die Zahl der Personen, die unterhalb dieser Schwelle herkömmliche Definitionen von Geschlechtsidentität für sich ablehnen, dürfte höher liegen, lässt sich statistisch aber nur schwer verlässlich erheben. Einen bloßen Fingerzeig liefern Verfahren zur Namens- und Personenstandsänderung, die nach dem Transsexuellengesetz möglich sind; auch ihre jährliche Anzahl liegt im niedrigen Tausenderbereich.

In einer Veröffentlichung des Bundesministeriums für Familie, Senioren Frauen und Jugend hieß es 2017: »Der Anteil von Personen, deren Geschlechtsidentität nicht dem personenstandsrechtlich zugewiesenen Geschlecht entspricht, wird in der Regel auf zwischen 1,1 und 1,5 Prozent geschätzt.« Das übertrifft auf die deutsche Bevölkerung bezogen bei Weitem selbst Schätzungen der Deutschen Gesellschaft für Transidentität und Intersexualität, die von knapp 500 000 Betroffenen in der Bundesrepublik ausgeht.

Die Hamburger Uni strich ihre Bemühungen darum, »sprachlich und strukturell die Vielfalt der Kategorie Geschlecht« anzuerkennen, als Beitrag dazu heraus, dass sie ihre »Verantwortung als Bildungsinstitution ernst« nehme. Bezeichnet wurde dies als »Orientierung«, ausdrücklich nicht als »Normierung«. Merkwürdig nur: Im Februar 2023 berichtete die *Hamburger Morgenpost* unter der Überschrift: »Studenten der Uni Hamburg beklagen: Wer nicht gendert, muss mit Punktabzug rechnen« über Professoren und Dozenten, die in Hausarbeiten und Klausuren eine gendergerechte Sprache erwarteten. Von solchen Praktiken Betroffene unternehmen oft nicht einmal den Versuch, sich dagegen zu wehren, und kauen ergeben ihr neues »Studierendenfutter« – ob aus innerer Emigration oder Überzeugung, vielleicht auch nur Gleichgültigkeit, man weiß es nicht.

Verweilen wir kurz in Hamburg, wo man sprachlich über viele neue spitze Steine stolpern kann. Eine Ausstellung der dortigen Kunsthalle unter dem Titel »Femme Fatale: Blick – Macht – Gender« glaubte Anfang 2023 nicht ohne ein vierseitiges Glossar für Besucher mit Umerziehungsbedarf auszukommen. Sein Anspruch ging weit über die Erläuterung von Begriffen wie »LGBTQIA*« hinaus (»›Lesbian, Gay, Bi, Trans, Queer, Inter, Asexual‹. Das Sternchen steht für weitere Identitäten, die damit vielleicht nicht oder nicht vollständig erfasst sind, um niemanden auszuschließen«).

Am aufschlussreichsten für Angehörige der Mittelschicht, der sich die Urheber des Glossars vermutlich kaum verbunden fühlen, auch wenn sie ihr mit großer Wahrscheinlichkeit entsprangen, ist vermutlich das Stichwort »Hustle/Grind-Kultur«. Es beschreibt missbilligend »einen Lebensstil, bei dem ein Streben nach Erfolg und Leistungserbringung an erster Stelle steht. Ständige und lange Arbeitszeiten sowie wenig Ausruhen sind dabei Maßstäbe für Erfolg«.

Man kann es kaum anders sagen: Das ist ein veritabler Schlag ins Gesicht für jeden, der morgens zur Arbeit fährt (falls Klimakleber das im Berufsverkehr noch zulassen), um sich selbst oder seine Familie zu ernähren und vielleicht noch was beiseitelegen will. »Betriebsamkeit/Schinderei« (hustle/grind) ist im Glossar gleich nach dem Stichwort »Heteronormativität« angesiedelt: »Wenn in der KiTa kleine Mädchen und Jungs, die miteinander befreundet sind, gefragt werden, ob sie später mal heiraten möchten, ist das ein Beispiel für Heteronormativität: eine Weltsicht, in der Heterosexualität als Norm, als das ›Normale‹ und damit auch als das für alle Erstrebenswerte angesehen wird.«

Das Stadtparlament der Hansestadt heißt »Hamburgische Bürgerschaft«, nicht etwa »BürgerInnenschaft«. Wie lange noch?, fragten sich an der Elbe wohl die Urheber einer Volksinitiative namens »Schluss mit Gendersprache in Verwaltung und Bildung«, die 2023 eine Unterschriftensammlung startete. Ziel derselben war, dass lokale Verwaltung, Bildungseinrichtungen und städtische Unternehmen auf Gendersternchen und Doppelpunkt verzichten. Die Initiative beschwerte sich: »Behörden gendern hier nach Lust und Laune und halten ihre Bediensteten zum Gebrauch der Gendersprache an (der Koalitionsvertrag hat an die 500 Gendersternchen).« Der Vertrag regelte die Zusammenarbeit der rot-grünen Stadtregierung.

Alle Vorschriftenkonvolute für Sprech- und Denkweisen watscheln gewichtig als Abkürzungs- und Sonderzeichenprozession des Kaisers neuen Kleidern hinterher. Hinter ihrem unbedingten Willen zur Regelungstiefe steht der Popanz einer selbst ernannten moralischen Obrigkeit am Katheder. Ihr um sich selbst gedrechseltes Bürokratie-Speak entspricht bis in alle Realitätsferne und Unaussprechlichkeit hinein deutschen Behördenbescheiden. Es ist umständlich und hässlich. Es »inkludiert« nicht, sondern schließt aus.

Aus der Begründung für die Hamburger Volksinitiative: »Gendersprache ist die Sprache einer Minderheit in der Sprachgemeinschaft, die vorgibt, die Mehrheit zu repräsentieren. Tatsächlich versucht sie, der Mehrheit ihre Privatsprache aufzuzwingen, wenn sie zum Beispiel von Bürger/innen, BürgerInnen, Bürger_innen, Bürgenden, Bürger*innen, Bürger:innen spricht. Eine überwältigende, generationen- und geschlechterübergreifende Mehrheit quer durch alle Bevölkerungsschichten lehnt Gendersprache nachweislich ab.«

Auf der Strecke der Sternchen- und Doppelpunkt-Kreuzzüge bleiben Rationalität, Maß und Mitte. Vor allem die gesellschaftliche Mitte. In diesem Land herrscht kein Mangel an Beschreibungen der Lebensumstände und Verwirklichungschancen aller möglichen Bevölkerungsgruppen. 2010 wurde eine Alarmmarke für die größte von ihnen bekannt. Das Statistische Bundesamt teilte mit: »Die durchschnittlichen Bruttoverdienste aller Arbeitnehmerinnen und Arbeitnehmer in Deutschland sind im Jahr 2009 um minus 0,4 Prozent auf rund 27 648 Euro gesunken. Dies ist der erste Rückgang der Verdienste in der Geschichte der Bundesrepublik.«

Ausblick: Was nun, Deutschland? Was tun, Deutschland?

Es besteht zwar kein Zweifel daran: Die Bundesrepublik Deutschland ist das beste Land, das wir Deutsche jemals hatten. Dennoch haben wir Anlass und Berechtigung zur Klage. Dabei geht es nicht darum, das Land in Bausch und Bogen schlechtzumachen. Diese Mühe nimmt einem jedoch in Teilbereichen leider die Realität ab. »Nein, es ist nicht alles schlecht hierzulande – besonders gut ist es aber auch nicht«, schrieb der Normenkontrollrat 2021. Die daraus resultierende schlechte Stimmung geht über die Kommentare professioneller Nörgler, wie ich einer bin, hinaus.

Während ich mich mit dem Gedanken trug, ein Buch über deutsches Staatsversagen zu schreiben, stieß dieses Vorhaben in meinem Bekanntenkreis auf einhellige Begeisterung. Es gab in diesen Rückmeldungen aus der Wirklichkeit keine Bedenken darüber, dass mein Ansatz überzogen sein könnte. Jeder Gesprächspartner drängte mich: »Schreib das unbedingt auf!« Zufällige Einzelstimmen notorischer Querulanten? Das österreichische Nachrichtenmagazin *Profil* titelte im März 2023: »So kaputt ist Deutschland« und bezeichnete das Nachbarland als »Bruchbude«. Belege für die Misere der Piefkes: »Die Bahn ein einziges Ärgernis, die Armee eine Lachnummer, Schulen und Autobahnen marod, Ämter im Chaos.« Der in Österreich als Talkshow-Moderator arbeitende Deutsche Dirk Stermann sagte *Profil*: »Die Deutschen müssen anerkennen, dass sie so schlampert sind wie alle anderen.«

Auch in den Kommentarspalten der Inlandspresse rumort es seit Jahren gewaltig, wird die angebliche Gründlichkeit der Deutschen als Selbsttäuschung an den Pranger gestellt, ist vom Weg zurück zum »Kranken Mann Europas« die Rede, von der Unfähigkeit der deutschen Politik, aus Fehlern zu lernen.

Sollen wir uns alle schulterzuckend an diese Mängel- und Makel-Republik gewöhnen? An den Peinlich-Standort Deutschland? Nichts zu machen, ist nun mal so, wird schon schiefgehen?

Das tut es schon. Es ist gehörig was am Wegbrechen und Verzweifeln. Viele Enttäuschte haben sich in eine private Schmollecke zurückgezogen. Die Bundesrepublik Deutschland war mal ein Land, wo die Beteiligung der Bürger an Bundestagswahlen bis zur Wiedervereinigung ziemlich verlässlich 85 Prozent oder mehr betrug. Seitdem liegt sie mit Ausnahme von 1998 unter 80 Prozent, 2009 und 2013 sogar bei nur noch gut 70 Prozent. 2021 wählte fast ein Viertel der Wahlberechtigten im Bund nicht. »Wer eine sinkende Wahlbeteiligung sehenden Auges in Kauf nimmt, bekommt irgendwann die Retourkutsche«, sagte Alt-Bundespräsident Roman Herzog, der mit der Ruck-Rede, 2016 dem Nachrichtenmagazin *Focus* und beklagte gleichzeitig, zwischen dem Volk und der Politik lasse sich eine zunehmende Entfremdung feststellen, »und dafür trägt das Establishment der Alt-Parteien eine große Verantwortung«.

Die Quittung dieses Versagens liegt nun vor. Mancher, der überhaupt noch wählen geht, vertraut seine Stimme extremen Kräften an, die sich ihm als »Alternative für Deutschland« andienen. Die Zahl solcher Wähler wächst, je länger die Politiker der Parteien in der Mitte des demokratischen Spektrums es ständig bei der Floskel belassen, nun müsse aber wirklich mal das Ruder herumgeworfen werden – und dann gemütlich weiter auf den Eisberg zusteuern.

Das beste Mittel gegen Populisten ist ein Staat, von dem seine Bürger überzeugt sind, weil er ihnen etwas zu bieten hat: Sicherheit und Verlässlichkeit, eine belastbare Infrastruktur, persönliche Entfaltungsmöglichkeiten, Willkürfreiheit und eine zugewandte Serviceorientierung. Es muss nicht der gern beschworene »starke« Staat in einem martialischen Sinne sein. Ein *leistungsstarker* Staat würde schon reichen, um unter seinen Bürgern Loyalität zu mehren. Denn wer nicht leistet, verliert durch Ansehens- und Vertrauensverlust an Durchsetzungsfähigkeit.

Der Ökonom Daniel Stelter bietet in seiner Vision für das Deutschland des Jahres 2040 *Ein Traum von einem Land* unter anderem an, die Bundesrepublik müsse »professionell und intelligenter gemanagt werden«, Digitalisierungen und Infrastruktur Vorrang einräumen, die kommende Generation mit einem »Bildungspakt« absichern und »mehr investieren statt konsumieren«. Denn es dürfe nicht so weitergehen, wie er es bislang wahrnimmt: »Während die Grundlagen für unseren künftigen Wohlstand erodieren – Infrastruktur, Digitalisierung, Bildung –, berauschen sich die Politiker und die Medien am Märchen vom reichen Land, das sich alles leisten kann.«

Märchenland ist abgebrannt. Alle Brandmelder schlagen aus, aber die Feuerwehr rückt nicht an. Im Juni 2021 gab es wieder einmal einen Ruck-Appell für Deutschland. Der Vorsitzende des Nationalen Normenkontrollrats, Johannes Ludewig, erklärte: »Durch die Corona-Pandemie und die Flüchtlingskrise hat das Bild eines gut organisierten und gut regierten Landes in der Öffentlichkeit Risse bekommen.

Deutschland ist, denkt und handelt zu kompliziert. Ineffiziente und ineffektive Strukturen erfordern nicht nur einen unverhältnismäßig hohen Ressourceneinsatz. Dort, wo strukturelle Defizite nicht mehr durch Geld oder die große Einsatzbereitschaft von Mitarbeitern des öffentlichen Diensts ausgeglichen werden können, leiden Wirksamkeit und Qualität staatlicher Maßnahmen. In der Folge schwinden Vertrauen in Staat und Politik. Deshalb brauchen wir mutige Reformen.«

Doch unser Land ruckt nicht, es ruckelt höchstens. Meistens rumpelt es nur. Der Normenkontrollrat bescheinigte unserem öffentlichen Sektor 2021 »unzureichende Leistungs- und Innovationsfähigkeit« und schlug eine »Stiftung Verwaltungstest« vor. Staat und Verwaltung bräuchten eine »stärkere Ergebnisorientierung« (im Allgemeinen nennt man das auch »Leistungsbereitschaft«). Dafür müssten sie Audits und Stresstests, also unverhofften Prüfungen und Anforderungen, ausgesetzt werden. Auch hierfür bietet sich eine Übersetzung in die Umgangssprache an: »jemandem Beine machen.« Dafür gäbe es scharfe Instrumente. Zum Beispiel die Kopplung der Bezüge von Beschäftigten der öffentlichen Verwaltung an das Erreichen von Erfolgszielen.

Bestechend finde ich eine Idee des Mittelstandsverbunds. Er nennt sie »Genehmigungsfiktion bei Überschreitung bestimmter Fristen«. Soll heißen: Für die amtliche Bearbeitung von Anträgen, die zum Alltagsgeschäft gehören und meist sowieso durchgewinkt werden, soll ein Zeitlimit gelten. Ist es überschritten, gilt der Antrag automatisch als bewilligt. Über weitere Maßnahmen zur Steigerung der Ämtereffizienz haben sich die CDU-Bundestagsabgeordneten Nadine Schön und Thomas Heilmann Gedanken gemacht. Zusammen mit Fraktionskollegen und Experten aus Wirtschaft, Wissenschaft und Verwaltung trugen sie für ihr Buch *Neustaat* Ideen zusammen.

Ihr Anspruch ist hoch: Sie wollen, dass der Staat sich innerhalb eines Jahrzehnts stärker verändert als in den vergangenen siebzig Jahren. Ansonsten drohe ein »Staatsinfarkt«.

Was die beiden Abgeordneten und ihre Mitstreiter als Infarktvorsorge zusammengetragen haben, enthält allerhand, das alte Bürohengste scheuen lassen dürfte. Zum Beispiel soll eine Rotationspflicht ins Dienstrecht aufgenommen werden. Bedienstete einer Bundesbehörde könnten dann mit solchen aus Kommunal- und Landesbehörden tauschen, auch zu Auslandsaufenthalten ermutigt werden. Die Absicht dahinter: »Sich von Zeit zu Zeit hinaus in die Welt oder zumindest an einen anderen Standort zu begeben« – Horizonterweiterung also.

Von außen wiederum sollen in die Verwaltung hinein Anregungen kommen durch zeitlich befristet dort eingesetzte Experten aus der Privatwirtschaft wie Softwareprogrammierer. Für die gäbe es eine ganze Menge Arbeit, denn in deutschen Behörden waren im Jahr 2020, so kann man dem Buch ebenfalls entnehmen, geschätzte 40 000 unterschiedliche Software-Programme im Einsatz. Einer effektiveren Digitalisierung soll guttun, dass die *Neustaat*-Autoren Verwaltungsführungskräfte dazu verdonnern wollen, dass künftig jeder Vorgesetzte »vom Referatsleiter aufwärts« Erfahrung mit IT-Projekten nachweisen können soll. Entsprechende Weiterbildungen sollen zur Pflicht werden.

Zwangsrotation, neunmalkluge Eindringlinge von außen, Digital-TÜV als Aufstiegsvoraussetzung – wie würde das wohl bei unseren Staatsdienern ankommen? Viele von ihnen dürften sich bedroht fühlen, wage ich vorauszusagen. Wohl auch von der Forderung, der Bürger müsse künftig einen »Rechtsanspruch auf agile Behördenarbeit« haben.

Das Schlagwort »Neustaat« beinhaltet eine »umfassende

Verwaltungsmodernisierung einhergehend mit einem tiefgreifenden Wandel unserer Verwaltungskultur«. Beabsichtigt ist das Aufbrechen aller Verfahren, die Hemmnisse für die Aufnahme von Impulsen von außen sind – der Lebenswirklichkeit. Ein Gesetz, so eine der *Neustaat*-Kernforderungen, muss sich künftig stärker an seiner Wirksamkeit in der Praxis messen lassen. Es wird dann sozusagen »auf Bewährung« erlassen: Hat es nach einer gewissen Frist seine Ziele nicht erreicht – was unabhängige Experten überprüfen sollen –, muss der Staat nachbessern. Tut er nichts, verfällt das Gesetz. In dieser Hinsicht am radikalsten ist ein Vorschlag der Stiftung Familienunternehmen und Politik: »Anstrengungen zum Bürokratieabbau werden von Bürgern und Unternehmen oft nicht wahrgenommen, weil immer neue Regulierungen hinzukommen. Dieser Kreislauf sollte durchbrochen werden. Für zwei Jahre sollte sich der Gesetzgeber darauf verständigen, neue Belastungen zu vermeiden und allenfalls dann zu beschließen, wenn ihre bürokratiearme Umsetzung gewährleistet ist.«

Das wäre ein ziemlich revolutionärer Bruch mit allem, was wir jetzt erleben müssen: starres Festhalten an überflüssigen Vorschriften und eingefahrenen Prozessen.

Für den Bürger wahrscheinlich am direktesten spürbar wäre eine seit Längerem bekannte Reformoption, die nicht nur die *Neustaat*-Autoren »Once-Only« nennen. Daten, die man im Laufe seines Lebens für verschiedenste Anträge braucht, sollen nur einmal erhoben und in einem Zentralregister gespeichert werden. Entfallen würde also die lästige Pflicht, immer wieder Adresse, Geburtstag, Kinderzahl und Ähnliches in Formularkästchen einzutragen.

Es sind auffällig viele Stimmen aus der früheren Regierungspartei CDU, die Gedanken für ein neues Deutschland formulieren. Das geht von Schön und Heilmann über den schon mehrfach zitierten Linnemann, den Berliner CDU-Politiker Liecke bis zum Hamburger CDU-Bundestagsabgeordneten Christoph Ploß mit seinem Buch *Aufbruch Deutschland*.

Wir erinnern uns: Die CDU ist die Partei, die bis vor Kurzem zum dritten Mal in ihrer Geschichte das Kanzleramt viel zu lange besetzte. Vielleicht ist ja was dran an der Annahme, dass man sich in der Opposition selbst erneuert – nach angebrachter Besinnungspause vielleicht auch mal den ganzen Staat? Linnemann bemüht eine der so beliebten Fußballmetaphern: »Wir, die Union, sind abgewählt worden. Das ist eine Chance zur Neubesinnung. Es ist wie bei einer Weltmeisterschaft, bei der man schon in der Vorrunde ausscheidet und dann danach alles in Frage stellt.«

Der CDU-Vize glaubt: »Die Coronakrise hat wirklich jedem klargemacht, dass es so nicht weitergehen kann. Landauf und landab ist eine größer werdende Bereitschaft zu Veränderung und Neuerung festzustellen. Einen solchen Moment gab es zuletzt vor etwa zwei Jahrzehnten. Er führte zur Agenda 2010.«

Linnemann erklärte dies freilich, während die Ampel-Koalition dabei war, ein Agenda-Herzstück, Hartz IV, zurückzudrehen. Während das Verlangen nach Staatsknete in Staatsvolk und Wirtschaft neue Höhen erklomm, nachdem Krise auf Krise Geldbeutel und Firmenkassen geschröpft, Inflation und Energiepreisexplosion den Rest aufgefressen hatten.

Die Aussichten für strategische Zukunftsinvestitionen waren damit nicht allzu gut. Der Staat sah sich vielmehr zunehmend in der Verlegenheit, den Erhalt der gewohnten Gegenwart zu subventionieren. Deutschland und die übrigen europäischen Staaten der Anti-Putin-Front rutschten immer weiter in Richtung Mangelwirtschaft.

Wie dem deutschen Gemeinwesen unter diesen Bedingungen der dringend nötige Neustart für den »Neustaat« gelingen sollte, der nicht nur als Reboot der Verwaltungssoftware stattfinden sollte, sondern auch in den Köpfen ihrer (Staats-)Bediener, blieb unter diesen Bedingungen rätselhaft. Es reihte sich weiterhin Krise an Krise.

Dies ändert nichts an der Analyse, dass etwas geschehen muss. Dabei würden viele in den Amtsstuben mitmachen wollen, glaubt Wolfgang Seibel, Mitautor der ansonsten eher düsteren Bestandsaufnahme *Verwaltungsdesaster – von der Loveparade bis zu den NSU-Ermittlungen*: »Die Verwaltung in einem hochentwickelten Rechtsstaat unter demokratischer Kontrolle ist definitiv lernfähig und entgegen populären bürokratiekritischen Vorurteilen schon aus professionellem Ehrgeiz bemüht, die Effizienz und Effektivität ihrer Tätigkeit nach Möglichkeit zu steigern.«

Manchem, der diese Botschaft des Professors für Politik- und Verwaltungswissenschaft hört, mag angesichts der eigenen individuellen Erfahrungen der rechte Glaube fehlen, aber man soll bekanntlich niemals nie sagen. Geben wir unseren Beamten und allen, die sie anleiten, also diesen Vertrauensvorschuss, halten wir sie für Verbündete bei dem Bemühen, ihre eigenen Leistungen zu optimieren! Rufen wir ihnen zu: »Sei kein Frosch!«, während wir uns an die Trockenlegung des Bürokratie-Sumpfes machen. »Wenn es darum geht, eine wirkliche Reform zu machen, hat auch jeder Angst um seinen Posten«, sagt freilich jemand, der an der Entstehung des Buchs *Neustaat* beteiligt war. Mitherausgeberin Nadine Schön glaubt jedoch an eine hohe Zustimmung der Beschäftigten des öffentlichen Dienstes zu Reformvorhaben. Sie stünden unter einer starken Arbeitsbelastung »in den Strukturen, die die Politik geschaffen hat«. Es gehe auch darum, »den öffentlichen Dienst attraktiv zu halten«. Eine umfassende Strukturreform des staatlichen Handelns habe aber noch niemand »so richtig groß angepackt«. Mittlerweile gehe die Frustration darüber »durch alle Bereiche der Gesellschaft: Eltern, Unternehmer, ehrenamtliche Helfer. Alle sagen: ›Nichts ist einfach, alles wahnsinnig bürokratisch‹.« Das führe nicht nur zu Unzufriedenheit, »sondern zu Lähmung«.

Ziel ist gegen alle Beharrungsmomente der »lernende Staat«, der seine Entscheidungen viel stärker als bisher auf der Basis von Daten trifft – also genau das leistet, wozu er zum Beispiel während der Corona-Pandemie nicht in der Lage war. Um diesen wünschenswerten Staat zu schaffen, müssten die in Politik und Verwaltung Angesprochenen zuallererst einmal Lernen lernen. Seibel unterscheidet zwischen »einkreisigem und zweikreisigem Lernen«. Ersteres bezeichnet Anpassungsmaßnahmen, *nachdem* etwas schiefging. Der zweite Begriff bedeutet die hohe Kunst, Fehlerquellen *von vornherein* zu erkennen und auszuschalten, bevor etwas anbrennt.

Um es sehr grob vereinfacht auf den Punkt zu bringen: Unsere Beamten beziehungsweise deren Vorgesetzte sind klug genug zu erkennen, dass sie nicht zweimal auf die gleiche heiße Herdplatte fassen sollten. Es hapert bei ihnen aber an dem Einsichtsvermögen, dass sie den Herd auch einfach mal ausmachen könnten. Seibel muss sein Lob für den Veränderungswillen unserer Verantwortungsträger daher selbst einschränken: »Von einer Kultur rigoroser Fehleranalyse im öffentlichen Sektor und der Zurechnung persönlicher und institutioneller Verantwortung wird man nicht sprechen können.«

Zur Aufklärung der Ursachen für Fehlleistungen im Verwaltungsapparat kommt es dem Professor zufolge zu selten, und wenn, dann meist nur auf öffentlichen Druck. »Hier fehlte und fehlt es offenbar an hinreichendem politischem

Willen, den Selbstverständlichkeiten demokratischer Verfassungsstaatlichkeit Genüge zu tun.« Dies sei »für sich genommen eine Form des Staatsversagens«.

In den Leitungspositionen von Politik und Verwaltung brauchen wir mehr Menschen, wie sie der Meteorologe Jörg Kachelmann in seiner Aussage im NRW-Untersuchungsausschuss zur Flutkatastrophe von 2021 vermisste: »Sie müssen erreichen, dass irgendjemand ein übergeordnetes Interesse hat und dass er darauf guckt und sich überlegt: Sollte uns das nicht zu denken geben, und wenn ja, in welcher Form, und was sind die Konsequenzen?«

Ob unsere Politiker in diesem Sinne noch zu retten sind, auch vor uns und manchen unserer Maximalansprüche, weiß ich nicht. Ihr Marsch in die Mittelmäßigkeit bei eitler Selbstverortung als Spitzenkraft scheint mir dafür schon zu weit vorangeschritten. Das ist auch unsere Schuld als Bürger. Wir verlangen, dass unsere Anführer bodenständig sind und »auf dem Teppich« bleiben. Gleichzeitig erwarten wir von ihnen, dass sie sich als allwissende Überflieger gerieren. Haltlose Versprechungen, die immer neue Enttäuschungen über Staatsversagen produzieren, sind unter Regierenden deshalb häufiger anzutreffen als der Mut, auch mal die eigenen Grenzen zu thematisieren.

Und so bekommen wir die Politiker, die wir verdienen. Es ist kaum verwunderlich, dass immer weniger Mandatsträger sich als charakterlich und intellektuell geeignet erweisen, die widerstreitenden Anforderungen unter einen Hut zu bringen, mit denen wir wundergläubig an sie herantreten. Und dass stattdessen immer mehr Blender unterwegs sind, deren Narzissmus ihnen vorspiegelt, sie seien die Größten, während sie uns treuherzig beteuern, sie seien einer oder eine von uns geblieben. Schlagendes Beispiel dafür waren die Egomanen

Gerhard Schröder und Helmut Kohl, die sich mit provinzieller Labsal wie Currywurst und Saumagen gern volkstümlich gaben, während sie tief innendrin fest von der eigenen Weltgeltung überzeugt waren.

Es fällt heute außerordentlich schwer, deutsche Politikerpersönlichkeiten mit Vorbildcharakter zu benennen. Wahrscheinlich findet man sie am ehesten noch in der Kommunalpolitik, wo Gehorsam gegenüber der eigenen Truppe eine geringere Rolle spielt und pragmatische Kooperationen zur direkten Lösung konkreter Probleme über Parteigrenzen hinweg häufiger vorkommen als ideologische Grabenkämpfe.

Der bereits erwähnte Däne Claus Ruhe Madsen war in seiner Rolle als Rostocker Oberbürgermeister mal solch eine Figur. Und bevor der Oberbürgermeister von Tübingen, Boris Palmer, sich aus der Öffentlichkeit zurückziehen musste, weil er sich selbst nicht ganz unter Kontrolle hatte, hinterließ er immerhin klare Analysen der Unzulänglichkeiten deutscher Bürokratie. In ihr vermutete er hinter technischen Normierungen und Sicherheitsvorschriften in Baurecht und Brandschutz »Fachsektierer« am Werke, wie er in seinem Buch *Erst die Fakten, dann die Moral* konstatierte.

Der frühere Bundesverfassungsgerichtspräsident Hans-Jürgen Papier gibt ihm recht und zitiert seinerseits in einem Buch mit dem Titel *Die Warnung* Experten, die über »exzessive Normierung in Deutschland« klagen. Palmer wie Papier sehen auch darin einen Grund dafür, dass es mit Projekten wie dem Großflughafen BER so langsam voranging und -geht in diesem Land. Papier zufolge muss die Bundesrepublik weg von einer »›Verrechtlichung‹ im Übermaß«, die Verdrossenheit schafft: »Recht wird schon längst mit Überregulierung gleichgesetzt und dadurch im Kern verkannt.«

Palmer setzte auf kreativen Umgang mit vorhandenen

Verwaltungsvorschriften, eine Art Partisanentaktik im Paragrafendschungel. Um den Wohnungsbau in Tübingen anzukurbeln, griff er zu einer wenig bekannten und angewendeten Bestimmung des Baugesetzbuches: dem Baugebot. Es bedeutet, dass ein Grundstückseigentümer mit Baurecht dieses auch tatsächlich nach den Vorgaben des Bebauungsplans ausüben muss, seinen Grund und Boden also nicht einfach – etwa zu Spekulationszwecken – liegen lassen darf. Kann der Eigentümer Baumaßnahmen nicht finanzieren, dann macht die Stadt ihm ein Erwerbsangebot zum aktuellen Verkehrswert. Palmer machte also einen neuen Ansatz, sich bereits vorhandener Vorschriften zu bedienen.

Die Verwaltungsreform-Befürworterin Nadine Schön fordert: »Der Staat muss zum Innovationstreiber werden. Für mehr Innovationen braucht es drei Dinge: Talente, Kapital und neue Strukturen in Staat und Verwaltung.« Dieser Reset-Staat ist bislang nur ein Konstrukt, Zukunftsmusik. Wie jedes Update wird er uns vermutlich zunächst mit einer neuen Benutzeroberfläche verwirren. Die Alternative ist allerdings der komplette Systemabsturz.

Noch bedroht keines der in diesem Buch dargestellten Probleme uns für sich allein genommen existenziell. Es türmen sich in unseren Straßen nicht durchweg Müllberge, es wird im internationalen Vergleich auch nicht zu viel gestreikt, es wechseln höchst selten diskrete Umschläge über Behördenschreibtische den Besitzer, der Notarzt kommt im Allgemeinen vor dem Bestattungsunternehmer. Aber das Zusammenwirken aller Schwachstellen stimmt für Deutschlands Zukunft ebenso bedenklich wie die Tatsache, dass ihre Zahl zunimmt. Ein Schneeballeffekt droht.

Unter den vielen Bundesbeauftragten, die wir uns leisten, gibt es einen, den wir tatsächlich besonders nötig haben. Es ist derjenige für Wirtschaftlichkeit in der Verwaltung. Er heißt Kay Scheller und ist in Personalunion Präsident des Bundesrechnungshofs. Unter Wirtschaftlichkeit versteht er, »dass die elementaren Staatsfunktionen effizient erfüllt werden. Darauf kommt es heute mehr denn je an.« Der Bundesregierung schrieb er ins Aufgabenbuch: »Reformen sind liegengeblieben oder im Tagesgeschäft aus dem Blick geraten.« In den »›fetten Jahren‹ vor der Krise« seien »viele strukturelle Probleme und Risiken vernachlässigt« worden.

Scheller isolierte neben einer wieder ausufernden Schuldenpolitik weitere Handlungsfelder, die dringend bearbeitet werden müssten. Unter anderem verlangt er einen echten Nationalen Krisenstab unter Führung des Bundes für künftige Herausforderungen wie die Corona-Pandemie und das Ahr Hochwasser, denn: »Welche staatliche Ebene oder Stelle diesen Schutz organisiert und gewährt, kann und darf den Bürgerinnen und Bürgern egal sein. Hauptsache die staatlichen Stellen liefern und verstricken sich nicht in ihren eigenen komplexen Zuständigkeiten und Verfahren, in denen am Ende keiner die Verantwortung trägt.«

Zur Dauerbaustelle Digitalisierung kritisiert Scheller die Ankündigungspose der deutschen Politik (der bereits erwähnte »digitale Konjunktiv«): »Es reicht nicht, sich ehrgeizige Ziele zu setzen. Der Bund muss sich so aufstellen, dass er sie auch erreicht.« Und ganz allgemein ist der Rechnungshofpräsident, bei dem ein gewisser Einblick in die Schwachstellen der Bundesrepublik vorausgesetzt werden darf, der Meinung: »Die Erosion staatlicher Handlungsfähigkeit muss gestoppt werden.«

Geschieht dies nicht, und zwar bald, gerät in Deutschland sehr viel mehr ins Rutschen als die Uferböschungen im Ahrtal. Bislang jedoch bleibt es bei Schellers Fazit: »In vielen zentralen Bereichen ist der Staat seinen Aufgaben nicht mehr angemessen nachgekommen und konnte keine vernünftigen Lösungen anbieten.«

Ob solche Worte in Deutschland eine Umkehr auslösen, beobachte ich am gelassensten aus der Ferne des märchenhaften Siebenbürgens, wo man noch an deutsche Gründlichkeit und Verlässlichkeit glaubt und wo die Idee für dieses Buch entstand. Neulich setzte ich die Vorderachse meines Autos bei der Anfahrt zu unserem nur auf einer Schotterpiste erreichbaren Ferienhaus auf den Grat eines Schlaglochs und kam weder vor noch zurück. Zeugen waren Anwohner, Bauarbeiter und ein Ziegenhirte. Ohne dass ich auch nur einmal um Hilfe gerufen hätte, sprangen sie alle sofort hinzu und halfen mir, den Wagen freizubekommen. Was würde geschehen, wenn mir dasselbe Missgeschick in Deutschland widerführe? Wie wollen wir alle zusammen unseren Karren aus dem Dreck ziehen?

Kleiner Nachtrag: Während der letzten Arbeiten am Manuskript für dieses Buch gab es in unserem rumänischen Ferienhaus dann doch größeren Ärger mit der Internet-Zuverlässigkeit. Ein wenig hilfreicher Kundendienst konnte das Problem tagelang nicht lösen. Wir kündigten den Vertrag und suchten uns einen neuen, verlässlichen Anbieter. Der vorherige war der rumänische Ableger der Deutschen Telekom gewesen.

Quellen und Hinweise zum Weiterlesen

Abgeordnetenhaus Berlin: Bericht des 2. Untersuchungsausschusses des Abgeordnetenhauses von Berlin – 18. Wahlperiode – zur Aufklärung der Ursachen, Konsequenzen und Verantwortung für die Kosten- und Terminüberschreitungen des im Bau befindlichen Flughafens Berlin Brandenburg »Willy Brandt« (BER) – Untersuchung II. Berlin, 2021

Robin Alexander: Die Getriebenen: Merkel und die Flüchtlingspolitik: Report aus dem Innern der Macht. München, 2017

Hans-Herbert von Arnim: Staat ohne Diener: Was schert die Politiker das Wohl des Volkes? München, 1993

Frank Biess: Republik der Angst – Eine andere Geschichte der Bundesrepublik. Reinbek bei Hamburg, 2019

Stephan Braun/Alexander Geisler (Hrsg.): Die verstimmte Demokratie – Moderne Volksherrschaft zwischen Aufbruch und Frustration. Wiesbaden, 2012

Bundesministerium für Wirtschaft und Energie: Öffentliche Infrastruktur in Deutschland: Probleme und Reformbedarf – Gutachten des Wissenschaftlichen Beirats. Berlin, 2020

Bundesrechnungshof: Bemerkungen 2022 zur Haushalts- und

Wirtschaftsführung des Bundes (und Ergänzungsband). Bonn, 2022/23

Bundesrechnungshof: Bericht zur Dauerkrise der Deutschen Bahn AG: Hinweise für eine strukturelle Weiterentwicklung. Bonn, 2023

Bundesrechnungshof: Bericht an den Hauhaltsausschuss des Deutschen Bundestages zum Erweiterungsbau für das Bundeskanzleramt in Berlin. Bonn, 2020

Deutscher Bundestag: Abschlussbericht Untersuchungsausschuss »Breitscheidplatz«. Berlin, 2021

Deutscher Bundestag: Abschlussbericht 1. NSU-Untersuchungsausschuss. Berlin, 2013

Deutscher Bundestag: Unterrichtung durch die Wehrbeauftragte: Jahresbericht 2022. Berlin, 2023

Deutscher Ethikrat: Vulnerabilität und Resilienz in der Krise – Ethische Kriterien für Entscheidungen in einer Pandemie. Berlin, 2022

Richard Drexl/Josef Kraus: Nicht einmal bedingt abwehrbereit. München, 2021

Andreas Dripke/Hubert Nowatzki: Der Wahn mit der Bürokratie – Wie Bürokratismus unsere Gesellschaft zerstört. Wiesbaden, 2022

Aladin El-Mafaalani: Mythos Bildung – Die ungerechte Gesellschaft, ihr Bildungssystem und seine Zukunft. Köln, 2021

Jörn Fischer: Deutsche Bundesminister: Wege ins Amt und wieder hinaus. Selektions- und Deselektionsmechanismen im Bundeskabinett unter besonderer Berücksichtigung von Push-Rücktritten. Köln, 2011

Jörn Fischer/André Kaiser: »Der Bundestag: Sprungbrett oder Auffangbecken? Ministerkarrieren zwischen Parlament und Exekutive«. Zeitschrift für Parlamentsfragen (ZParl), Heft 1/2010

Ralph Ghadban: Arabische Clans – Die unterschätzte Gefahr. Berlin, 2018

GIZ: Deutschland in den Augen der Welt – Ergebnisse der GIZ-Erhebung 2017/2018. Bonn, 2018

Stefan Goertz: »Clankriminalität – Organisierte Kriminalität als Bedrohung für die Innere Sicherheit«. Die Kriminalpolizei, Zeitschrift der Gewerkschaft der Polizei, Ausgabe 2/2020F

Susanne Götze/Annika Joeres: Klima außer Kontrolle – Fluten, Stürme, Hitze: Wie sich Deutschland schützen muss. München, 2022

Robert Habeck: Von hier an anders – Eine politische Skizze. Köln, 2021

James Hawes: Die kürzeste Geschichte Deutschlands. Berlin, 2018

Thomas Heilmann/Nadine Schön: Neustaat – Politik und Staat müssen sich ändern. München, 2020

Ulrike Herrmann: Deutschland, ein Wirtschaftsmärchen – Warum es kein Wunder ist, dass wir reich geworden sind. München, 2022

Ulrike Herrmann: Hurra, wir dürfen zahlen – Der Selbstbetrug der Mittelschicht. München, 2022

Tania Kambouri: Deutschland im Blaulicht – Notruf einer Polizistin. Berlin, 2015

John Kampfner: Why the Germans Do it Better. London, 2020

Alexander Kissler: Die infantile Gesellschaft – Wege aus der selbstverschuldeten Unreife. Hamburg, 2020

Ralph Knispel: Rechtsstaat am Ende – Ein Oberstaatsanwalt schlägt Alarm. Berlin, 2021

Kooperationsstelle Hochschulen und Gewerkschaften der Georg-August-Universität Göttingen: Digitalisierung im

Schulsystem 2021: Arbeitszeit, Arbeitsbedingungen, Rahmenbedingungen und Perspektiven von Lehrkräften in Deutschland. Göttingen, 2021

Josef Kraus: Wie man eine Bildungsnation an die Wand fährt – und was Eltern jetzt wissen müssen. München, 2017

Wolfgang Kubicki: Sagen, was Sache ist. Berlin, 2019

Klaus von Lampe: »Clans«, »Clankriminalität« und »organisierte Kriminalität« – Eine Betrachtung aus Sicht der internationalen OK-Forschung. Forschungsinstitut für öffentliche und private Sicherheit, Berlin, 2022

Landtag Nordrhein-Westfalen: Zwischenbericht des Parlamentarischen Untersuchungsausschusses V (»Hochwasserkatastrophe«). Düsseldorf, 2022

Falko Liecke: Brennpunkt Deutschland – Armut, Gewalt, Verwahrlosung: Neukölln ist erst der Anfang. Köln, 2022

Carsten Linnemann: Die ticken doch nicht richtig – Warum Politik neu denken muss. Freiburg im Breisgau 2022

Marcel Luthe: Sanierungsfall Berlin – Unsere Hauptstadt zwischen Missmanagement und Organisierter Kriminalität. München, 2021

Neil MacGregor: Germany – Memories of a Nation. London, 2014

Thomas de Maizière: Regieren – Innenansichten der Politik. Freiburg im Breisgau, 2019

Heinz-Peter Meidinger: Die 10 Todsünden der Schulpolitik. München, 2021

Oswald Metzger: Einspruch! Wider den organisierten Staatsbankrott. München, 2003

Militärhistorisches Museum der Bundeswehr: Krieg Macht Nation – Wie das deutsche Kaiserreich entstand. Dresden, 2020

Robert Misik: Ist unsere Politik noch zu retten? Auswege aus der Wutbürger-Sackgasse. Wien, 2013

Reinhard Mohr: Deutschland zwischen Größenwahn und Selbstverleugnung – Warum es keine Mitte mehr gibt. München, 2021

Thomas Moser: Der Amri-Komplex – Ein Terroranschlag, zwölf Tote und die Verstrickungen des Staates. Frankfurt/Main 2020

Nationaler Normenkontrollrat: Jahresberichte 2021, 2022. Berlin

Boris Palmer: Erst die Fakten, dann die Moral – Warum Politik mit der Wirklichkeit beginnen muss. München, 2019

Hans-Jürgen Papier: Die Warnung – Wie der Rechtsstaat ausgehöhlt wird: Deutschlands höchster Richter a. D. klagt an. München, 2019

Philip Plickert (Hrsg.): Merkel – Die kritische Bilanz von 16 Jahren Kanzlerschaft. München, 2017

Bruno Preisendörfer: Als Deutschland erstmals einig wurde – Reise in die Bismarckzeit. Berlin, 2021

Michael Resch: Digitalwüste Deutschland – Kommunikation per Fax, digitale Bildungslücken – Wie die Verweigerung von mehr Digitalisierung die Zukunft unseres Landes bedroht. München, 2022

Thomas Rietzschel: Geplünderte Demokratie – Die Geschäfte des politischen Kartells. Wien, 2014

Dirk Rochtus: Dominant Duitsland. Kalmthout, 2013

Sachverständigenausschuss für Infektionsschutz (Evaluationskommission): Evaluation der Rechtsgrundlagen und Maßnahmen der Pandemiepolitik. Berlin, 2022

Kay Scheller, Bundesbeauftragter für Wirtschaftlichkeit in der Verwaltung: 12 Impulse für Parlament und Regierung zur 20. Wahlperiode. Bonn, 2021

Carsten Schneider, Beauftragter der Bundesregierung für Ostdeutschland: Bericht 2022. Ein neuer Blick auf Ostdeutschland. Berlin, 2022

Wolfgang Seibel/Kevin Klamann/Hannah Treis: Verwaltungsdesaster – Von der Loveparade bis zu den NSU-Ermittlungen. Frankfurt/Main, 2017

Jens Spahn: Wir werden einander viel verzeihen müssen. München, 2022

Statistisches Bundesamt: Verbändeabfrage zum Bürokratieabbau. Wiesbaden, 2023

Gabor Steingart: Die unbequeme Wahrheit – Rede zur Lage unserer Nation. München, 2020

Daniel Stelter: Ein Traum von einem Land – Deutschland 2040. Frankfurt/Main, 2021

Stiftung Haus der Geschichte der Bundesrepublik Deutschland: Deutsche Mythen seit 1945. Bonn, 2018

Benjamin Strasser: Sicherheitsrisiko Staat – Wir können uns besser gegen Terror schützen – tun es aber nicht! Freiburg im Breisgau, 2021

Henrik Tesch/Hartwig von Saß: Corona – Deutschlands digitales Desaster: Wie ein Land seine Zukunft verspielt. Hamburg, 2021

Doris Unzeitig: Eine Lehrerin sieht rot – Mini-Machos, Kultur-Clash, Gewalt in der Schule und das Versagen der Politik. Kulmbach, 2019

Martin Voss: Zustand und Zukunft des Bevölkerungsschutzes in Deutschland. Berlin 2022

Max Weber: Politik als Beruf. Vortrag, München 1919

Rainer Wendt: Deutschland in Gefahr – Wie ein schwacher Staat unsere Sicherheit aufs Spiel setzt. München, 2016

Rainer Wendt: Deutschland in Gefahr – Ein Lagebericht. München, 2019

Roger Willemsen: Das Hohe Haus – Ein Jahr im Parlament. Frankfurt/Main, 2014

Simon Winder: Germany, oh Germany – Ein Brite auf Spritztour durch die deutsche Geschichte. München, 2022

Heinrich August Winkler: Wie wir wurden, was wir sind – Eine kurze Geschichte der Deutschen. München, 2020

Constantin Wißmann: Bedingt einsatzbereit – Wie die Bundeswehr zur Schrottarmee wurde. München, 2019

Die Community für alle, die Bücher lieben

Das Gefühl, wenn man ein Buch in einer einzigen Nacht verschlingt – teile es mit der Community

In der Lesejury kannst du
- ★ Bücher lesen und rezensieren, die noch nicht erschienen sind
- ★ Gemeinsam mit anderen buchbegeisterten Menschen in Leserunden diskutieren
- ★ Autoren persönlich kennenlernen
- ★ An exklusiven Gewinnspielen und Aktionen teilnehmen
- ★ Bonuspunkte sammeln und diese gegen tolle Prämien eintauschen

Jetzt kostenlos registrieren: www.lesejury.de

Folge uns auf Instagram & Facebook:
www.instagram.com/lesejury
www.facebook.com/lesejury